Concorrência nas Telecomunicações

Estratégias regulatórias para o *compliance* com regras de acesso a redes

Jonas Antunes Couto

Concorrência nas Telecomunicações

Estratégias regulatórias para o *compliance* com regras de acesso a redes

EDITORA SINGULAR

C871c Couto, Jonas Antunes

Concorrência nas telecomunicações: estratégias regulatórias para o *compliance* com regras de acesso a redes. / Jonas Antunes Couto. São Paulo: Singular, 2015.

240 p.

ISBN: 978-85-86626-81-4

1. Telecomunicação, regulação. 2. Rede de telecomunicação, regulação. 3. Direito da concorrência. 4. *Compliance*. I. Título.

CDU: 347.733

Revisão: Paola Morsello
Capa e Diagramação: Brandão Design

Tel/Fax: (11) 3862-1242
www.editorasingular.com.br
singular@editorasingular.com.br

Aos meus pais,
com eterna gratidão

“all I know about you is
all you know about me is
misinformation
(...)
your eyes try to detect what
your eyes try to detect an explanation.”

Caetano Veloso

SUMÁRIO

LISTA DE SIGLAS E ABREVIATURAS

ABR Telecom	–	Associação Brasileira de Recursos em Telecomunicações
ACCC	–	Australian Competition and Consumer Commission
ADSL	–	Asymetric Digital Subscriber Line
ANATEL	–	Agência Nacional das Telecomunicações
ATB	–	Área de Tarifação Básica
ATM	–	Asynchronous Transfer Mode
BDA	–	Banco de Dados de Atacado
BT	–	British Telecom
CADE	–	Conselho Administrativo de Defesa Econômica
CEG	–	Competition Economists Group
DSL	–	Digital Subscriber Line
DSLAM	–	Digital Subscriber Line Access Multiplexer
EILD	–	Exploração Industrial de Linhas Dedicadas
EOI	–	Equivalence of Inputs
EOO	–	Equivalence of Outcomes
ERB	–	Estação Radiobase
FUST	–	Fundo de Universalização dos Serviços de Telecomunicações
GIESB	–	Grupo de Implementação da Entidade Supervisora de Ofertas de Atacado e das Bases de Dados de Atacado
GSR	–	Global Symposium for Regulators
HDSL	–	High-Bit-Rate Digital Subscriber Line

HFC – Hybrid Fiber Coax
IP – Internet Protocol
ITU – International Telecommunications Union
KPI – Key Performance Indicator
LGT – Lei Geral de Telecomunicações
Mbps – Megabytes per second
NBN – National Broadband Network
NBN Co. – National Broadband Network Company
OCDE – Organização para a Cooperação e Desenvolvimento Econômico
Ofcom – Office of Communications
Oftel – Office of Telecommunications
OMC – Organização Mundial do Comércio
OTA – Office of the Telecommunication Adjudicator
PGMC – Plano Geral de Metas de Competição
PGR – Plano Geral de Atualização da Regulamentação das Telecomunicações no Brasil
PIG – Public Interest Groups
PMS – Poder de Mercado Significativo
PTS – Post and Telecom Agency
SDSL – Symmetric Digital Subscriber Line
SLDA – Serviço de Linha Dedicada Analógico
SLDD – Serviço de Linha Digital Dedicado
SPB – Superintendência de Serviços Públicos
SPV – Superintendência de Serviços Privados
TCD – Termo de Compromisso de Desempenho
TelComp – Associação Brasileira das Prestadoras de Serviços de Telecomunicações Competitivas
ULL – Unbundling Local Loop
VDSL – Very High-Bit-Rate Digital Subscriber Line
WBA – Wholesale Broadband Access

LISTA DE FIGURAS

LISTA DE TABELAS

PREFÁCIO

Como (melhor) regular? Essa parece ser a pergunta de fundo deste estimulante trabalho de Jonas Antunes sobre o processo regulatório no Brasil.

Já contamos mais de dezoito anos desde a instituição da Anatel, primeira agência reguladora no País, que inaugurou um ambiente renovador impulsionado especialmente por processos naturalmente complexos de desestatização, com inegáveis conquistas alcançadas ao longo de quase duas décadas. Entretanto, como em diferentes partes do mundo, também aqui há a percepção de que a atividade de regulação tem novos desafios pela frente em vista do desenvolvimento tecnológico de um setor estratégico da economia.

Hoje, o movimento regulatório brasileiro – por assim dizer – já se equipara aos sistemas internacionais de referência, presenciando a revolução iniciada na qualificação do serviço prestado pelas agências, atentas ao tratamento de "um fenômeno multifacetado, complexo e controverso por natureza", como acertadamente lemos no primeiro capítulo da obra. E, mesmo assim, nas entrelinhas do trabalho, há o reclame pela ampliação exaustiva da capacidade técnica dos reguladores no Brasil, concebendo que a função das agências no País está indissociavelmente atrelada ao instrumento de política pública, entendida, especialmente nos setores regulados – que comungam da característica de sua importância econômica e social para o País – como um elemento vital para o planejamento, a execução, a implementação e a fiscalização de objetivos públicos de Estado.

A cada página há um convite ao leitor para melhor conhecer, num resultado de já enorme esforço de síntese, uma proposta de sistematização técnica, seja no que se refere ao fenômeno regulatório como um todo, seja em sua circunscrição ao setor das telecomunicações e aos regimes regulatórios de acesso a redes. E o pano de fundo é que a regulação nunca é um processo definitivo, mas se retroalimenta de análises, aplicações e atualizações que norteiam a sua evolução junto com os contextos tecnológicos e mercadológicos de referência e cujo amadurecimento passa necessariamente da regulação "simplista" de comando e controle, para o desenvolvimento de um pensamento estratégico sobre o fenômeno regulatório.

A chance de materializar esse pensamento estratégico no âmbito do setor das telecomunicações, especialmente nas escolhas das regras que conformam regimes de acesso a redes, em vista ao alcance de melhores resultados no fomento à competição e no desenvolvimento no setor, é uma feliz empreitada e contribuição à doutrina – um pouco prolífica em se tratando do que estamos a ler, ainda mais se considerarmos o complexo período atual de profunda transição do binômio "voz+cobre", que originou o marco regulatório, para o novo binômio "fibra+dados" típico da internet, com os recursos de espectro rádio assumindo papel ainda mais relevante.

É dentro da "gincana" entre público e privado que essa transformação impõe que está a chave de uma leitura tão robusta como aqui proposta, permitindo a reguladores, regulados e consumidores melhor compreenderem o potencial e os limites dos caminhos que se escolhem e das consequências que daí derivam como imprescindível insumo dos movimentos futuros.

Merece registro, portanto, o reconhecimento do empenho e o elevado grau de distinção que o autor conseguiu compartilhar com o setor das telecomunicações.

Mario Girasole

APRESENTAÇÃO

A regulamentação setorial, por meio de agências reguladoras especializadas, ainda enfrenta ceticismo no Brasil. Não é claro para muitos o papel das agências no contexto da administração pública em geral, nem como se distinguem em relação às demais instâncias de poderes. A atuação dos reguladores no âmbito de políticas públicas, na elaboração de regulamentos com efeitos de lei ou na fiscalização de condutas e processos de sanção por vezes se confunde com as atribuições dos Poderes Executivo, Legislativo e Judiciário. A própria noção de órgão de Estado independente do Governo não é clara e, ao contrário, é por vezes contestada.

A consolidação do modelo de agências reguladoras passa pelo aperfeiçoamento da forma de atuação e, principalmente, dos resultados concretos que produzirem para o desenvolvimento dos setores regulados.

Nesse contexto, é um privilégio para a TelComp apresentar o presente trabalho, sem dúvida uma obra de grande valor, com contribuições substantivas para o estudo e desenvolvimento de regulação concorrencial no Brasil.

A tese elaborada por Jonas Antunes oferece uma visão precisa do tema competição e dos inúmeros instrumentos existentes para a regulamentação concorrencial efetiva. A análise rigorosa da literatura universal e de experiências relevantes no cenário internacional mostra como o tema é instigante, conceitualmente complexo e como está evoluindo de forma dinâmica e desafiadora.

Para ilustrar os vários aspectos teóricos cuidadosamente explicados na tese, o autor debruçou-se sobre a análise de um problema prático de extrema importância e atualidade, que envolve objetivos regulatórios de competição no setor de telecomunicações, e o próprio desenvolvimento da economia digital no País. O estudo do caso prático objeto da pesquisa inclui muitos dos vários desafios que o regulador enfrenta ao traçar e implementar estratégias regulatórias efetivas. Portanto, apesar de tratar de um caso bem específico do setor de telecomunicações, a pesquisa oferece subsídios relevantes para outras atividades econômica reguladas, o que torna o estudo ainda mais valioso para o desenvolvimento teórico e prático da regulação concorrencial de forma ampla.

Todo o esforço do Estado e dos agentes econômicos para o desenvolvimento da regulamentação setorial só tem sentido se gerar resultados melhores para a sociedade. De outra forma deixa de ser elemento essencial para o desenvolvimento socioeconômico, para se tornar uma mera instância de burocracia improdutiva.

As agências têm, portanto, o desafio de orientar sua atuação com pragmatismo, tendo em vista objetivos claros e mensuráveis a serem atingidos. Isso pressupõe acurado planejamento estratégico, com definição de metas, escolha do instrumental regulatório e competente análise de impacto e avaliação de resultados da regulação.

A análise de impacto regulatório é tema contemporâneo de grande importância, especialmente por permitir antecipar consequências e orientar escolhas bem informadas pelo regulador. Apesar de previsto em projetos de leis e em regimentos internos de agências, este tema ainda não está suficientemente amadurecido no Brasil e certamente despertará a atenção da academia no desenvolvimento conceitual de propostas metodológicas que facilitem a adoção ampla e efetiva pelos reguladores brasileiros.

A TelComp, ao apoiar o excelente trabalho desenvolvido por Jonas Antunes na elaboração deste trabalho, está oferecendo a sua contribuição ao desenvolvimento da regulamentação concorrencial no Brasil e, em especial, ao setor das telecomunicações.

João Moura
Presidente Executivo – TelComp

TELCOMP

Fundada em janeiro de 2000, a TelComp – Associação Brasileira das Prestadoras de Serviços de Telecomunicações Competitivas é uma entidade de âmbito nacional, sem fins lucrativos, que representa mais de 50 empresas prestadoras de serviços de telecomunicações, incluindo todos os principais grupos que atuam no País e várias empresas especializadas em seguimentos específicos de mercado. O objetivo institucional da TelComp é promover um ambiente de competição justo e isonômico, e assim facilitar o desenvolvimento das telecomunicações, com mais e melhores ofertas de serviços, diversidade de prestadores, inovação e qualidade.

INTRODUÇÃO

Este é um trabalho sobre estratégias regulatórias.

Em geral ele se apoia (i) na ideia de que no exercício de suas funções o regulador lida com escolhas complexas – que pressupõem *trade-offs*[1], envolvem efeitos colaterais indesejáveis e precisam ser feitas em um contexto inerentemente político e controverso[2]; e (ii) na percepção dos insucessos do fenômeno regulatório e das falhas nos diagnósticos oferecidos pelas diferentes teorias que o explicam[3], para indicar a essencialidade de um regulador mais bem preparado para a estruturação de estratégias que visem ao alcance de objetivos regulatórios estabelecidos.

De forma específica, o trabalho pretende analisar regimes de acesso a redes no setor das telecomunicações no Brasil, haja vista a existência de evidências recorrentes de descumprimento de regras instituídas por diferentes normativas que tratam do assunto, o que em alguma medida afeta o objetivo regulatório de introdução de competição em mercados do setor.

A princípio, a pesquisa procura identificar e avaliar criticamente limitações institucionais – derivadas de escolhas regulatórias malfeitas – que possam estar associadas ao problema de não *compliance* com as regras de acesso a redes. Para tanto, realiza análises jurídico-institucionais do caso concreto envolvendo a EILD (Exploração Industrial de Linhas Dedicadas), uma modalidade de regulação de acesso a redes nas telecomunicações do Brasil, com quatro normativas publicadas desde 1996.

Ao longo do processo investigativo notou-se, entretanto, que as referidas análises jurídico-institucionais concernentes aos regimes de EILD seriam facilitadas se se utilizasse uma categoria analítica única para comparar as diferentes normativas estudadas. A percepção dessa demanda analítica alterou os

---

1. Escolhas que envolvem custos de oportunidade.

2. LODGE, Martin e WEGRICH, Kai. *Managing regulation:* regulatory analysis, politics and policy. Basingstoke: Palgrave Macmillan, 2012, p. 8-9 e 252.

3. BLACK, Julia. *Decentring regulation:* understanding the role of regulation and self regulation in a "post-regulatory" world,. 2001. Disponível em: <http://clp.oxfordjournals.org>. Acesso em: 21 nov. 2013, p. [illegible].

objetivos da pesquisa, exigindo ajustes de rota para inserir o conceito elaborado – estratégias regulatórias de *compliance* com regras de acesso a redes de telecomunicações – no centro do trabalho.

Feita essa readequação, o presente trabalho realiza então as análises jurídico-institucionais dos regimes de EILD, fazendo uso do conceito elaborado para apontar as estruturas e limitações das estratégias regulatórias de *compliance* de cada um deles, para propor novos caminhos regulatórios sobre o tema no Brasil, e para defender que este é um conceito relevante na análise dos regimes estudados, que joga luz sobre o problema de não *compliance* com regras de acesso de EILD e esclarece pontos importantes, podendo facilitar as decisões por vir do regulador relacionadas à revisão ou ao desenho de novos regimes.

Com esses esclarecimentos iniciais ao leitor, a seguir detalho os componentes metodológicos da investigação a ser desenvolvida, começando pelo problema que a motiva.

O PROBLEMA DE PESQUISA

Este trabalho justifica-se pelos indícios existentes de que regras de acesso a redes de telecomunicações, previstas em regulamentações sobre EILD no Brasil, têm sido alvo de descumprimento por operadores dominantes, impactando, em alguma medida, objetivos instituídos para introdução de competição nos mercados do setor.

O relato que se segue, apesar de técnico, tem o condão de contextualizar e evidenciar o problema institucional mencionado, além de marcar o ponto de partida cronológico da pesquisa.

Depois que o monopólio estatal foi alterado na Constituição Federal brasileira de 1988, por meio da EC 8/1995[4], a União foi autorizada a delegar a prestação de serviços de telecomunicações a empresas privadas por meio de autorizações, permissões ou concessões.

O modelo regulatório brasileiro das telecomunicações, desenhado ao longo desse processo de privatização e liberalização do setor[5], baseou-se em dois pilares principais: universalização dos serviços básicos e introdução de competição nos mercados nos quais ela fosse possível. Em relação a esse segundo objetivo, o modelo partia da premissa de que a ausência de concorrência geraria uma alocação ineficiente de recursos nos mercados do setor, o que repercutiria negativamente

4. Antes dela a Constituição Federal estabelecia, em seu art. 21, XI, que os serviços de telecomunicações deveriam ser prestados por empresas estatais.

5. Todo esse processo está descrito em: FARACO, Alexandre Ditzel. *Regulação e direito concorrencial: uma análise jurídica da disciplina da concorrência no setor das telecomunicações*. Tese de Doutorado da Universidade de São Paulo, 2001, item 2.6. Registre-se que tal tese foi publicada também como livro: idem, *Regulação e direito concorrencial (as telecomunicações)*. São Paulo: Livraria Paulista, 2003.

nos níveis de bem-estar dos usuários, os quais por sua vez se veriam obrigados a suportar preços bem acima dos custos marginais[6], limitações na quantidade ofertada dos serviços e baixos níveis de qualidade e inovação. Para possibilitar a competição justa entre todos os prestadores dos serviços, dada a admissão da integração vertical e da presença dos incentivos a discriminar gerados por essa estrutura, o modelo previu o direito de acesso de concorrentes às redes das concessionárias, em condições adequadas[7].

Em decorrência disso, a Lei Geral de Telecomunicações (LGT)[8] estabeleceu regras sobre uso de redes[9] e ao longo dos anos a Agência Nacional das Telecomunicações (ANATEL)[10] disciplinou esse uso a partir de normas específicas, como as que tratam das contratações de EILD, objeto de estudo deste trabalho, e uma das principais modalidades implementadas[11] de regulação de acesso a redes no Brasil.

A EILD é um tipo regulado de acesso às redes de operadores dominantes[12] que não pressupõe compartilhamento de infraestrutura[13] e a partir do qual outros operadores conseguem prestar serviços de telecomunicações em mercados varejistas em que os primeiros atuam, tornando-se, portanto, seus concorrentes.

---

6. FAGUNDES, Jorge. *Fundamentos econômicos das políticas de defesa da concorrência:* eficiência econômica e distribuição de renda em análises antitruste. São Paulo: Singular, 2003, p. 12. Em mercados competitivos o preço tende ao custo marginal, enquanto em mercados com pouca competição ele se distancia do custo marginal (de se produzir uma nova unidade de um determinado bem). O delta entre o custo marginal e o preço representa a margem de lucro.

7. BRASIL. *Exposição de Motivos 231/MC*, de 10 de dezembro de 1996, p. 13 e 18. Disponível em: <http://www.anatel.gov.br>. Acesso em: 17 out. 2011.

8. BRASIL. *LGT*. Lei n. 9.472, de 16 de julho de 1997. Disponível em: <http://www.planalto.gov.br/ccivil/leis/L9472.htm>. Acesso em: 18 out. 2010.

9. Na LGT, alguns exemplos: "Art. 6.º Os serviços de telecomunicações serão organizados com base no princípio da livre, ampla e justa competição entre todas as prestadoras, devendo o Poder Público atuar para propiciá-la, bem como para corrigir os efeitos da competição imperfeita e reprimir as infrações da ordem econômica; [...] Art. 146. [...] inc. I – é obrigatória a interconexão entre as redes, na forma da regulamentação; [...]. Art. 155. Para desenvolver a competição, as empresas prestadoras de serviços de telecomunicações de interesse coletivo deverão, nos casos e condições fixados pela Agência, disponibilizar suas redes a outras prestadoras de serviços de telecomunicações de interesse coletivo".

10. Foi a própria LGT que criou a ANATEL, órgão regulador independente para o setor das telecomunicações.

11. A interconexão é outro tipo de regulação de acesso que foi de fato implementada no Brasil, diferentemente do *unbundling* e do *bitstream*, modalidades ainda não efetivas no País.

12. Vale ressalvar que existem operadores sem poder de mercado significativo (PMS) que ofertam EILD, mas nesses casos não há imposição regulatória de compulsoriedade da oferta, preços de referência ou prazos de atendimento.

13. Isso significa que na contratação de EILD o operador solicitante necessita contratar a rede do operador dominante para prestar seus serviços – haja vista sua ampla capilaridade e o número de clientes que conecta –, mas este não precisa ou não tem interesse em contratar a rede daquele, dado o fato de ela estar conectada a um número limitado de clientes. Tal característica dificulta a livre negociação entre as partes, especialmente quando se considera que elas são concorrentes entre si em mercados de varejo. Para mais informações sobre esses tipos de contratações de acesso em que somente uma das partes tem interesse na contratação – *one way access* – vide: ARMSTRONG, Mark. The theory of access pricing and interconnection. In: CAVE, Martin et al. *Handbook of telecommunications economics*. Amsterdam: Elsevier, 2002, v. 1, cap. 8.

Ainda hoje a EILD representa a principal alternativa de contratação regulada de atacado de rede fixa de transporte local.

Como era de se esperar – por contrapor diretamente interesses públicos e privados, forçando operadores dominantes a abrirem suas redes a concorrentes em condições reguladas, interferindo em estratégias de negócios de particulares, tudo em vista a promover competição nos mercados do setor –, a regulação de acesso, via EILD, gera grande tensão[14] entre os interessados, e sua aplicação prática tem constituído enorme desafio à ANATEL.

Alguns capítulos dessa história relacionada à regulamentação da EILD denotam a tensão existente entre as partes e colocam em perspectiva a dificuldade que tem sido para a ANATEL definir as regras de acesso e assegurar o seu cumprimento por operadores dominantes.

No Brasil o primeiro regime regulatório para contratação de EILD foi estruturado pela *Norma 30/1996*[15], aprovada pela Portaria 2.506/1996 do Ministério das Comunicações. Apesar de sua vigência[16], em 2002 o Conselho Administrativo de Defesa Econômica (CADE)[17] condenou a empresa Telefônica pela discriminação baseada em preços no provimento de EILD, prática anticompetitiva evidenciada na oferta apresentada por esta em licitação da Prodam, Empresa de Tecnologia da Informação e Comunicação do Município de São Paulo[18].

Entre 2004 e 2006, com o objetivo de eliminar falhas no funcionamento do mercado de contratação de EILD, evidenciadas com o próprio caso Prodam e outras reclamações de condutas anticompetitivas[19], a ANATEL desenhou um novo regime regulatório sobre o tema. Em abril de 2005 seu

---

14. CASAGRANDE, Paulo L. Regulação pró-concorrencial de acesso a ativos de infraestrutura: regime jurídico e aspectos econômicos. In: SCHAPIRO, Mario G. (coord). *Direito econômico:* direito econômico regulatório. São Paulo: Saraiva, 2010, p. 121-129.

15. Tais regras, em síntese, definiam um preço-teto nacional para a comercialização do insumo, mas permitiam descontos, desde que respeitados princípios de isonomia e não discriminação. Cf. ANATEL. *Apresentação do Regulamento de EILD*. Agosto, 2004, p. 2. Disponível em: <http://www.anatel.gov.br/>. Acesso em: 15 set. 2012.

16. Em tese as regras da *Norma 30/1996* deveriam impedir a prática de condutas anticompetitivas, o que não aconteceu no caso Prodam, quando o Conselho Administrativo de Defesa Econômica (CADE) condenou a empresa Telefônica por infração concorrencial.

17. Processo Administrativo n. 53500.005770, onde a empresa Embratel era a representante e a empresa Telesp (Telefônica) a representada da prática anticompetitiva. Disponível em: <http://www.sbdp.org.br/arquivos/material/349 Caso%20Embratel%20v.%20Incumbents%20Locais%20-%20Cleveland%20Prates.pdf>. Acesso em: 18 out. 2011.

18. Na ocasião restou confirmado que os preços da Telefônica eram 17% menores do que os da empresa denunciante, Embratel, porque a primeira, dominante no mercado atacadista de EILD, contratava esse insumo a preço muito inferior ao que estava vendendo à Embratel, sua rival no leilão, o que gerava distorção competitiva em favor da Telefônica na disputa.

19. Especialmente reclamações de concorrentes das concessionárias locais fundadas no argumento de que os preços de varejo cobrados por estas eram menores do que os preços de atacado que eles pagavam pela contratação da EILD. Outras reclamações estavam fundadas na possível utilização de critérios de descontos discriminatórios pelas concessionárias locais, favorecendo empresas de seus grupos econômicos. Cf. ANATEL. *Apresentação do Regulamento de EILD*, 2004, p. 3.

Conselho Diretor aprovou o *Regulamento de EILD*[20], base desse novo regime, que impôs a operadores com poder de mercado significativo (PMS)[21] obrigações *ex ante* relacionadas a prazo de atendimento, à impossibilidade de descontos a solicitantes, à diferenciação entre circuitos padrão e especial, tendo criado um regime de preços de referência[22] (relativos à instalação e aluguel mensal da infraestrutura). Na mesma regulamentação previu-se a possibilidade de as partes apresentarem pedidos de resolução de conflitos[23] junto à ANATEL nos casos em que a livre negociação não ocorresse, havendo também previsão de que o regulador usaria como referência os valores do *Ato 50.065* para a composição desses conflitos[24]. Complementarmente ao *Regulamento de EILD*, em junho de 2006 o Conselho Diretor da ANATEL aprovou a resolução[25] que definiu os grupos detentores de PMS na oferta do insumo.

Logo após a definição dos grupos detentores de PMS na oferta de EILD em 2006, alguns deles[26] acionaram a ANATEL e solicitaram a revisão de sua condição de PMS, sustentando, entre outros argumentos: que a resolução afrontava os princípios de razoabilidade e de proporcionalidade que norteiam os atos da Administração Pública; que a referida norma fazia uso do conceito de PMS de maneira inadequada e muito mais restritiva do que era feito pela Comissão Europeia, não tendo seguido a metodologia antitruste indispensável para análise de poder de mercado[27]; que haviam patrocinado estudos de campo que concluíram que suas empresas sofriam competição e que, portanto, não

---

20. ANATEL, *Regulamento de EILD*. Resolução n. 402, de 27 de abril de 2005 Disponível em: <http://www.anatel.gov.br>. Acesso em: 18 out. 2011.

21. Como será visto no Capítulo 3 deste trabalho, o termo PMS é utilizado para caracterizar operadores dominantes capazes de abusar dessa sua condição em mercados relevantes.

22. Um dia depois da aprovação do *Regulamento de EILD* o Conselho Diretor da ANATEL aprovou o *Ato 50.065*, que definiu os valores que serviriam de referência na resolução de conflitos entre solicitantes e fornecedores dominantes de EILD. Vide: ANATEL, *Ato n. 50.065*, de 28 de abril de 2005. Disponível em: <http://www.anatel.gov.br>. Acesso em: 18 out. 2011.

23. ANATEL, *Regulamento de EILD*, art. 30.

24. Idem, ibidem, art. 37, parágrafo único.

25. ANATEL, Resolução n. 437, de 8 de junho de 2006. Disponível em: <http://www.anatel.gov.br>. Acesso em: 18 out. 2011.

26. Grupo da concessionária local Telesp, grupo da antiga concessionária local Brasil Telecom e grupo da concessionária local Telemar. Documentos respectivamente disponíveis em: <http://www.google.com.br/#hl=pt-BR&sclient=psy-ab&q=revisao+resolucao+437+telefon ca&oq=revisao+resolucao+437+telefonica&gs l=hp.3...2808 11082.0.11366.32.29.0.2.2.1.317.6630.0j6j19j2.27.0...0.0...1c.1.1fHQl6NPNfI&pbx=1&bav=on.2,or.r gc.r pw.r qf.&fp=6e90463fcc49d637&bpcl=38897761&biw=1366&bih=627>. p. 11-12. Acesso em: 20 nov. 2012; <http://www.google.com.br/url?sa=t&rct=j&q=revisao%20resolucao%20437%20brasil%20telecom&source=web&cd=1&sqi=2&ved=0CCEQFjAA&url=http%3A%2F%2Fsistemas.anatel.gov.br%2Fsacp%2FParametros%2FArquivosAnexos%2Fbrasil telecom.pdf&ei=swCsUKHelc--0QGKIYCoAw&usg=AFQjCNFuv-WEToYich842D7C0wqLE5LcDg>. Acesso em: 20 nov. 2012; e <http://www.google.com.br/#hl=pt-BR&gs nf=3&cp=29&gs id=3o&xhr=t&q=telemar+revisao+resolucao+437&pf=p&sclient=psy-ab&oq=telemar+revisao+resolucao+437&gs l=&pbx=1&bav=on.2,or.r gc.r pw.r qf.&fp=6e90463fcc49d637&bpcl=38897761&biw=1600&bih=759>. Acesso em: 21 nov. 2012.

27. Tais fundamentos foram levantados pelo Grupo da Concessionária local Telesp e Telemar. Tais informações podem ser acessadas nos documentos citados na nota anterior.

era razoável instituí-las como dotadas de PMS sem ter sido feita a devida análise de mercado. Na oportunidade, o próprio CADE[28], por requerimento da Telefônica, enviou ofício à ANATEL alertando dos riscos concorrenciais da *Resolução 437*, que adotou critério geral para a definição de PMS na oferta de EILD.

Por outro lado, também à época vários operadores sem PMS, demandantes do insumo, requereram à ANATEL a resolução de conflitos[29] com os operadores PMS, normalmente afirmando descumprimento das regras do *Regulamento de EILD* e dos valores instituídos pelo *Ato 50.065*.

Em 2008, a partir do Plano Geral de Atualização da Regulamentação das Telecomunicações no Brasil (PGR)[30], a ANATEL expressou seu objetivo de implementação de regulação assimétrica fundada no conceito de PMS, bem como incluiu como meta a atualização do *Regulamento de EILD* e a elaboração do Plano Geral de Metas de Competição (PGMC), já dando mostras da necessidade de um novo regime de acesso a redes de telecomunicações no País.

Não obstante a regulamentação da ANATEL, os embates que a acompanharam e as intenções de atualização regulatória em 2010, admitindo a permanência de problemas concorrenciais na contratação de EILD, o CADE[31] condicionou a aprovação do ato de concentração envolvendo Oi e Brasil Telecom à assinatura de Termo de Compromisso de Desempenho (TCD)[32] no mercado de contratação de EILD, no qual tais prestadores eram tidos como dominantes.

Nesse cenário de turbulência, o regime de EILD estabelecido com a *Resolução 402* não se revelou efetivo, tendo alcançado resultados práticos limitados, colocando em dúvida a capacidade de a ANATEL assegurar o cumprimento daquelas regras de acesso, como se depreende das informações a seguir.

---

28. CADE, *Despacho Presidência n. 175*, de 13 de dezembro de 2006.

29. Processo Administrativo n. 53.500.031769/2006, em que a empresa Intelig era a requerente e a empresa Telefônica a requerida; Processo Administrativo n. 53.500.005123/2007, em que a Americel e a BCP, hoje Claro, eram as requerentes e a empresa Brasil Telecom era a requerida; Processo Administrativo n. 53.500.028400/2009, com a Embratel como requerente e a Telemar Norte Leste, empresa do Grupo Oi, como requerida. Nesse último caso, a reclamação da requerente era de que a operadora PMS estava classificando vários dos pedidos de EILD feitos em localidades em que ela já prestava serviços de telecomunicações, como EILD especial – modalidade de prestação em que os preços não estavam referenciados pelo *Ato 50.065*, e em que os prazos de atendimento eram mais longos.

30. ANATEL, *PGR*. Resolução n. 516 do Conselho Diretor, de 30 de outubro de 2008. Disponível em: <http://www.anatel.gov.br>. Acesso em: 23 nov. 2012.

31. CADE. *Voto Oi/BrT*, Processo n. 08012005789/2008-23, p. 127-145. Disponível em: <http://www.cade.gov.br/temp/t101020111042847l.pdf>. Acesso em: 18 out. 2011.

32. Mais informações em: CARVALHO, Vinicius Marques de; CASTRO, Ricardo Medeiros de. Sistema de monitoramento de condutas como remédio a problemas estruturais verticais: estudo de caso da operação Brasil Telecom/Oi. *Revista de Direito das Comunicações*, ano 2, v. 3, p. 21-23, jan.-jun. 2011. O TCD assinado também contemplava obrigações para correção de falhas no mercado de interconexão.

Se, para fomentar a competição e melhorar o bem-estar dos usuários dos serviços de varejo, era objetivo da ANATEL garantir valores de contratação de EILD junto a operadores PMS em níveis próximos aos valores estipulados no *Ato 50.065*, pesquisa[33] realizada em 2011 pela TelComp – entidade de classe representativa de operadores entrantes, solicitantes de EILD[34] – apresentou evidências constatando outra realidade. Os contratos assinados pelos solicitantes com as PMS, de EILD local[35] de 2 Mbps, em diferentes capitais brasileiras, estavam com valores de aluguel mensal bem acima dos R$ 828,00 referenciados pela ANATEL – linha tracejada –, como se nota na figura seguinte[36]:

Figura I – Descumprimento do Preço de Referência da Mensalidade de EILD por PMS

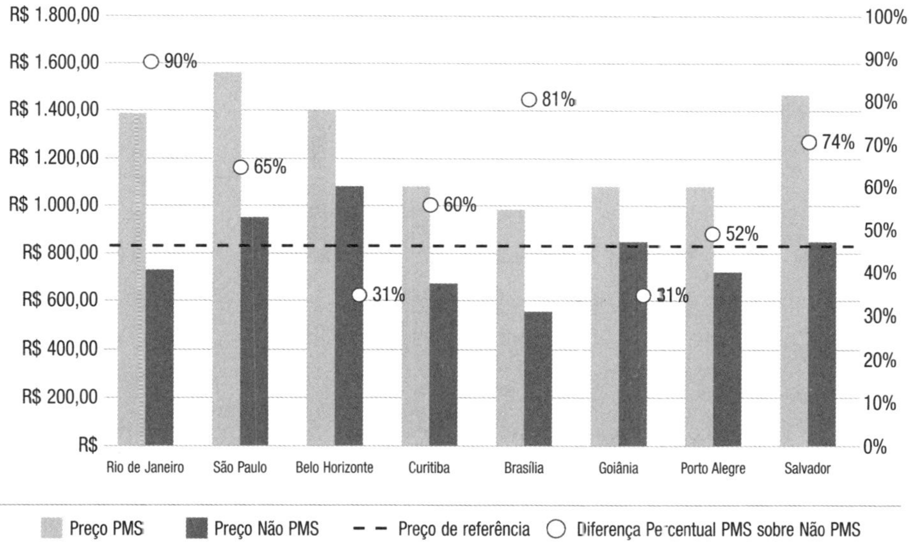

Fonte: COUTO e ZIERBATH, 2011, p. 97.

33. Cf. COUTO, Jonas Antunes; ZIERBATH, José Antônio de Moura. A doutrina das *essential facilities*: uma análise da jurisprudência brasileira. *Revista de Direito das Comunicações*, ano 2, v. 4, jul.-dez. 2011.

34. Normalmente as empresas que solicitam EILD às PMS são operadores de nicho, focados em clientes corporativos, que para prestar seus serviços – na ausência de rede própria – dependem da contratação de trechos da rede de PMS.

35. Nessa modalidade contrata-se o trecho de rede que acessa o local onde está o consumidor.

36. Os outros preços inseridos na figura são de prestadores de EILD que não possuíam PMS. Normalmente são empresas especializadas em ofertar suas redes no atacado, mas que não possuem a mesma capilaridade de rede das operadoras PMS.

Outra pesquisa[37], também em 2011, demonstrou que os prazos para ativação de circuitos de EILD[38] contratados não eram cumpridos pelas PMS, como determinava o *Regulamento de EILD*. A média de tempo para essa ativação era muito superior ao prazo regulado – linha tracejada, 30 dias para EILD padrão e 60 dias para projetos especiais –, como demonstrado a seguir. Tal atraso poderia impactar a competitividade desses solicitantes no mercado, diminuindo os níveis de rivalidade e o bem-estar do usuário final dos serviços de telecomunicações.

Figura 2 – Descumprimento dos Prazos de Atendimento de EILD por PMS

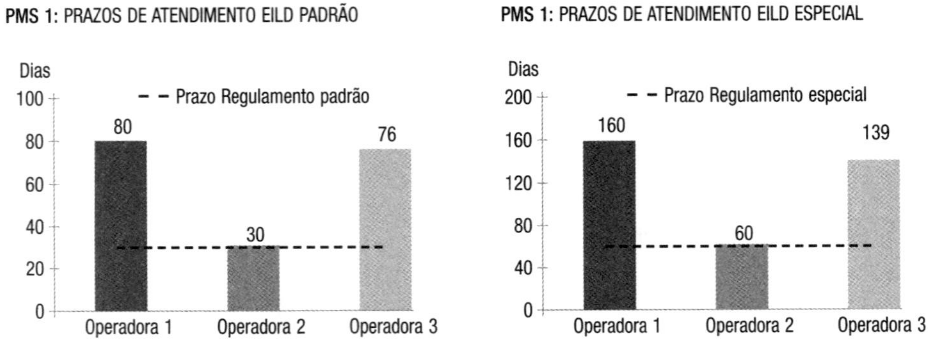

Fonte: TELCOMP, 2011, p. 7.

Outra constatação da mesma pesquisa[39] foi de que 20% de todos os 4.056 pedidos de circuitos de EILD feitos a duas fornecedoras dominantes por três operadores solicitantes, entre janeiro de 2010 e maio de 2011, não se transformaram em contrato junto às PMS, o que confrontava os arts. 19 e 20 do *Regulamento de EILD*, que previa a obrigatoriedade de fornecimento de EILD pela operadora PMS, seja pela via de projeto padrão – quando existisse disponibilidade de capacidade de rede, sem necessidade de novos investimentos – seja pela via de projetos especiais – casos em que seriam necessários novos investimentos em rede feitos pelas PMS e remunerados pelas solicitantes.

37. TELCOMP. *Pesquisa TelComp:* pedidos atendidos e não atendidos. Maio 2011. Disponível em: <http://www.telcomp.org.br/site/index.php/telcomp-destaca/eild-resultado-pesquisa-pedidos-nao-contratados-2>. Acesso em: 29 jun. 2012.

38. Para a pesquisa, a TelComp considerou os pedidos de EILD local – com distância entre o local do atendimento e a central mais próxima da fornecedora PMS inferior a 5 km – e velocidade dedicada de 2 Mbps. Segundo a TelComp, tal escolha se baseou no fato dessa ser a contratação mais frequente e mais controversa desse insumo de rede, haja vista suas características de facilidade essencial.

39. TELCOMP, 2011.

Figura 3 - Descumprimento do Fornecimento de EILD por PMS

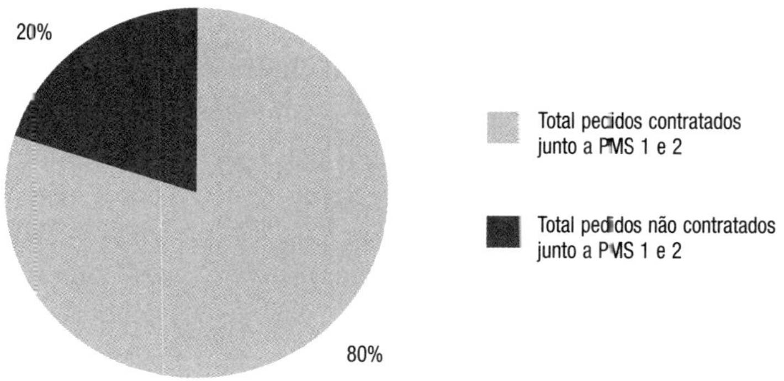

Fonte: TELCOMP, 2011, p. 4.

Como forma de explorar os motivos justificadores da não contratação de 20% dos pedidos entre as partes, a TelComp comparou os preços médios de instalação – e não de aluguel – de circuitos cobrados pelas PMS nos pedidos que foram contratados e nos que não foram contratados. Conforme a figura a seguir, a média dos preços de instalação dos circuitos (padrão e especial) contratados foi de R$ 9.307,12[40], enquanto no caso dos pedidos não contratados (padrão e especial) a média dos preços foi de R$ 20.756,65, 123% superior.

Figura 4 - Descumprimento dos Preços de Referência de Instalação de EILD por PMS

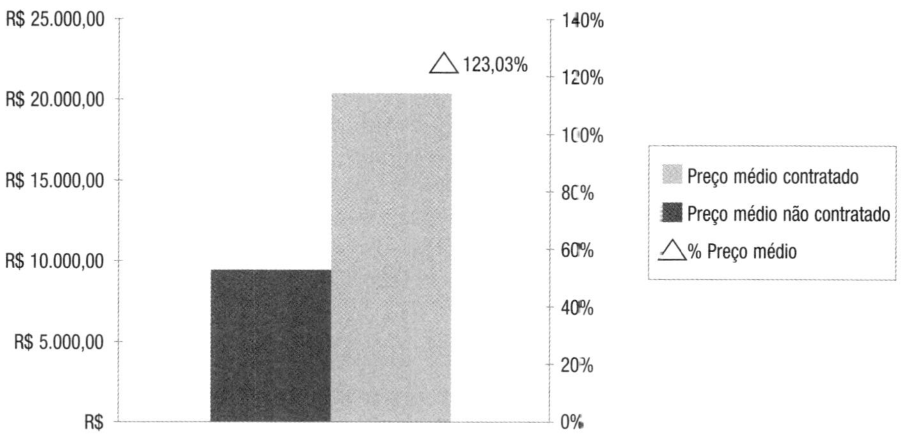

Fonte: TELCOMP, 2011, p. 5.

40. Apenas a título de informação, os valores de instalação para pedidos de EILD local padrão, de 2 Mbps, referenciados no *Ato 50.065*, eram de R$ 2.072,00.

Agravante dessa situação indicativa de descumprimento das regras do *Regulamento de EILD* se referia ao fato de a ANATEL, historicamente, não decidir[41] ou tardar muito a decidir[42] as resoluções de conflitos instauradas pelas operadoras solicitantes, comportamento que limitava ainda mais a aplicação prática das regras e, indiretamente, atendia aos interesses de PMS.

Todos esses fatos e dados citados parecem ter pressionado a ANATEL a iniciar processo de revisão do regime de EILD, que teve seu ápice com a publicação do *Novo Regulamento de EILD*[43], em maio de 2012, seguida pela publicação em novembro do mesmo ano do *PGMC*[44], ambos vigentes atualmente.

Nessa terceira tentativa a ANATEL criou novas obrigações para operadoras PMS – especialmente voltadas para o *compliance* com tais regras, podendo-se destacar dentre elas: a inversão do ônus da prova para os PMS[45] e a aplicação dos valores de referência[46] pela ANATEL em sede de resolução de conflitos[47]; a constituição de Entidade Supervisora e a implantação de base de dados e sistema de negociações de atacado[48]; e a obrigação para as PMS de criação de diretoria estatutária de atacado[49]. Com o desenho desse novo regime de contratação de EILD – e de outros produtos de atacado – a ANATEL adotou uma estratégia regulatória específica para assegurar o *compliance* com as regras de acesso instituídas, para, de fato, desincentivar práticas discriminatórias de operadores dominantes.

---

41. Um exemplo desse caso é o já citado Processo Administrativo n. 53.500.031769/2006, em que a empresa Intelig era a requerente e a empresa Telefônica a requerida.

42. Quanto a processos que tiveram decisões administrativas muito após sua instauração, vide Processo Administrativo n. 53.500.022808/2006, que teve a TELCOMP como requerente e a Telefônica como requerida. Nesse caso o Conselho Diretor da ANATEL condenou a Telefônica, em fevereiro de 2012, a pagar R$ 6,3 milhões, depois de quase seis anos da instauração do conflito.

43. ANATEL. *Novo Regulamento de EILD*. Resolução n. 590, de 15 de maio de 2012, que aprovou o novo regulamento de EILD. Disponível em: <http://legislacao.anatel.gov.br/resolucoes/34-2012/332-resolucao-590>. Acesso em: 24 nov. 2012.

44. ANATEL. *PGMC*. Resolução n. 600, de 1.º de novembro de 2012. Disponível em: <http://legislacao.anatel.gov.br/resolucoes/34-2012/425-resolucao-600>. Acesso em: 24 nov. 2012. De forma geral, tal regulamento instituiu processo claro de análise concorrencial com definição de mercados relevantes – inclusive do mercado de transporte local, onde a EILD é um produto regulado –, de operadores com PMS, e das medidas assimétricas corretivas de falhas de mercado destinadas aos operadores dominantes.

45. ANATEL, *Novo Regulamento de EILD*, art. 36, § 3.º; e ANATEL, *PGMC*, art. 18, § 3.º.

46. Diferentemente da regra anterior, que estabelecia que nas resoluções de conflitos a ANATEL usaria como referência os valores do ato de preços vigente, dessa vez o *Novo Regulamento de EILD* deixou expresso que a ANATEL usaria os valores de referência do ato vigente nas resoluções de conflitos. Entretanto, no *PGMC*, o dispositivo que tratou a questão foi publicado com redação mais próxima à do regulamento anterior sobre EILD.

47. ANATEL, *Novo Regulamento de EILD*, art. 36, § 7.º; e ANATEL, *PGMC*, Anexo I, art. 27.

48. ANATEL, *Novo Regulamento de EILD*, art. 39; e ANATEL, *PGMC*, art. 36.

49. ANATEL, *PGMC*, Anexo I, art. 13.

QUESTÕES

Considerando, então, esse histórico relatado sobre descumprimentos das regras de acesso via EILD no Brasil, a nova tentativa regulamentar instituída pela ANATEL para melhorar o funcionamento dos regimes de acesso a redes no setor, mas especialmente a necessidade de elaboração de um conceito para realização das análises jurídico-institucionais dos diferentes regimes de EILD já vigentes, a pesquisa que embasa este trabalho foi desenvolvida para responder às seguintes questões:

1. *Como caracterizar as estratégias regulatórias de* compliance *com regras de acesso a redes de telecomunicações? Quais os seus principais elementos?*
2. *Quais as estratégias de* compliance *dos diferentes regimes regulatórios de EILD instituídos no Brasil? Quais as suas limitações?*
3. *Tendo em vista a experiência internacional, quais as especificidades da estratégia de* compliance *estruturada no atual regime brasileiro de acesso a redes de telecomunicações?*

OBJETIVOS

Os principais objetivos do trabalho são:

- delimitar um conceito de estratégias regulatórias de *compliance* com regras de acesso a redes de telecomunicações;
- identificar e avaliar criticamente as estratégias de *compliance* dos regimes regulatórios de EILD já vigentes no Brasil, levando em consideração o conceito antes formulado;
- comparar a estratégia de *compliance* do atual regime brasileiro com as estratégias de *compliance* de regimes de acesso a redes de telecomunicações em países que enfrentaram dificuldades para assegurar o cumprimento das regras de acesso, também se valendo do conceito elaborado.

MÉTODO E ESTRUTURA DO TRABALHO

Concernente ao método, o presente estudo formula um conceito de estratégias de *compliance* com regras de acesso a redes de telecomunicações em duas etapas.

Primeiro, usando alguns manuais internacionais sobre regulação[50] para definir estratégia regulatória como as escolhas combinadas de ferramentas e abordagens feitas pelo regulador no exercício de suas funções de definição de

50. Oded (2013); Baldwin, Cave e Lodge (2012); Lodge e Wegrich (2012); Baldwin, Cave e Lodge (2010); Morgan e Yeung (2007); e Ogus (2004). Essa opção deu-se pelo fato de tais manuais compilarem informações sobre o tema de forma organizada e

padrões de comportamento, monitoramento e *enforcement* desses padrões[51], levando em conta as estratégias dos outros participantes e outras variáveis externas envolvidas no complexo jogo[52] regulatório. Pretende-se com isso jogar luz sobre outras formas existentes – para além de técnicas de comando e controle – para o regulador direcionar comportamentos para adequação a fins públicos.

Segundo, traduzindo essa ideia geral de estratégia regulatória para a realidade dos regimes de acesso a redes de telecomunicações, normalmente marcada por problemas de não *compliance* com regras de acesso. A partir de Cadman (2010), as funções de monitoramento e *enforcement* em um regime de acesso a redes (atreladas ao subconceito de abordagens regulatórias) são caracterizadas como regras-meio, e as condições direcionadoras do comportamento desejado para o acesso, como regras-fim (associadas, por sua vez, ao subconceito de ferramentas e racionalidades regulatórias). O conceito de estratégias de *compliance* em regimes de acesso a redes de telecomunicações é definido como a escolha combinada entre regras-meio de monitoramento (associadas a medidas de transparência), regras-meio de *enforcement* (relacionadas a medidas asseguradoras do padrão comportamental desejado), e regras-fim (prescritivas das distintas condições de acesso não discriminado às redes) em vista do alcance dos objetivos estabelecidos pelo regime.

Feito isso, a pesquisa realiza uma análise jurídico-institucional aplicada às quatro últimas regulamentações estruturantes dos regimes de EILD no País (*Norma 30/1996*, *Resoluções 402*, *590* e *600*), valendo-se do conceito elaborado para identificar as estratégias de *compliance* de cada um dos regimes de acesso estudados e suas possíveis limitações (o que é viável a partir da caracterização das respectivas regras-meio e regras-fim dos regimes de EILD, e só se refere ao desenho das regras pelo regulador, e não a sua implementação[53]). Um balanço sobre a evolução jurídico-institucional a partir do mapeamento e comparação das escolhas das ferramentas/racionalidades e abordagens regulatórias gerais desses regimes nacionais também é utilizado como método nessa etapa.

Em seguida, a estratégia de *compliance* do atual regime brasileiro de acesso a redes de telecomunicações, representado pela *Resolução 600*, é comparada com as estratégias de *compliance* de seis regimes de acesso instituídos em quatro jurisdições internacionais diferentes: Reino Unido, Suécia, Itália e Austrália. Para essa nova análise jurídico-institucional foram formados dois bancos de dados cujas informações sobre estratégias regulatórias de *compliance* são posteriormente cruzadas. A estratégia de *compliance* do *PGMC*, já mapeada por força

---

sistematizada, muitas vezes utilizando-se de outros autores, o que facilita o trabalho de mapeamento e comparação, além de materializar a ideia da caixa de ferramentas do regulador.

51. Black (2002).

52. Veljanovski (in: BALDWIN, CAVE e LODGE, 2010).

53. Na prática isso significa que a ideia de estratégia regulatória aqui desenvolvida só leva em conta as regras desenhadas, e não as organizações (agentes) que precisam aplicar, implementar a regra.

da necessidade de resposta ao segundo bloco de questões, conforma o banco de dados sobre a realidade brasileira. No que se refere à experiência internacional, o banco de dados é estruturado a partir da compilação das informações obtidas na leitura da literatura pesquisada[54], e já levando em conta o conceito preestabelecido de estratégias regulatórias de *compliance* com regras de acesso a redes de telecomunicações. Caracterizadas as regras-meio e regras-fim estruturantes das estratégias de *compliance* no caso brasileiro e internacional, a etapa final consiste em avaliar as especificidades da estratégia do regime atual de acesso no Brasil à luz do que foi mapeado sobre as mesmas estratégias no exterior.

Ao fim são apresentados novos caminhos para a regulação de acesso a redes fixas de telecomunicações no País e destacada a relevância do trabalho para a evolução da qualidade da regulação e, por decorrência, do direito econômico no Brasil.

Quanto à estrutura, o trabalho a seguir está dividido em três partes. A Parte I (Capítulos 1 e 2) e a Parte II (Capítulos 3 e 4) delimitam um conceito para estratégias regulatórias de *compliance* com regras de acesso a redes de telecomunicações. A Parte III aplica esse conceito para o caso brasileiro envolvendo a regulamentação da EILD em regimes internacionais de acesso a redes de telecomunicações, como forma de facilitar a identificação das diferentes estratégias de *compliance*, o apontamento de limitações porventura existentes e a discussão sobre novos caminhos regulatórios.

Seguindo a linha mestra do trabalho de que as escolhas regulatórias são complexas, exigindo estratégias bem construídas por parte do regulador, o capítulo inicial problematiza o fenômeno regulatório apresentando entendimentos variados dos conceitos e fundamentos da regulação, muitas vezes incompatíveis entre si. Nesse instante trabalha-se o tema independentemente de especificidades jurisdicionais brasileiras, dado o objetivo de ter uma foto ampla sobre o fenômeno e de não assumir o direito como uma variável dada, estática. Caminhando em direção à materialização da regulação no mundo real, o capítulo evidencia os diferentes tipos de agentes reguladores existentes e destaca a importância das regras regulatórias nesse processo de materialização da regulação. O capítulo se encerra denotando a complexidade prática de escolha dessas regras pelo regulador – dada a relatividade de conceitos, fundamentos e objetivos existentes – e indicando sua importância para o direcionamento e indução dos comportamentos dos regulados em vista de um dado objetivo regulatório.

O segundo capítulo adiciona complexidade às escolhas regulatórias ao apresentar um quadro com diferentes ferramentas e abordagens passíveis de uso pelo regulador na busca dos objetivos públicos, destacando as forças e fraquezas de cada uma delas. Essa descrição sobre a caixa de ferramentas do

54. Berec (2011); OCDE (2011); Cadman (2010); Nucciarelli e Sadowski (2010); Teppayayon e Bohlin (2010); Tropina, Whalley e Curwen (2010); Crandall, Eisenach e Litan (2009) Ellare e Oxera (2009); Webb (2008); Spc Network (2008); Salterain (2008); Cave (2006).

regulador serve de base para a estruturação do conceito de estratégia regulatória, dependente da combinação das racionalidades e abordagens de monitoramento e *enforcement* escolhidas – e importante para as análises jurídico-institucionais a serem realizadas no Capítulo 5. Com vistas a ampliar ainda mais o espectro de escolhas do regulador concernente às estratégias regulatórias, o capítulo descreve algumas formas entendidas como ótimas de combinação entre as ferramentas e as abordagens disponíveis, mas sem deixar de apontar as fraquezas relacionadas.

Ao fim dessa Parte I, espera-se que o leitor esteja ciente da complexidade relativa às escolhas regulatórias e da importância das estratégias para alcance dos objetivos públicos que a regulação persegue. Em síntese, um regulador qualificado, ciente das diferentes formas de se direcionar comportamentos de regulados a objetivos públicos, é condição básica para o sucesso da regulação.

Dando início à Parte II, o Capítulo 3 circunscreve essa temática relativa às escolhas e estratégias regulatórias ao âmbito do setor das telecomunicações. São, então, detalhadas especificidades do setor e da regulação que nele costuma operar, como forma de chamar a atenção para complexidades atinentes às decisões do regulador de telecomunicações, seja no plano geral, envolvendo objetivos de universalização de serviços básicos e de fomento à competição na prestação de serviços, seja no específico, relacionado ao desenho de regimes pró-competição.

O Capítulo 4 continua na mesma linha de complexificação das escolhas regulatórias no setor, agora restringindo a discussão aos regimes de acesso a redes de operadores dominantes, recorrentemente sujeitos a problemas de não *compliance* com as regras instituídas. Após apresentar as motivações teóricas, as definições e as condutas anticompetitivas que a regulação de acesso visa combater, o capítulo avança para identificar as razões do comportamento comum de não *compliance* nos regimes de acesso – o que envolve a existência de problemas de incentivos, acentuados por sinais inconsistentes de pesquisas científicas sobre o tema. Na sequência, associando a ideia geral de estratégia regulatória construída no segundo capítulo à realidade comum de regimes de acesso a redes de telecomunicações, define suas estratégias de *compliance* como a escolha combinada das regras-meio (regras descritivas das funções de monitoramento e *enforcement* previstas no regime, relacionadas ao conceito de abordagem regulatória) e das regras-fim (regras descritivas das condições do acesso a redes previstas no regime, associadas à definição do padrão desejado, portanto à ideia de ferramenta regulatória) em vista aos objetivos regulatórios estabelecidos pelo regime. Termina relacionando regras-meio de monitoramento às medidas de transparência comumente usadas nos regimes de acesso (como as relativas aos tipos de separação entre as atividades de atacado e varejo de operadores dominantes integrados verticalmente e as que exigem publicidades de ofertas de atacado); regras-meio de *enforcement* às medidas asseguradoras do padrão comportamental desejado (como são os casos das sanções e resoluções de conflitos entre as partes), e regras-fim às condições de acesso não discriminado às redes (princípios de não discriminação de competidores ou de equivalência de tratamento de competidores).

Elaborado o conceito de estratégias regulatórias de *compliance* com regras de acesso a redes, o quinto e último capítulo o aplica na realização das análises jurídico-institucionais dos regimes de EILD e dos regimes de acesso a redes estudados no Reino Unido, Suécia, Itália e Austrália. A intenção é mapear as ferramentas e abordagens regulatórias gerais utilizadas, as regras-meio e regras-fim instituídas, para organizar e facilitar as respostas ao segundo e terceiro bloco de questões da pesquisa. As informações compiladas em função desses elementos constitutivos do conceito de estratégias regulatórias de *compliance* com regras de acesso são, então, resumidas em tabelas e analisadas, sendo apresentadas limitações relacionadas a essa estratégia nos regimes de EILD no Brasil, delimitadas as peculiaridades do PGMC *vis-à-vis* a experiência internacional, e, por fim, indicados caminhos para regulações futuras sobre o tema no País.

Possível a visualização e crítica das estratégias regulatórias de *compliance* nos regimes de EILD e nos regimes internacionais de acesso estudados (a partir da identificação de seus elementos estruturais), destaca-se a relevância do trabalho para a evolução do desenho das regras regulatórias e, por decorrência, do Direito Econômico no Brasil. Sustenta-se, ademais, que o conceito elaborado de estratégias regulatórias de *compliance* é útil na análise dos regimes estudados, na medida em que joga luz sobre o problema de não *compliance* com regras de acesso de EILD, proporcionando um ganho analítico que facilita decisões por vir do regulador relacionadas à revisão ou ao desenho de novos regimes de acesso, podendo contribuir para um melhor funcionamento deles, com repercussões positivas para objetivos de competição nas telecomunicações do Brasil.

PARTE I

FERRAMENTAS, ABORDAGENS E ESTRATÉGIAS REGULATÓRIAS

Capítulo I

REGULAÇÃO

Desde já é preciso que o leitor saiba que regulação é um fenômeno multifacetado, complexo e controverso por natureza. Tal característica sugere que há mais dúvidas do que certezas quando se trabalha o assunto. E essa recomendação de posição crítica (ou cuidadosa, como preferirem) não é só para o leitor, vale também para reguladores e regulados.

Este primeiro capítulo começa a construir a ideia relacionada à complexidade das escolhas que o regulador precisa fazer, a partir de uma discussão geral sobre os conceitos e fundamentos da regulação, sem se preocupar em adentrar especificidades da realidade institucional brasileira[55]. O objetivo é denotar a existência de posicionamentos variados, atrelados a valores e formas distintas de ver o fenômeno, o que por si só problematiza o tema das escolhas regulatórias.

Visando construir uma ponte entre a regulação em tese e a regulação na prática, o capítulo estuda os agentes reguladores e as formas regulatórias (criador e criatura da regulação), chamando a atenção para a importância da escolha das regras nesse processo de materialização do fenômeno no mundo real – haja vista serem elas, as regras, responsáveis por conduzir os regulados para os objetivos regulatórios –, mas também denotando a complexidade dessas escolhas.

---

55. Aproveito aqui entretanto, para registrar ao leitor que, do ponto de vista das correntes do Direito Administrativo brasileiro, o presente trabalho se associa mais à ideia de um direito administrativo dinâmico (direito administrativo dos negócios, como visto em: SUNDFELD, Carlos Ari. *Direito administrativo para céticos*. São Paulo: Malheiros, 2012, p. 90-92; ou direito administrativo das políticas públicas, como visto em: ANNENBERG, Flávia Xavier. *Direito e políticas públicas:* uma análise crítica de abordagens tradicionais do direito administrativo a partir de um estudo do programa bolsa-família. Dissertação de Mestrado. São Paulo: Faculdade de Direito da USP, 2014), do que de um direito administrativo estático, rígido, como o ensinado nos manuais brasileiros de direito administrativo.

1.1. CONCEITOS

Não parece existir uma definição única para o termo "regulação"[56]. Encontrado no âmbito jurídico, mas também em outros contextos das ciências sociais[57], o conceito de regulação se sujeita a uma pluralidade de visões de mundo, construídas em diferentes momentos da história recente, o que dificulta em muito a tarefa de buscar uniformidade ou consenso sobre sua definição[58], sendo visto como um fenômeno multifacetado[59].

Se em 1968, antes mesmo da *Ascensão do Estado Regulador*[60], o termo "regulação" estava objetivamente associado à ideia de controle estatal das empresas responsáveis pela prestação de serviços de grande interesse público[61] – conhecidos na literatura como *public utilities* –, ou se em 1985 Philip Selznick foi convincente ao enfatizar que o significado central do termo "regulação" consistia no *exercício de um controle sustentável e focado por uma agência pública sobre atividades de extrema importância para a comunidade*[62], ao longo das décadas seguintes novas definições avançaram em muito essas ideias de regulação.

Com a intenção de registrar a amplitude de entendimentos sobre o termo "regulação" e começar a denotar as complexidades das escolhas regulatórias, a narrativa a seguir traz algumas visões desenvolvidas ao longo do tempo na literatura.

Segundo Terence Daintith[63] (1997, p. 3-4) o termo "regulação" é frequentemente empregado para representar a relação existente entre o Estado e

---

56. MORGAN, Bronwen; YEUNG, Karen. *An introduction to law and regulation:* text and materials. New York: Cambridge University Press, 2007, p. 3; e BLACK, Julia. *Critical reflections on regulation.* London: Centre for Analysis of Risk and Regulation at the London School of Economics and Political Science, 2002, p. 2, 8, 12, 16. Disponível em: <http://eprints.lse.ac.uk/35985/1/Disspaper4-1.pdf>. Acesso em: 20 nov. 2013.

57. OGUS, Anthony. *Regulation:* legal form and economic theory. Portland-Oregon: Hart Publishing, 2004, p. 1.

58. BLACK, 2002, p. 8.

59. ARAGÃO, Alexandre Santos de. Regulação da economia: conceito e características contemporâneas. In: CARDOZO, José Eduardo et al. (org.). *Curso de direito administrativo econômico*. São Paulo: Malheiros, 2006, v. III, p. 417.

60. A expressão "Ascensão do Estado Regulador" está associada ao trabalho de G. Majone, de 1994, intitulado *The rise of regulatory state in Europe*, como se depreende a partir de: LODGE e WEGRICH, 2012, p. 2-3, e de BLACK, 2002, p. 1. Tal ascensão se dá entre as décadas de 1980 e 1990, quando vem à tona a ideia de substituição do Estado de Bem-Estar Social pelo Estado Regulador. Nesse processo a regulação se constitui como nova lógica de atuação estatal no domínio socioeconômico, apoiada em valores relacionados à eficiência de recursos públicos, com priorização do uso de mecanismos legais como instrumentos de política pública em vez do uso focado na imposição de tributos para financiamento público e na prestação direta pelo Estado de serviços públicos. Nessa transição, portanto, o Estado passa de provedor direto de determinados serviços de interesse público a regulador desses mesmos serviços. Na metáfora de David Osborne e Ted Glaeber – como visto em YEUNG, Karen. The regulatory state. In: BALDWIN, R.; CAVE, M.; LODGE, M. (ed.). *The Oxford handbook of regulation*. Oxford: Oxford University Press, 2010, p. 64-86 –, o Estado deixa de remar e passa a guiar os remadores (*steer not row*).

61. Definição da *International Encyclopedia of the Social Sciences*, em: BLACK, 2002, p. 11.

62. In OGUS, 2004, p. 1. Tradução livre de: "[...] a sustained and focused control exercised by a public agency over activities that are valued by a community".

63. DAINTITH, Terence. Regulation. In: DAVID, R. *International encyclopedia of comparative law.* Tubingen: Mohr Siebeck, v. XVII, Chap. 10. 1997, p. 3-4.

as economias de mercado, em oposição ao termo "planejamento", utilizado na caracterização da relação do Estado com economias socializadas. Tal concepção surge em linha com a noção de regulação idealizada pela expressão *Ascensão do Estado Regulador*.

No entanto, salienta o autor, o emprego moderno do termo "regulação" extrapola a premissa de interação Estado-Economia[64], e seu significado pode ser entendido de pelo menos cinco maneiras distintas: (i) como controle sistêmico: concepção padrão encontrada nos dicionários, pautada na ação de controlar, guiar e governar o comportamento de qualquer pessoa ou objeto a partir de uma regra, princípio ou sistema; (ii) em oposição ao livre mercado: ideia associada à economia ortodoxa, na qual a regulação representa os atos do Estado para controlar ou alterar o funcionamento dos mercados, vista com ceticismo, dada a crença de que os mercados são capazes de produzir níveis ótimos de bem-estar econômico; (iii) como instrumento de política pública: esta definição é encontrada principalmente na literatura associada aos objetivos de políticas públicas, mas também entre economistas interessados na análise de políticas econômicas, sendo a regulação entendida como mais um dos vários instrumentos à disposição do Estado para implementar algum objetivo público, e normalmente se distinguindo dos outros instrumentos por assumir características de comando-controle; (iv) como um tipo de Direito: ideia essencialmente jurídica, na qual a regulação é vista, essencialmente, como norma regulatória que expressa o poder estatal de controlar e comandar comportamentos no âmbito do Direito Regulatório; e (v) em oposição às leis: esta concepção se baseia na ideia de que as normas regulatórias – regulações ou regulamentações –, diferentemente das leis, emanam do Poder Executivo, não se sujeitando, em princípio, ao crivo democrático exercido pelo Poder Legislativo.

Três outras definições para o termo, acordadas por expoentes[65] no assunto, parecem não ampliar tanto os sentidos explorados até aqui: (i) regulação é a promulgação de leis pelo governo acompanhada por mecanismos de monitoramento e *enforcement*, com frequência administrados por uma agência pública especializada; (ii) regulação é qualquer via de intervenção direta do Estado na economia, qualquer que seja a forma que assuma; e (iii) regulação são todos os mecanismos de controle social ou influência, independentemente de sua fonte, que afetam todos os aspectos do comportamento de maneira intencional ou não.

Um sentido mais específico ao termo foi desenvolvido por Christopher Hood et al.[66], autores que se basearam em perspectiva cibernética para definir re-

64. Essa também parece ser a impressão de autores brasileiros, estudiosos do fenômeno regulatório. Vide, por exemplo: ARAGÃO (in CARDOZO et al., 2006, p. 431) e AZEVEDO MARQUES, Floriano de. Regulação econômica e suas modulações. *Revista de Direito Público da Economia*, ano 7, n. 28, p. 41.

65. In BLACK, 2002, p. 8. Citados os seguintes autores expoentes e seus respectivos trabalhos onde apresentaram definições sobre regulação: BALDWIN, SCOTT, e HOOD, em *A reader on regulation*, de 1998, e BALDWIN e CAVE, em *Understanding regulation*, de 1999.

66. HOOD et al. *The government of risk*. In: MORGAN e YEUNG, 2007, p. 3.

gulação como um sistema de controle com a capacidade de performar três funções específicas: definir regras, coletar informações e alterar comportamentos. Michael Moran[67] (2003, p. 13) parece se fiar nesse sentido para afirmar que o significado principal do termo "regulação" se associa à mecânica, à ideia de direcionamento, de guia. Para o autor o regulador governa o equilíbrio num sistema físico – seja ele qual for, um termostato[68] ou um grande computador. Conforme Moran, o termo "regulação" deve ser entendido como uma forma de controle cibernético: o regulador governa a partir de informações recebidas sobre o funcionamento do sistema e de sua interação com o ambiente externo.

Varrendo as diferentes definições sobre o termo e tentando organizar o caos formado acerca do conceito, Julia Black (2002, p. 11-12 e 19-21) adota uma definição mais abrangente de regulação, para além da ideia de *Estado Regulador*, ou de sua vinculação a paradigmas teóricos que tentavam explicar tal fenômeno e justificá-lo como meio de solução de um problema particular. A partir do processo que convenciona chamar de "entendimento descentralizado da regulação"[69], a autora[70] conceitua regulação como a tentativa sustentada e focada de alterar o comportamento de terceiros a partir da definição de padrões comportamentais ou de um objetivo específico, com a intenção de produzir determinados resultados, o que pode envolver o uso de mecanismos que estabeleçam regras, coletem informações e alterem comportamentos[71]. Essa também é minha visão sobre o fenômeno.

Publicações atuais sobre o tema regulação têm repetido o conceito desenvolvido por Julia Black, como visto em Lodge e Wegrich (2012, p. 16) ou mesmo em Baldwin, Cave e Lodge (2010, p. 10). A adesão ao conceito de Black é vista em cursos acadêmicos[72] sobre regulação.

---

67. MORAN, Michael. *The British regulatory state*. Oxford University Press, 2003, p. 13.

68. Termostato é um dispositivo automático destinado a manter a temperatura de um corpo ou de um ambiente.

69. Sobre a expressão *understanding decentralized regulation*, ver mais em: BLACK, Julia. *Decentring regulation:* understanding the role of regulation and self regulation in a "post-regulatory" world, 2001, p. 111. Disponível em: <http://clp.oxfordjournals.org>. Acesso em: 21 nov. 2013. Nesse trabalho a autora indica evidências da existência de sete elementos característicos – posteriormente resumidos em cinco, vide BLACK, 2002, p. 3 – da ideia sobre entendimento descentralizado da regulação (complexidade, fragmentação e construção de conhecimento, fragmentação do exercício de poder e controle, autonomia, interações e interdependências, colapso da dualidade público-privado, estratégias regulatórias), sustenta que de forma conjunta tais elementos compõem uma nova realidade regulatória (pós-Estado Regulador), baseada no dinamismo, na complexidade e na diversidade da vida econômica e social, e na inerente ingovernabilidade dos atores, sistemas e redes sociais, e sugere um diagnóstico de falha das ideias de Estado Regulador e de Novo Estado Regulador – onde o "Novo" se refere a novas técnicas de regulação utilizadas em áreas da vida social e econômica, diferentes das técnicas relacionadas a comando e controle estatal (in BLACK, 2002, p. 11). Detalhes sobre o *Post Regulatory State* em: SCOTT, C. *Regulation in the age of governance:* The rise of the post-regulatory state. In: MORGAN e YEUNG, 2007, p. 129-132.

70. BLACK, 2002, p. 20. Tradução livre de: "regulation is the sustained and focused attempt to alter the behaviour of others according to defined standards or purposes with the intention of producing a broadly identified outcome or outcomes, which may involve mechanisms of standard-setting, information-gathering and behaviour-modification".

71. Em linha com essas três etapas do processo regulatório, Aragão (in CARDOZO et al., 2006, p. 418) sustenta serem três os poderes inerentes à regulação: editar regras, assegurar aplicação e reprimir infrações.

72. YEUNG, K. *Course regulatory policy and practice*. London: LLM, 2013-2014.

Mas se por um lado a definição desenvolvida por Black (2001 e 2002) tem o mérito de encontrar a essência do termo "regulação" entre os vários conceitos até então elaborados e, assim, facilitar seu uso uniforme, por outro ela também não supera as principais críticas que envolvem o termo.

Sinalizando que tais críticas normalmente se referem à efetividade da atuação regulatória e às razões que fundamentam a regulação, a própria Julia Black (2002, p. 21-22) admite (i) que a descentralização de técnicas regulatórias, como prescrição para o alcance efetivo dos objetivos da regulação, também é passível de falha; e (ii) que a regulação descentralizada pode não estar direcionada para objetivos apropriados ou não levar em consideração outras razões justificadoras da intervenção regulatória.

Apesar de funcional do ponto de vista de objetividade e uniformização do uso, é importante perceber que a dissociação do conceito de Black (2002) dos itens polêmicos relacionados à regulação – citados acima –, deixa em aberto uma pergunta importante para os interessados em estudar os efeitos práticos da regulação: De que vale o conceito uniforme se no mundo real os resultados da regulação dependem de escolhas regulatórias que se pautam por diferentes razões e juízos de valor?

A despeito do conceito de Black evitar o debate ideológico para criar alguma possibilidade de consenso entre os autores, a referida pergunta parece indicar quão importante ainda é – pelo menos em termos práticos – a discussão acerca das teorias e das razões de que elas se valem para justificar – ou não, dadas as controvérsias existentes sobre o tema – o fenômeno da regulação.

Este é o conteúdo do próximo tópico.

1.2. TEORIAS DA REGULAÇÃO

Como os conceitos, também não são poucas as teorias explicando o fenômeno regulatório e justificando (ou legitimando) as diferentes escolhas do regulador.

Morgan e Yeung (2007, p. 17) comentam que, além de elementos explicativos sobre as razões da regulação, tais teorias também possuem elementos prescritivos definidores dos objetivos aos quais ela, regulação, deve se destinar. Exemplificam as autoras: se para alguns teóricos a regulação deriva da existência de falhas de mercado, deve então perseguir objetivos relacionados à eficiência econômica; se para outros ela é resultado de pressões de grupos de interesse privado, deve então ser evitada por provocar ineficiências econômicas.

Disso implica que diferentes reguladores podem se justificar e perseguir diferentes objetivos regulatórios, o que repercute diretamente nas escolhas que fazem.

Uma análise sobre formas possíveis de classificação dessas teorias permitirá ao leitor se situar entre os diferentes ideais, justificativas e disputas às quais a ideia de regulação se associa na literatura. Além disso, o desenho desse quadro de possibilidades tem o objetivo de adicionar novas variáveis na equação que trata das escolhas regulatórias, e assim denotar mais complexidade.

Anthony Ogus[73] divide a teoria da regulação em duas classes: teoria do interesse público e teoria do interesse privado.

Seguindo o autor (2004, p. 15-28), em economias de mercado, onde a competição exerce papel essencial na alocação eficiente de recursos, há a presunção de que os contratos privados entre as partes representam a forma ideal e menos custosa de garantir bem-estar econômico[74], e de que a lei tem um campo de atuação limitado, restringindo-se à esfera criminal – para manter a ordem e defender pessoas, propriedades e liberdades de agressões –, e constitucional – para assegurar a institucionalização do poder penal e o exercício do direito privado.

Sinalizando a insuficiência prática[75] das formas com as quais o direito privado lida com interesses de terceiros nas economias de mercado, bem como criticando algumas das premissas desse modelo de organização econômica[76], Ogus (2004, p. 29-54) sustenta que a teoria do interesse público pressupõe a existência de sistemas de economias coletivas, onde a presença de falhas no funcionamento dos mercados, não corrigidas pela via do direito privado, demandam ação coletiva do Estado[77] – leia-se, intervenção regulatória –, para garantia de eficiência econômica em favor do interesse público.

De acordo com a teoria do interesse público de Ogus, a regulação almeja objetivos econômicos e não econômicos.

73. OGUS, 2004, p. 29-75.

74. Medido em termos da alocação eficiente de recursos. Vale aqui registrar a existência na literatura de derivações concernentes ao conceito de eficiência econômica, como se vê em: FAGUNDES, Jorge. *Fundamentos econômicos das políticas de defesa da concorrência:* eficiência econômica e distribuição de renda em análises antitruste. São Paulo: Singular, 2003, p. 33-42. Por exemplo: eficiência produtiva estática (focada na produtividade no uso dos recursos, relacionada a ganhos de escala e escopo) e dinâmica (relacionada aos ganhos oriundos do uso de novas tecnologias), bem como eficiência distributiva (preocupada com as trocas, com a distribuição dos recursos na sociedade, dada a renda e as preferências dos indivíduos). Vale aqui destacar que essa eficiência distributiva não deve ser confundida com a distribuição de renda ótima, que, conforme visto em Fagundes (2003, p. 34), pressupõe algum tipo de juízo de valor, de escolha pela sociedade.

75. OGUS, 2004, p. 18-22.

76. OGUS, 2004, p. 23-25. Ele critica as seguintes premissas: individualismo (bem-estar social medido a partir da soma agregada do bem-estar de cada indivíduo); comportamento de maximização da utilidade (comportamento racional do indivíduo de maximização da utilidade não leva em conta a possibilidade de ele ser ignorante ou não ser capaz de processar as informações); informação (falta de informação é problema para a tomada de decisão racional, mas não é considerada no modelo); ausência de externalidades (as externalidades existem e a alocação eficiente dos recursos só se dá se os benefícios e custos relacionados a elas forem internalizados no processo de decisão racional. Entretanto, o fato de os custos de transação serem demasiado altos inviabiliza essa internalização na prática); e mercados competitivos (os mecanismos de direito privado para controle de condutas anticompetitivas não são suficientes para assegurar competição nos mercados).

77. Vale aqui ressalvar que o autor (2004, p. 30) menciona a expressão "falha regulatória" para acrescentar que além de identificada a falha de mercado e a insuficiência do direito privado para seu tratamento, a decisão pela intervenção regulatória precisa ser sopesada com os custos transacionais que criará e com seus efeitos colaterais em outros segmentos da economia, sob pena de a intervenção ser considerada uma falha regulatória.

Os objetivos econômicos estão relacionados à correção de ineficiências no funcionamento dos mercados, conhecidas na literatura como falhas de mercado[78]. São seis as falhas citadas por Ogus (2004, p. 30-46): monopólios e monopólios naturais; bens públicos; outras externalidades diferentes de bens públicos; déficits de informação e racionalidade limitada; problemas de coordenação; e condições excepcionais de mercado e motivações macroeconômicas.

Com relação à primeira, monopólios e monopólios naturais[79], o autor (2004, p. 30) esclarece que a competição é elemento central nas economias de mercado, e quando ela é seriamente comprometida por monopólios e condutas anticompetitivas, os preços dos bens são majorados, e sua produção operada em condições piores do que o desejado socialmente, materializando a falha de mercado.

No caso dos bens públicos, caracterizados por serem não rivais[80] e não excludentes[81], Ogus (2004, p. 33) explica que o fato de haver incentivos para comportamentos oportunistas – não pagar e consumir o bem – desincentiva a produção do bem (público) pela iniciativa privada, incapaz de avaliar a propensão de pagar dos consumidores daquele bem e, por isso, não disposta a assumir o risco de um alto investimento. A prestação de bens desse tipo, como segurança, só ocorrerá pela via de um ente público capaz de equacionar esse risco impondo impostos a todos e legitimado para decidir como representar as preferências da comunidade com relação àquele bem.

As externalidades são consideradas falhas de mercado porque podem ocasionar ineficiências na alocação de recursos, como nos casos de produtos causadores de poluição a terceiros, nos quais o produtor não internaliza tal custo social no preço do bem, seus consumidores não pagam por esse custo social, e o produto é produzido em níveis acima do apropriado, com ainda mais danos aos terceiros.

Sobre os déficits de informação e racionalidade limitada, Ogus (2004, p. 38-41) explica que nesses casos o consumidor não consegue exercer efetivamente suas preferências – maximizadoras de sua utilidade e do bem-estar econômico como um todo – seja porque não possui determinada informação sobre um produto, seja porque não é capaz de processar a informação que lhe é provida e usá-la para fazer escolhas racionais, maximizadoras de sua utilidade.

Os problemas de coordenação estão associados a situações com altos custos de transação, em que o número de envolvidos é grande ou a solução bas-

78. As falhas de mercado são um conceito indicativo de que em determinado mercado o mecanismo de preço, resultado da livre interação entre oferta e demanda, não funciona de maneira eficiente, ou seja, não traduz uma alocação eficiente de recursos na sociedade, comprometendo o bem-estar do consumidor.

79. Explicações detalhadas sobre os monopólios naturais, conceito importante para a presente pesquisa, serão exploradas no Capítulo 3, quando adentrarei a discussão sobre regulação no âmbito do setor das telecomunicações.

80. O consumo desse bem por um indivíduo não reduz a quantidade disponível desse mesmo bem para o consumo dos outros.

81. É impossível ou muito caro para o ofertante do bem excluir do consumo aqueles que não pagaram por ele.

tante complexa, sendo mais barato ao Estado, via lei, instituir regra definindo a conduta e garantindo seu controle. Ogus (2004, p. 42) cita as regras de trânsito como exemplo da necessidade de coordenação pelo Estado, haja vista os altos custos transacionais que tal organização entre os privados acarretaria.

Por fim, Ogus (2004, p. 42-43) cita as condições excepcionais de mercado e motivações macroeconômicas como falhas de mercado[82] passíveis de intervenção regulatória, como as que visam ao racionamento da venda de comida em tempos de guerra, por exemplo. Nesse caso existe, portanto, uma circunstância específica demandando uma intervenção regulatória para garantir o funcionamento do mercado, o que não ocorreria sem a referida intervenção.

Os objetivos não econômicos mencionados por Ogus (2004, p. 46-54) se referem a justiça distributiva, paternalismo e valores comunitários. Brevemente, com relação ao primeiro, o autor (2004, p. 46) explica que nesse caso a regulação se inspira em um desejo de viabilizar uma distribuição justa de recursos, para além dos objetivos tradicionalmente aceitos relacionados à eficiência econômica. Sobre paternalismo, Ogus (2004, p. 51) usa o conceito de Gerald Dworkin para explicar que se trata de uma interferência na liberdade de ação de uma pessoa, justificada por razões referentes exclusivamente ao bem-estar, saúde, felicidade, necessidades, interesses ou valores dessa pessoa que sofre a coerção. O uso obrigatório de cinto de segurança em veículos automotores é um exemplo desse tipo de regulação. Por fim, Ogus (2004, p. 54) salienta que existe também a ideia de que a regulação deve ser usada para gerar oportunidades para membros da comunidade desenvolverem e perseguirem diferentes concepções de bem (valores comunitários), com consideração e respeito mútuo, e incentivando o aumento da participação popular nas decisões atinentes a questões coletivas.

Estruturada a teoria do interesse público, há que se falar agora sobre a formação da teoria do interesse privado.

Conforme Ogus (2004, p. 55-56), a teoria do interesse privado emerge na década de 1970 a partir da tentativa de explicação das falhas da regulação no alcance dos objetivos públicos por ela idealizados.

Surgiram à época justificativas teóricas gerais para tais falhas, como a postulada por Frederich Hayek[83] de que as informações que os legisladores utilizavam para definir a regulação nunca seriam adequadas para antecipar a variedade de circunstâncias – e comportamentos humanos delas advindos; ou a de Claus Offe[84] de que tais falhas derivavam da própria contradição de tentar

---

82. Parte da literatura que trata do tema falhas de mercado costuma não incluir as condições excepcionais de mercado e as motivações macroeconômicas no rol das falhas de mercado tradicionais. Exemplos em: LODGE e WEGRICH, 2012, p. 18-25; e ALEXIADES, P.; CAVE, M. Regulation and competition law in telecommunications and other network industries. In: BALDWIN, R.; CAVE M.; LODGE, *The Oxford handbook of regulation.* New York: Oxford University Press, 2010, p. 500-504 e 511-514.

83. In OGUS, 2004, p. 57.

84. Idem, ibidem.

impor, via regulação, interesses públicos não compatíveis com a preservação e expansão da produção e dos lucros privados nas economias capitalistas.

Ogus explica (2004, p. 57), entretanto, que dentre as justificativas teóricas gerais, a que mais chamou a atenção foi a que invocou a noção de captura dos reguladores: a ineficácia regulatória poderia ser explicada pelo fato de os reguladores terem se submetido pressão e interesses dos próprios regulados, em detrimento dos objetivos públicos idealizados. Acrescenta o autor que dessa noção básica de captura emergiu uma teoria econômica com fins de explicar como os interesses privados – dos indivíduos – operavam no âmbito público: a teoria da *Public Choice*.

Conforme Ogus (2004, p. 58-59), com ela os economistas pretendiam demonstrar como as preferências dos indivíduos se refletiam na maneira em que votavam ou em outros processos de escolha pública dos quais participavam, bem como avaliar as repercussões dessas escolhas no bem-estar social geral. Para tanto partiam da premissa de que o comportamento dos indivíduos na esfera política era o mesmo dos agentes racionais que no mercado[85] buscavam sempre maximizar sua utilidade, seu bem-estar. Em termos mais específicos, os cidadãos e grupos de interesse usam seu poder de voto para extrair o máximo de benefícios em seu favor – quando da necessidade de escolhas públicas –, enquanto os políticos e seus partidos agem como facilitadores desses benefícios em troca dos votos daqueles e de sua ascensão ao poder.

Baseado nesses preceitos da *Public Choice* um grupo de acadêmicos[86] – em sua maioria norte-americanos – desenvolveu o que convencionaram chamar de teoria econômica da regulação. Em geral, esta sustenta que a existência e forma da regulação devem ser entendidas como resposta dos políticos às demandas dos grupos de interesse, que se beneficiarão dela, regulação.

O trabalho de George Stigler[87] marca a fundação dessa corrente de pensadores, valendo a pena analisá-lo para facilitar o entendimento do que Ogus (2004, p. 71) chama de teoria do interesse privado.

Em seu estudo Stigler justifica que a principal tarefa da teoria econômica da regulação – em contraposição ao que chama de visão publicista[88] e visão

85. Conforme Ogus (2004, p. 59), importa registrar que, apesar de haver comportamentos racionais maximizadores de utilidade nos dois casos, existem sim diferenças entre as transações que acontecem nos mercados tradicionais e as que ocorrem no mercado político. São elas: (i) as transações na arena política sempre afetam o interesse de terceiros; (ii) a intensidade das preferências dos indivíduos na arena política não pode ser representada em termos de preço; e (iii) tipicamente as transações políticas se referem a um pacote de propostas, e não a um único produto, como nos mercados tradicionais.

86. Sendo George Stigler o grande expoente, com seu trabalho The theory of economic regulation. *The Bell Journal of Economics and Management Science*, v. 2, n. 1, p. 3-21, Spring 1971. Disponível em: <http://www.jstor.org/stable/3003160>. Acesso em: 12 jun. 2012. Outro nome conhecido é o de Sam Peltzman, com seu trabalho Towards a more general theory of regulation. *Journal of Law and Economics*, v. 19, n. 2, p. 211-240, 1976. Disponível em: <http://www.nber.org/papers/w0133.pdf?new window=1>. Acesso em: 6 dez. 2013.

87. STIGLER, 1971.

88. Entendida por ele (1971, p. 3) como a regulação instituída para proteger e beneficiar o público em geral.

política[89] da regulação – é explicar: (i) quem arcará com os custos ou receberá os benefícios da regulação; (ii) qual será a forma dessa regulação; e (iii) quais os efeitos dessa regulação na alocação dos recursos na sociedade.

A tese central de seu trabalho é de que, em regra, a regulação é capturada pela indústria, que a desenha e a faz operar em seu benefício, existindo um mercado para ela: uma demanda por regulação, representada por grupos de interesse da indústria, e uma respectiva oferta de regulação, provida pelos políticos/reguladores – normalmente alinhada à demanda desses grupos.

Segundo Stigler (1971, p. 4-6), as principais demandas de regulação da indústria são: (i) subsídios em dinheiro; (ii) medidas de controle da entrada de rivais; (iii) medidas que afetam produtos substitutos (concorrentes) ou complementares; (iv) fixação de preços, com vistas a evitar guerra de preços e lucros normais.

Explorando o processo pelo qual tais benefícios regulatórios podem ser alcançados, o autor (1971, p. 10-13) explica que a indústria[90] procura o vendedor da regulação, no caso os partidos políticos[91], ciente de que eles possuem custos a serem cobertos para operação, manutenção, organização e competição nas eleições. Quanto maior a indústria, maior o valor a ser cobrado pelos partidos políticos, pois a repercussão negativa na sociedade é maior, além do atrito com a oposição e da intensidade do trabalho de persuasão.

Apesar dos altos valores cobrados pelos partidos, Stigler indica que normalmente o benefício a ser auferido pela indústria mais do que compensa o custo de obter a regulação, e que preços extorsivos levarão à migração da demanda da indústria para outro ofertante. Em síntese, o mercado funciona.

Em suas conclusões, Stigler (1971, p. 17-18), então, direciona suas críticas à visão publicista da regulação por não levar em conta o jogo político em que ela se insere. E indiretamente alerta os economistas de que é imprescindível assumir o fato de ser racional para as indústrias influenciarem governos na tentativa de obter regulação que as favoreça.

Além dessa dicotomia entre interesse público e privado apresentada por Ogus, existem outras classificações concernentes às teorias da regulação. Morgan e Yeung (2007, p. 53) chamam de teorias institucionalistas da regulação aquelas que simultaneamente cumprem dois requisitos: (i) analisam a dinâmica institucional como um item à parte nos regimes regulatórios, com atenção às preferências e interesses dos seus participantes, dada sua capacidade de influenciar de diferentes

---

89. Regulação entendida por Stigler (1971, p. 3) como resultado de diferentes vetores políticos, sejam eles a favor do interesse público ou não.

90. E o autor destaca que, quanto mais concentrada esta indústria for, maior a probabilidade de ela conseguir se organizar, se coordenar e demandar regulações que a beneficiem.

91. Stigler argumenta (1971, p. 11) que os partidos políticos surgem como uma espécie de firma organizada por representantes individuais, que, por sua vez, temem que, se não aceitarem a influência de grandes indústrias, perderão o apoio eleitoral delas para seus rivais, que a aceitarão.

maneiras os resultados da regulação; (ii) têm crescentemente contribuído para deixar menos clara as fronteiras relacionadas à regulação exercida por atores públicos e privados, em atenção a interesses públicos e privados.

As autoras destacam três teorias principais para esse rótulo institucionalista.

A primeira delas destaca a importância da presença de agentes terceiros envolvidos na dinâmica institucional como forma de dificultar a captura do regulador e alcançar os objetivos públicos perseguidos pela regulação. É conhecida como Tripartismo, devendo o termo ser entendido, conforme seus autores[92], como uma política regulatória que incentiva a participação de grupos de interesse público, sendo-lhes garantido acesso às informações disponíveis ao regulador, um assento na mesa de negociações e poderes iguais ao do regulador para abrir reclamações acerca do cumprimento das regras.

A segunda é conhecida como teoria do espaço regulatório[93], isso porque analisa o espaço onde a regulação ocorre e a influência que ele provoca no agir daqueles ali presentes. Tal teoria coloca muito menos ênfase na análise de determinado agente ou grupo, e nos objetivos e interesses que perseguem. Ela destaca a existência de variáveis importantes no entendimento da regulação e da alocação de poder entre os agentes, como, por exemplo, as especificidades políticas e legais do país em que ela se dá, o momento histórico em que é estabelecida, as organizações envolvidas.

A terceira é a mais abstrata delas; diz respeito à teoria dos sistemas, e para entender a regulação aposta na análise da forma como os diferentes sistemas envoltos ao tema – político, legal, econômico, social – se comunicam (ou não). Um dos principais argumentos dessa teoria é de que os sistemas costumam ser fechados em espaços autorreferenciados onde sua própria existência é perpetuada a partir de uma série de operações e de linguagens compreensíveis somente para aqueles que entendem seu funcionamento. Em função disso, tal teoria assume uma posição mais cética quanto à capacidade, por exemplo, de que imposições de regulações possam mesmo alterar instituições sociais ou econômicas. Nas palavras de Gunther Teubner[94], elas somente produzem um novo desafio para a adaptação autorreferenciada daquele sistema.

Para encerrar esse tópico com perspectiva mais aplicada, Lodge e Wegrich[95], autores do campo da gestão pública, simulam respostas de reguladores pautados pelas diferentes teorias da regulação a uma hipotética crise do sistema financeiro em um país chamado Amnesia.

92. Ian Ayres e John Braithwaite (in MORGAN e YEUNG, 2007, p. 57).

93. Leigh Hancher e Michael Moran (in MORGAN e YEUNG, 2007, p. 59).

94. In MORGAN e YEUNG, 2007, p. 71.

95. LODGE e WEGRICH, 2012, p. 27-46.

A primeira resposta[96] se alinha à ideia de que a regulação é produto da captura pelos interesses daqueles que deveriam ser regulados. Reguladores e regulados sempre mantêm uma relação muito próxima, com os reguladores acabando contratados para posições muito rentáveis nas empresas reguladas. O controle político dos reguladores existe, mas os políticos não querem contrariar os interesses da poderosa indústria, querem sim que os reguladores assumam a culpa quando as coisas não estiverem bem. Os reguladores farão o máximo para evitar as atividades que possam lhes custar o emprego. Nesse sentido, a melhor maneira de lidar com problemas regulatórios, como o da crise financeira, é confiar na competição e não na regulação, já que esta vai mesmo é se transformar em um *playground* para troca de interesses especiais. A regulação capturada somente distorce as verdadeiras forças de mercado, levando a resultados econômicos indesejáveis.

A segunda resposta[97] à hipotética crise financeira se apoia na noção de que a regulação é produto de consequências inesperadas. E tais consequências sempre irão existir. Qualquer tentativa regulatória que vise obrigar os bancos a manterem maiores reservas provavelmente falhará, já que tal medida os incentivará a buscar nichos de mercado menos regulados e ainda mais arriscados. Isto acontece porque reguladores não conseguem prever eventos futuros, e com os restritos recursos à disposição não conseguem garantir que estarão preparados para qualquer eventualidade. Reguladores, então, sempre reagem às ações do mercado financeiro. E os regulados, depois que aprendem a jogar o jogo, sempre redirecionam seus esforços regulatórios em função dos controles impostos pelo regulador.

De acordo com a terceira posição[98], o problema da regulação é que tem sido levada por uma particular ideologia dominante de menor intervenção estatal, que assume que os regulados estariam interessados e seriam capazes de monitorar seu próprio comportamento. Essa crença é inteiramente falsa. A crise financeira foi causada pela inerente tendência dos mercados capitalistas de enfraquecer a regulação e de se desenvolver via ciclos de crescimento e quedas acentuadas. Além disso, a crise financeira demonstrou que os reguladores são muito fragmentados e que não falam a mesma língua. É preciso, portanto, uma nova política de ideias regulatórias que enfatize a importância de corrigir falhas sistêmicas no mercado, e que não sejam relutantes à intervenção do Estado. Além de tudo, é de comum acordo que governos devem promover ativamente a expansão das atividades das instituições financeiras de Amnesia para permitir a seus cidadãos a compra da casa própria.

96. Idem, ibidem, p. 27-28.

97. Ibidem, p. 28.

98. LODGE e WEGRICH, 2012, p. 28.

Por fim, a quarta resposta[99] se baseia na ideia de que o problema da regulação se refere a imperfeições no desenho institucional. Se houvesse maior atenção ao desenho das instituições e das ferramentas regulatórias, haveria menos oportunidades para erros. O problema está relacionado, principalmente, à maneira pela qual as agências reguladoras conduzem suas atividades de supervisão e à incapacidade dos políticos de alterar ao longo do tempo os regimes regulatórios – eles, políticos, só se preocupam em desenhar instituições que responsabilizem outras pessoas quando os problemas aparecem.

1.3. REGULAÇÃO: AGENTES E FORMAS

Os tópicos precedentes, sobre conceitos e teorias da regulação, apontam algumas variáveis da complexa equação concernente às escolhas regulatórias, revelando muitos dos ideais e valores que a regulação pode carregar. Entretanto, eles não exploram a materialização da regulação no mundo real. A regulação ganha vida quando passa a existir na esfera social. E, se existe, ela possui um genitor (os reguladores) e uma forma determinada (as regras). Estes os dois itens a serem abordados neste tópico.

Toda regulação possui um agente. O conceito de Black citado anteriormente[100] expressa essa característica quando pressupõe a existência de intenção e quando, na argumentação para sua construção, antecipa a possibilidade de existência de uma pluralidade de agentes reguladores descentralizados do Estado.

Não obstante essa pluralidade de agentes, o termo "agências reguladoras" é normalmente empregado para representar o regulador estatal clássico. Tais agências são comumente entendidas como entes públicos independentes, com poderes regulamentares, que nem são diretamente eleitos pelo povo, nem gerenciados por seus representantes políticos[101]. Derivaram do processo de liberalização e privatização dos mercados de infraestruturas a partir da década de 1980, e foram idealizadas como agentes especializados nesses setores da economia, estruturadas de forma separada[102] dos governos e dos prestadores do serviço

99. LODGE e WEGRICH, 2012, p. 28.

100. Regulação como a tentativa sustentada e focada de alterar o comportamento de terceiros a partir da definição de padrões comportamentais ou de um propósito específico, com a intenção de produzir determinados resultados, o que pode envolver o uso de mecanismos que estabeleçam regras, coletem informações e alterem comportamentos.

101. GILARDI, Fabrizio. Institutional change in regulatory policies: regulation through independent agencies and three new institucionalisms. In: JORDANA, Jacint; LEVI-FAUR, David (ed.). *The politics of regulation*. Cheltenham: Edward Elgar, 2004, p. 67.

102. Durante aula ministrada sobre o tema "agentes reguladores", em setembro de 2013, Karen Yeung reforçou que a separação das agências reguladoras dos governos e da indústria está diretamente relacionada à ideia de ente independente, mas adicionou que essa ideia de independência também se associa a outras origens, como é o caso das exigências (*credible commitments*) feitas por investidores estrangeiros em países em desenvolvimento para assegurar a estabilidade das regras de investimentos em setores de infraestrutura, intensivos em capital, ou mesmo da estratégia de políticos de, via institucionalização das agências reguladoras independentes, "terceirizar" sua responsabilidade nos casos de problemas com a prestação desses serviços regulados, por exemplo.

para o bom desempenho de suas funções[103]. São vistas como as responsáveis por implementar e fazer cumprir os controles instituídos sob atividades sociais e econômicas reguladas, se necessário com a aplicação de sanções[104].

A popularidade das agências reguladoras a partir dos anos 1980 costuma ser explicada pela sua capacidade de combinar profissionalismo, autonomia operacional, isolamento político, flexibilidade para adaptações de circunstâncias e conhecimento técnico em atividades complexas[105]. Apesar disso, até hoje os argumentos de captura persistem, e tais agentes nem sempre são tidos como comprometidos com o interesse público[106]. Indicadores formais e práticos têm sido desenvolvidos para avaliar a independência das agências reguladoras e questionar a delegação de poderes dos governos a esses entes – delegação justificada como forma de aumentar a credibilidade e a estabilidade de determinadas políticas públicas[107]. As agências reguladoras também costumam enfrentar críticas sobre a legitimidade de suas decisões, dado o fato de seus membros não se sujeitarem diretamente ao crivo eleitoral ou ao controle dos representantes eleitos – característica que se convencionou chamar de déficit democrático[108]. Outro tipo de crítica diz respeito ao alto grau de discricionariedade[109] das agências reguladoras, motivo de muita incerteza e insegurança para muitos envolvidos no processo regulatório.

Mas o termo "agências reguladoras" não só representa a versão clássica do regulador estatal. Para Yeung (2009) ele se refere a várias organizações – não só estatais – capazes de formatar e direcionar o comportamento social, de modo a contribuir para o alcance de quaisquer objetivos almejados pela sociedade. Esclarece a autora que no âmbito estatal, além das agências reguladoras independentes, de indústrias de infraestrutura, há casos onde foram constituídos reguladores responsáveis pela qualidade das escolas ou das prisões, como ocorrido na Inglaterra. Para exemplificar entes reguladores não estatais, Yeung (2009) cita os regimes transnacionais de governança, como a Organização Mundial do

---

103. TERRÓN SANTOS, D. Autoridades nacionales de reglamentación: el caso de la Comisión de Mercado de las Telecomunicaciones. In: COUTO, Jonas Antunes. *Telecomunicaciones*: regulación de las redes de nueva generación en España. 2009, p. 11 e 33-34. Disponível em: <http://www.congresogto.gob.mx/uploads/contenido estudio/archivo/39/34.pdf>.

104. YEUNG, K. Regulatory Agencies. In: CANE, Peter; CONAGHAN, Joanne. *New Oxford companion to law.* Oxford University Press, 2009. Disponível em: <http://www.oxfordreference.com/view/10.1093/acref/9780199290543.001.0001/acref-9780199290543-e-1848>. Acesso em: 14 nov. 2013.

105. YEUNG, 2009.

106. LODGE e WEGRICH, 2012, p. 169.

107. GILARDI, Fabrizio. Policy credibility and delegation to independent regulatory agencies: a comparative empirical analysis. *Journal of European Public Policy*, 9:6, December 2002, p. 875-876. Disponível em: <http://www.tandfonline.com/doi/abs/10.1080/13501760220000046409#.UqsJJ12JNnI>. Acesso em: 13 dez. 2013.

108. YEUNG, 2009.

109. JONES, Timothy H. *The law-elaboration function of regulatory agencies*. Working Paper n. 4, University of Manchester, January 1991, p. 7.

Comércio (OMC), bem como as regulações puramente privadas exercidas por associações de profissionais – médicos, advogados, engenheiros.

Julia Black (2001, p. 12) vai além. Na construção de seu conceito sobre regulação descentralizada a autora elenca outros possíveis agentes reguladores de comportamento, bem mais abstratos, como o próprio mercado e forças sociais como a linguagem, a cultura e os sistemas, além da tecnologia.

Apesar da vasta gama de reguladores mencionados, tendo em vista o objeto da presente pesquisa e para restringir e dar maior objetividade às discussões que se seguirão relativas às formas de regulação, a partir de agora, e quando não houver exceção expressa, o termo "agências reguladoras" e suas variações estarão associados à ideia clássica do regulador estatal.

Feito esse esclarecimento, passo à análise das formas regulatórias.

Para alcançar quaisquer dos objetivos a que se destina, a regulação precisa de uma forma – aqui entendida como um meio, um instrumento –, caso contrário ela sequer existe na prática.

O conceito de Black deixa pistas acerca dessa forma quando indica que a regulação se vale do estabelecimento de regras para a definição de padrões de comportamento ou outros propósitos específicos. Tais regras podem ser provenientes de entes estatais ou não, ser formais ou informais, com força legal ou não (BLACK, 2001, p. 12), mas independentemente dessas diferenciações, elas são essenciais para transmitir os diversos objetivos[110] que a regulação persegue, bem como para garantir que eles sejam alcançados. As regras, portanto, representam a forma pela qual a regulação se materializa no mundo real.

No caso das agências reguladoras, órgãos públicos independentes criados por lei, a regulação toma a forma de regras administrativas – derivadas do poder-dever regulamentar outorgado às agências pelo legislador – para traduzir e perseguir os objetivos instituídos pela lei[111].

Timothy Jones (1991, p. 2) argumenta que essa função de elaboração de regras[112] pelas agências representa um poder quase legislativo e envolve tanto o processo de definição das políticas regulatórias, como sua articulação via definição das regras. Citando Colin Diver, Jones (1991, p. 13) explica que tais regras se referem à fórmula linguística usada pela agência administrativa para expressar sua política.

110. Vale ressaltar que a função instrumental das regras a que me refiro independe de seu conteúdo ideológico e dos objetivos a que se prestam. Como visto em Morgan e Yeung (2007, p. 41-42, 51-52 e 74), estou aqui tratando de seu papel facilitador na busca de um determinado objetivo público, seja ele qual for.

111. JONES, 1991, p. 2-4 e 12-13. Timothy Jones (1991, p. 2) destaca a importância desse mandato regulamentar quando lembra que os comandos da lei são normalmente vagos ou expressos de modo geral, o que inevitavelmente exige das agências sua interpretação e a consequente elaboração das regras em que baseará suas decisões para as diferentes situações específicas.

112. Além da elaboração de regras, o autor (1991, p. 3) complementa que existe uma função subsidiária, que consiste na aplicação dessas regras pela agência nas decisões específicas. Entretanto, adverte que essas duas funções se sobrepõem: as experiências obtidas na aplicação das regras podem se refletir nas novas regras elaboradas.

Apesar de as regras administrativas configurarem a forma geral de as agências reguladoras exercerem suas atividades, existem subformatos classificados em função de características específicas dessas regras. As classificações apresentadas a seguir pretendem dar uma ideia geral da pluralidade de formatos que as regras administrativas podem assumir, mas também indicar ao leitor que a escolha das regras[113] é uma atividade complexa e fundamental no dia a dia de atividades do regulador, especialmente porque são elas que conduzem os regulados até os objetivos regulatórios.

As regras podem, num primeiro exemplo, se diferenciar por prescrever ou não punições. Nesse sentido, Jones (1991, p. 15-16) cita a classificação de Kenneth Culp Davis[114], que divide as regras administrativas em legislativas e interpretativas. As primeiras são aquelas estabelecidas pelas agências no exercício do poder delegado que possuem para produzir regras com força de lei, já as segundas são todas as outras regras estabelecidas. A principal diferença entre elas é que as legislativas são elaboradas em função de um tipo de autoridade legislativa delegada, motivo pelo qual podem ensejar punições pelo legislador – mesmo que indiretamente –, e as interpretativas representam a visão da agência reguladora sobre o significado da lei, não passíveis de punição pelo legislador. Mais do que apresentar fundamentos para justificar a legalidade de prescrições punitivas pelas agências reguladoras, tal classificação foi aqui citada porque indiretamente diferencia o conteúdo das formas regulatórias quanto a sua funcionalidade: as regras classificadas como interpretativas não estão associadas necessariamente à criação de direitos ou obrigações, mas sim ao esclarecimento das políticas, de outras regras ou decisões da agência, bem como dos processos a serem utilizados por ela para aplicação das regras[115]. Tais regras possuem, portanto, uma função esclarecedora.

As regras administrativas podem também se diferenciar por sua funcionalidade. O trabalho de Robert Baldwin e John Kenneth Houghton (in JONES, 1991, p. 14-15) destaca oito subformatos possíveis em função disso: (i) regras procedimentais; (ii) guias interpretativos; (iii) instruções para fiscais; (iv) regras

---

113. Vale aqui registrar a existência de entendimentos sobre o que seria uma boa regra. Segundo a *US Executive Order 13563* (LODGE e WEGRICH, 2012, p. 48), de 18 de janeiro de 2011, as regras precisam: ser acessíveis e fáceis de entender; refletir o melhor conhecimento científico disponível; permitir a participação pública; ser previsíveis; ser menos intervenientes; levar em consideração custos e benefícios. Conforme o documento *Better Regulation Task Force* (ibidem, p. 54), de 2005, do governo britânico, as regras regulatórias devem ser: proporcionais (a intervenção deve ocorrer apenas quando for necessária, devendo respeitar o potencial risco de danos envolvido); justificáveis (devem ser sempre justificadas, sendo que tais justificativas devem ser passíveis de avaliação externa); consistentes (as regras não podem ser contraditórias entre si, devendo refletir a abordagem legal-regulatória da qual fazem parte); transparentes (as regras regulatórias devem ser simples e fáceis de entender); e focadas (devem focar no problema regulatório que pretendem corrigir e minimizar efeitos colaterais).

114. DAVIS, K. C. *Administrative law treatise*, 2. ed., 1984.

115. JONES, 1991, p. 16.

recomendativas; (v) regras prescritivas; (vi) códigos voluntários; (vii) manuais técnicos e operacionais; e (viii) consultas e pronunciamentos administrativos[116].

O espectro relacionado às possíveis formas de regulação fica ainda mais amplo quando se analisa outro trabalho[117] de Robert Baldwin. Nele o autor destaca outras dimensões importantes das regras, quais sejam o seu grau de especificidade ou precisão, de inclusão, de acessibilidade e inteligibilidade da norma, de *status* e força, bem como o tipo de prescrição ou sanção relacionado à regra.

Todas essas funcionalidades e características apontadas pelas classificações indicam que a escolha das regras regulatórias – entendidas aqui como o meio de a regulação existir na prática – é complexa por si só.

Há, ademais, três outras peculiaridades referentes à escolha regulatória que deixam essa tarefa do regulador ainda mais difícil.

Primeiro, toda escolha regulatória pressupõe *trade-offs*[118], estando sujeita a custos de oportunidades relacionados ao uso de recursos finitos para o alcance de objetivos públicos concorrentes, todos eles almejados pela regulação. Definir regras e despender recursos para tratar de um problema ou realizar um objetivo regulatório específico de alguma forma limita o tratamento de outro problema ou a realização de outro objetivo regulatório.

Segundo, as escolhas regulatórias envolvem efeitos colaterais indesejáveis[119], não controláveis diretamente pelo regulador. Por exemplo, a escolha de uma regra com punições mais severas ou brandas por seu descumprimento pode ensejar sua judicialização ou não pelos diferentes interessados envolvidos, colocando em risco o objetivo de tratamento de determinado problema regulatório.

Terceiro, as decisões regulatórias acontecem em um contexto inerentemente político e controverso[120], o que significa dizer que fatores externos atinentes a questões sociais, econômicas e culturais podem influenciar as escolhas do regulador – inclusive quanto às formas da regulação –, e que as escolhas feitas normalmente são objeto de contestações.

Antes de passar ao próximo capítulo é preciso destacar que toda essa discussão acerca da escolha das regras – forma pela qual a regulação se materializa – não teria razão de ser não fosse pelo fato de elas existirem para direcionar, induzir os regulados para um objetivo regulatório determinado. Elas se prestam a influenciar comportamentos e por isso são tão importantes: delas dependem, em alguma medida, os resultados da regulação.

---

116. Indiretamente o trabalho de Floriano de Azevedo Marques (Finalidades e fundamentos da moderna regulação econômica. *Forum Administrativo. Direito Público – FA*. Belo Horizonte, ano 9, n. 100, jun. 2009, p. 91) também indica conteúdos para regras administrativas: coercitivos, adjudicatórios, de coordenação e organização, de fiscalização, sancionatórios e de conciliação.

117. BALDWIN, Robert. Why rules don't work. *The Modern Law Review*, v. 53, n. 3, p. 321-322, 1990.

118. LODGE e WEGRICH, 2012, p. 8-9 e 252.

119. Idem, ibidem

120. Idem, ibidem.

Aos poucos vai ficando claro que, quanto mais assertivas forem as escolhas das regras pelo regulador, melhores serão os resultados da regulação. Entretanto, se disso depende um alinhamento dos regulados aos objetivos regulatórios, como, de fato, influenciar seus comportamentos? Quais as racionalidades e ferramentas disponíveis para isso? Como melhor utilizá-las para garantir o alinhamento dos comportamentos dos regulados aos objetivos públicos? Estas as perguntas que guiarão o desenvolvimento do segundo capítulo deste trabalho.

Capítulo 2

FERRAMENTAS, ABORDAGENS E ESTRATÉGIAS REGULATÓRIAS

O capítulo anterior firmou a ideia de que as regras regulatórias são o meio de influenciar o comportamento dos regulados e alinhá-lo aos objetivos que a regulação persegue, sendo importante que o regulador faça boas escolhas para ser mais efetivo.

Tendo em vista essa necessidade de alinhamento comportamental, o presente capítulo adicionará complexidade à tarefa de escolha das regras regulatórias ao apresentar um extenso leque de ferramentas, abordagens e formas de combinação entre elas à disposição do regulador – destacando suas vantagens e desvantagens.

Presumindo que o conhecimento de todas essas alternativas é útil e pode melhorar a qualidade das decisões regulatórias (inclusive no Brasil), o objetivo do capítulo é descrever (com imparcialidade e de forma sistemática) essas variadas mecânicas de controle do comportamento como meio de constituir uma caixa de ferramentas para a atuação do regulador.

Somando justificativas para essa descrição da caixa de ferramentas, é conveniente dizer que ela servirá também de base para a estruturação de um conceito de estratégia regulatória – dependente da combinação das racionalidades e abordagens de monitoramento e *enforcement* escolhidas para alcance de objetivos públicos – que será importante para a análise jurídico-institucional a ser realizada para os regimes de EILD no Brasil.

2.1. FERRAMENTAS REGULATÓRIAS

De forma ampla, as ferramentas regulatórias devem ser aqui entendidas como as regras[121] impostas pelo regulador, estatal ou não, em vista de algum

121. De acordo com Lodge e Wegrich (2012, p. 48), as regras (ferramentas regulatórias) seriam os padrões, comandos que declaram o que é proibido e o que é esperado. Citando Christopher Hood, os autores apontam suas principais características:

objetivo predeterminado. Não obstante, como se pretende entender como as regras influenciam comportamentos, de forma específica esse conceito de ferramentas regulatórias denota também as diferentes racionalidades passíveis de uso pelo regulador na busca por seus objetivos.

Morgan e Yeung (2007, p. 80) classificam as ferramentas regulatórias justamente em função dessas racionalidades[122] – da lógica de controle que exercem no comportamento dos regulados –, dividindo-as em cinco classes: comando, competição/incentivo, consenso, comunicação e codificação.

Em Lodge e Wegrich (2012, p. 96-100) as ferramentas também são classificadas a partir de sua influência no comportamento dos regulados, mas aqui são separadas em clássicas, fundadas em mecanismos de comando e controle, e alternativas, que se subdividem em quatro grupos: as baseadas em variantes dos mecanismos de comando e controle; em mecanismos de *self-regulation*; em mecanismos de mercado e incentivo econômico; e na arquitetura de estruturas e aparelhos capazes de direcionar comportamentos.

Já Baldwin, Cave e Lodge (2012, p. 105-106) classificam as ferramentas regulatórias considerando as formas que o Estado possui para influenciar a atividade industrial, econômica e social. Nesse sentido argumentam que as ferramentas são usadas para comandar, para desenvolver riqueza, para estimular as forças de mercado, para informar, para agir diretamente e para conferir direitos e responsabilidades.

Apesar de existirem pequenas variações, as três formas de classificação apresentadas são construídas a partir da análise das racionalidades utilizadas pelo regulador para influenciar o comportamento dos regulados – o que me permite explorar as diferentes racionalidades regulatórias a partir das análises desses autores. Visando apresentar ao leitor o leque de ferramentas passíveis de escolha pelo regulador, mas também criar nele senso crítico acerca dos limites e benefícios relacionados ao seu uso, nesse processo exploratório abordarei as principais características, pontos fortes e fracos desses instrumentos.

2.1.1. Comando e controle

As ferramentas de comando e controle são as comumente conhecidas pelos juristas, pautadas pela instituição de comandos legais e de sanções, aplicadas aos casos de descumprimento com vista a assegurar comportamentos socialmente desejáveis.

---

elas são declarações explícitas, com o objetivo de alterar comportamentos, e precisam ter um grau de generalidade que permita sua aplicação geral.

122. Vale ressaltar o registro das autoras (2007, p. 79) de que tais ferramentas podem ser classificadas de diferentes formas, não havendo nenhuma classificação preponderante ou suficiente. Além das classificações focadas na análise da diversidade dos instrumentos legais e econômicos usados para assegurar o alcance dos objetivos regulatórios, existem outras que se apoiam na tradição sociológica, e que preferem estudar o comportamento dos agentes e de fiscais regulatórios no *enforcement* das regras (YEUNG, Karen. *Securing compliance:* a principled approach. Oxford/Portland: Hart Publishing, 2004, p. 157).

Segundo Morgan e Yeung (2007, p. 80-81), são regras legais instituídas pelo Estado proibindo determinada conduta e se apoiando nas sanções para garantia de seu cumprimento. Nesse caso, continuam as autoras, a regulação opera na forma clássica da lei, ou seja, a partir da coerção estatal, motivo pelo qual o uso das ferramentas de comando e controle é associado na literatura acadêmica e de políticas públicas ao que se convencionou chamar de regulação clássica.

Em adição, Lodge e Wegrich (2012, p. 96) ressaltam que esse tipo de ferramenta estabelece regras definindo obrigações, proibições ou condições para atividades de particulares, e Baldwin, Cave e Lodge (2012, p. 106-107) detalham que tais regras costumam compreender algumas formas de licenciamento para entrada em determinada atividade, e que podem estabelecer controles não só da qualidade do serviço ou da forma de produção, mas também da alocação de recursos, dos preços cobrados do consumidor ou dos lucros obtidos pelas empresas.

Para Baldwin, Cave e Lodge (2012, p. 107), as vantagens desse tipo de ferramenta estão associadas ao fato de usar a força da lei para impor comportamentos-padrão de forma imediata e de proibir atividades não conformes a esses padrões. Lodge e Wegrich (2012, p. 96-97) citam como argumentos favoráveis ao uso de regras de comando e controle a sinalização imediata de que algo está sendo analisado a partir do uso da força legal, e a redução da incerteza, em alguma medida, a partir da imposição de regra aplicável a todos.

Karen Yeung[123] credita outras vantagens a esse tipo de ferramenta regulatória. Do ponto de vista prático, a autora destaca que a regulação de comando e controle é relativamente simples, além de parecer mais barata. Do ponto de vista principiológico, argumenta ser ela consistente com o Estado de Direito, indicando de forma clara, objetiva e com previsibilidade quais as regras gerais a serem respeitadas.

Quanto aos problemas relacionados ao uso desse tipo de ferramenta, Terence Daintith[124] aponta os custos que geram ao Estado em vista de assegurar o *compliance* com tais regras[125], os custos não financeiros[126] relacionados à aprovação dessas regulamentações, bem como os desafios informacionais[127] aos quais tais comandos estão sujeitos.

123. YEUNG, 2004, p. 157.

124. In MORGAN e YEUNG, 2007, p. 81-85.

125. O autor (in MORGAN e YEUNG, 2007, p. 82) argumenta que a preferência pela instituição de comandos legais em vista da obtenção de objetivos de política pública (o que chama de *Imperium*), mesmo que pareça mais barata do que usar diretamente os recursos públicos para o alcance dos mesmos objetivos (opção que chama de *Dominium*), também custa ao Estado, podendo representar medida excessiva ou desnecessária em alguns casos.

126. Segundo o autor, esse caminho para a aprovação de tais regulamentações é difícil, envolvendo tempo, complexidades, sem falar nos investimentos pesados em recursos governamentais escassos, e na possibilidade de custos políticos em casos de regulamentações com divisões de opiniões, controversas, portanto (in MORGAN e YEUNG, 2007, p. 82-83).

127. Daintith (in MORGAN e YEUNG, 2007, p. 85) explica que a falta de informações confiáveis é um grande problema para o alcance dos objetivos de políticas públicas. Comenta que a busca por informações adequadas para definição da regulamentação

A partir de Baldwin, Cave e Lodge (2012, p. 107-110) podem ser acrescentadas preocupações concernentes à captura, dada a necessidade de envolvimento dos regulados nos processos de definição das regras, especialmente por constituírem fonte primária de informações importantes. Avançando em problemas apontados por Daintith, os autores argumentam ainda (i) que a regulação de comando e controle tem a propensão de produção desnecessária de regras complexas e inflexíveis, levando a intervenção além do necessário e ao legalismo, e (ii) que tais regras complexas precisam ser aplicadas na prática por fiscais, sendo que esse processo de *enforcement* é caro, as técnicas usadas sujeitas a disputas e os resultados incertos.

Além de elencar problemas já mencionados[128] por outros autores, Lodge e Wegrich (2012, p. 97) adicionam ao rol de problemas da regulação baseada em ferramentas de comando e o desincentivo que geram nos regulados na busca por melhorias e aperfeiçoamentos em seus objetivos de *compliance*, e sua limitação prática como controle central e único, dado o fato de que a autoridade regulatória tem sido repartida entre diferentes agentes.

2.1.2. Incentivos

Outro tipo de ferramenta regulatória, alternativa à regulação clássica de comando e controle, é o que na literatura se convencionou chamar de instrumentos de incentivo econômico ou de mercado[129].

Abordando o surgimento desse tipo de ferramenta, Ogus (2004, p. 245) esclarece que os problemas relativos à regulação de comando e controle, ao uso de ferramentas fundadas na coerção legal, deram origem a pressões em favor da desregulação, mas também do uso de instrumentos de incentivos financeiros.

Quanto à lógica dominante das ferramentas de incentivo, Lodge e Wegrich (2012, p. 106) explicam que tais mecanismos exploram o comportamento autointeressado de indivíduos e empresas para atingir objetivos regulatórios. Nessa perspectiva, o Estado aposta que a imposição de incentivos ou desincentivos econômicos via regra regulatória direcionará o comportamento – economicamente racional – do regulado para o objetivo público, não havendo necessidade de criar um regime formal que obrigue a determinados padrões de comportamento.

é difícil e que o uso de informações erradas pode comprometer os resultados que ela almeja. Por fim, ressalta a existência de complexidades para se prever a reação dos regulados quanto aos padrões a serem estabelecidos nas regulamentações.

128. Sobre os problemas já citados, chama a atenção nos comentários de Lodge e Wegrich (2012, p. 97): a dificuldade das regras de comando e controle em se adaptarem a mudanças sociais e tecnológicas; as limitações do processo de *enforcement* relativas à capacidade, motivação e mesmo entendimento por parte do regulador e dos regulados na busca pelos objetivos estabelecidos; além do custo associado ao tempo de formulação das regras e do custo de se estruturar – e treinar – a burocracia responsável por checar o cumprimento das regras instituídas.

129. Morgan e Yeung (2007, p. 85) preferem chamá-los de ferramentas de competição por entenderem que são instrumentos regulatórios que se apoiam nas forças competitivas existentes entre rivais para regular o comportamento social.

Aparentemente avaliando os efeitos que essas ferramentas produzem nos regulados, Ogus (2004, p. 245) afirma que os incentivos podem ser negativos (quando a conduta é legalmente possível, mas por ser indesejável do ponto de vista social a empresa precisa pagar uma taxa para agir daquela maneira), ou positivos (quando existe uma recompensa para a empresa agir de uma maneira alinhada ao interesse social). Os regulados agem, portanto, em função do sinal dado pelo regulador: os desincentivos representam um sinal negativo em sua decisão sobre praticar determinada conduta, enquanto os incentivos, por sua vez, um sinal positivo.

Morgan e Yeung (2007, p. 85) explicam que as ferramentas de competição se referem a instrumentos econômicos tais como as cobranças de taxas eimpostos, a concessão de subsídios[130], a outorga de direitos de emissão[131-132], e as alterações de responsabilidade legal[133], e que são representantes da forma de intervenção a que Terence Daintith chama de *Dominium*.

No que se refere aos pontos positivos relativos ao uso de incentivos econômicos, Ogus (2004, p. 246) apresenta as vantagens vistas por seus defensores em comparação com os instrumentos regulatórios clássicos: (i) enquanto as ferramentas de comando e controle utilizam-se de complexos e detalhados padrões, formulados de modo centralizado, os incentivos econômicos podem funcionar na base de amplos objetivos e metas, com redução dos custos de informação e administração para reguladores e regulados; (ii) a liberdade que os incentivos econômicos proporcionam às firmas incentiva o desenvolvimento tecnológico; (iii) enquanto o *enforcement* de técnicas de comando e controle está sujeito a incertezas como apreensão, judicialização e sanções, incentivos econômicos dizem respeito ao pagamento específico de determinados valores; (iv) incentivos econômicos negativos (cobrança de taxas, por exemplo) geram fundos que podem ser usados para compensar vítimas das externalidades provocadas por condutas

130. Estes três primeiros exemplos são considerados por Lodge e Wegrich (2012, p. 111) como incentivos financeiros diretos. Explicações específicas sobre cada um deles são encontradas em Ogus (2004, p. 246-249)

131. Instrumento associado à regulação do meio ambiente, à criação de um mercado para compra e venda de direitos de emissão de gás carbônico, estabelecido pelo regulador um limite máximo de emissão. Maiores informações sobre os mecanismos de mercado aplicados à regulação de meio ambiente em; DRIESEN, David. Alternatives to regulation: market mechanisms and the environment. In: BALDWIN, R.; CAVE M.; LODGE, M. *The Oxford handbook of regulation*. New York: Oxford University Press, 2010, Cap. 10. Também em Ogus (2004, p. 249-250).

132. Vale aqui registrar que Baldwin, Cave e Lodge (2012, p. 117) classificam os direitos de emissão em uma categoria separada das regras de incentivo – e chamam essa nova categoria de *Market-harnessing controls*. Nela eles incluem também as leis de defesa da concorrência, além de contratos de concessão exclusiva e outros contratos públicos. Em Lodge e Wegrich (2012, p. 112) as leis gerais de defesa da concorrência são incluídas como incentivos de mercado, mas os autores indicam que o uso isolado dessas regras significa, na verdade, uma opção por não regular.

133. As alterações de responsabilidade legal também são formas de o Estado incentivar comportamentos desejáveis socialmente. Nessa modalidade, por exemplo, o Estado agrava (incentivo negativo) o nível de responsabilidade de um produtor de uma determinada mercadoria que apresenta baixa qualidade e pode causar acidentes, de modo a incentivá-lo a produzir produtos de melhor qualidade ou mesmo deixar o mercado. Vide: MORGAN e YEUNG, 2007, p. 89.

indesejáveis socialmente, já os instrumentos de comando e controle raramente permitem compensações diretas às próprias vítimas.

De forma complementar, e conforme Baldwin, Cave e Lodge (2012, p. 111-112), também pode ser considerada vantagem o fato de as regras de incentivo envolverem menor grau de discricionariedade, minimizando riscos de captura ao diminuir a interação entre regulador e regulados. Ademais, a liberdade que tais regras outorgam aos regulados garante soluções mais eficientes e, quando rentável, pode promover resultados além dos já citados limites mínimos de *compliance*, associados às regras de comando e controle[134].

Entretanto, Baldwin, Cave e Lodge (2012, p. 112-114) alertam que tais vantagens podem ser exageradas, havendo possibilidade de existirem limitadores ao uso das ferramentas de incentivo.

Primeiro, há casos em que as vantagens de custo das ferramentas de incentivo sobre as ferramentas de comando e controle podem não existir, como quando os incentivos dependem da institucionalização de sistemas complexos de regras – o tributário, por exemplo –, em que seja necessário estabelecer inspeções e mecanismos de *enforcement* para evitar evasões. Nesse caso há dúvidas sobre se o custo total de implementar tal ferramenta é realmente menor do que o dos regimes que usam instrumentos de comando e controle.

Segundo, nem sempre os regulados agem em função da razão econômica, sendo que muitas vezes os problemas regulatórios são fruto de comportamentos irracionais, acidentais ou negligentes, o que limita os resultados do uso de ferramentas de incentivo. Por conseguinte, esses instrumentos costumam ser mais efetivos junto a regulados mais bem informados, mas não no caso de regulados descuidados, mal informados ou irresponsáveis, pouco sensíveis a esse tipo de ferramenta.

Baldwin, Cave e Lodge também comentam que a resposta dos regulados aos incentivos demanda tempo, o que pode frustrar os resultados esperados com o uso dessa ferramenta regulatória – não parecendo adequada, por exemplo, para contextos de crise, de rápidas mudanças econômicas ou quando necessárias outras medidas preventivas para minimizar problemas existentes.

As ferramentas de incentivo também se sujeitam aos mesmos problemas informacionais das regras de comando e controle. Estabelecer o incentivo certo e prever o seu efeito prático são tarefas muito caras ao regulador.

Um quinto aspecto restritivo ao uso de ferramentas de incentivo é que, por operar de forma mecânica, sem flexibilidades, em tese elas não permitem ao regulador usar sua discricionariedade para assegurar o alcance de determinado objetivo. Diz-se em tese porque não há vedação do uso da discricionariedade na aplicação de ferramentas de incentivo, mas caso ela seja utilizada não há como

---

134. LODGE e WEGRICH, 2012, p. 106.

sustentar a vantagem anticaptura desse mecanismo em relação às ferramentas de comando e controle.

Sexto, o uso de incentivos pode provocar clamor popular que associe a causa de determinado problema de um setor à falta de condenação ou à destinação de dinheiro público para incentivar interesses privados. Ou seja, as ferramentas de incentivo aos regulados podem produzir custos políticos consideráveis.

Baldwin, Cave e Lodge (2012, p. 114) comentam ainda que, tal qual os instrumentos de comando e controle, também existem preocupações democráticas relacionadas às ferramentas de incentivo, devendo estas passar por consultas públicas e outros processos regulatórios de legitimação. Entretanto, dada a dificuldade de prever o resultado efetivo da imposição dos incentivos, difícil também alcançar os resultados pretendidos pela maioria dos que participam desses processos de legitimação democrática. Essa desvinculação do resultado final à vontade da maioria também é entendida como uma outra fraqueza desse tipo de ferramenta regulatória.

Para finalizar o compilado de problemas possíveis relativos ao uso de ferramentas de incentivo, Lodge e Wegrich (2012, p. 111) acrescentam que sua utilização via cobrança de impostos e concessão de subsídios costuma ser criticada como forma de o Estado – e não o mercado – definir vencedores e perdedores, sem contar que muitas vezes essas ferramentas podem se tornar objetos de conveniência para aumentar as receitas do Estado e para atender interesses políticos especiais.

2.1.3. Consenso

Um terceiro tipo de ferramenta aposta no consenso ou cooperação entre participantes envolvidos no processo regulatório como meio de conformar comportamentos. Segundo Morgan e Yeung (2007, p. 92), nesse caso o comportamento é condicionado pelo consenso obtido via contrato ou acordo social estabelecido por uma específica comunidade, e menos pela coerção legal. São regras estabelecidas de comum acordo, construídas conjuntamente, o que pode facilitar seu cumprimento.

Na literatura esses instrumentos costumam estar associados ao termo *self-regulation* – ou autorregulação. Entretanto, não parece existir uma definição única para ele[135], talvez porque os arranjos de *self-regulation* podem combinar diferentes características. Eles podem, por exemplo, fazer uso de ferramentas de consenso em regulações exclusivamente voltadas a interesses privados[136], mas

135. COGLIANESE, Cary; MENDELSON, Evan. Meta-regulation and self-regulation. In: BALDWIN, R.; CAVE, M.; LODGE, M. *The Oxford handbook of regulation*. New York: Oxford University Press, 2010, p. 147.

136. Conforme Morgan e Yeung (2007, p. 95), esta parece ser a forma clássica utilizada para o termo *self-regulation*, quando é entendido como um acordo entre os envolvidos em determinada atividade para regularem seu próprio comportamento a

também utilizá-las em processos envolvendo objetivos públicos – quando se dão parcerias cooperativas entre agentes estatais e não estatais em vista da regulação do comportamento dos regulados.

Nesse sentido, Morgan e Yeung (2007, p. 93) registram que os arranjos de autorregulação podem variar em função do nível de envolvimento do Estado, do nível de formalidade com a qual o consenso é estabelecido e assegurado, da extensão do controle (exclusivo ou não) exercido pelo autorregulador, bem como da intensidade com que o comportamento é regulado.

Indo mais fundo na análise de algumas dessas variáveis, Baldwin, Cave e Lodge (2012, p. 138) explicam que o Estado pode restringir o processo de *self-regulation* de diferentes maneiras: impondo regras gerais, supervisionando o *self-regulator*, criando processos de aprovação ou correção das regras, bem como mecanismos para participação de interessados ou de prestação de contas.

Quanto à extensão do papel desempenhado pelo autorregulador, ele pode ser responsável por todo o processo regulatório – quando estabelece as regras, monitora e assegura o seu cumprimento –, ou se limitar a apenas uma dessas funções, ficando a cargo do regulador público, por exemplo, as outras. Os autores (2012, p. 138) comentam também que os arranjos de *self-regulation* podem se constituir tão somente como um elemento isolado na operação de um regime regulatório específico.

Em relação à formalidade envolvida no estabelecimento e garantia do consenso, Baldwin, Cave e Lodge (2012, p. 139) afirmam que o arranjo de autorregulação pode tanto operar de uma maneira informal, não vinculante e voluntária, como pode se valer de regras com força legal, a serem exigidas no Judiciário. Explicam também que os arranjos podem se aplicar de forma compulsória a todos os envolvidos em determinada atividade – assim entendo –, ou sujeitar somente seus membros, aqueles que se associaram voluntariamente.

O fato é que essa variedade de combinações possíveis parece ter dado abertura para novas terminologias e classificações acerca dos arranjos de *self-regulation*, como se verá na sequência. Salientando a possibilidade de existirem outras classificações, e de haver alguma sobreposição entre elas, Lodge e Wegrich (2012, p. 102-106) citam pelo menos três variantes para o termo autorregulação: (i) autorregulação por profissionais; (ii) autorregulação pela indústria; e (iii) co-regulação.

A primeira diz respeito às associações de profissionais, constituídas por eles próprios para regularem a conduta individual de seus membros no exercício da profissão. Esse tipo de autorregulação se estrutura a partir do desenvolvi-

---

partir da criação de alguma espécie de órgão regulador, incumbido de estabelecer e assegurar o cumprimento do código de conduta que governará o comportamento dos membros desse órgão – sendo que o poder desse regulador para desenvolver, aplicar e assegurar o cumprimento do referido código deriva do acordo entre seus membros, e a sanção mais grave é a expulsão do quadro associativo.

mento de padrões éticos e procedimentais e de estratégias para garantia de seu cumprimento, normalmente operadas por um corpo exclusivo de profissionais.

A autorregulação pela indústria foca no comportamento das organizações ou empresas. Mas aqui surgem outras subdivisões – e terminologias – para esse tipo de autorregulação. A partir de Lodge e Wegrich (2012, p. 104-105), ela pode se dar via arranjo clássico de autorregulação (onde os regulados são responsáveis por impor seus próprios comandos e as consequências que deles derivam), ou por meio de metarregulação (quando a imposição desses comandos pelos regulados segue instruções e direcionamentos gerais dados por reguladores externos), ou mesmo a partir de sistemas de autorregulação forçada (espécie de metarregulação[137], mas onde o cumprimento dos comandos criados pelas empresas é cobrado por reguladores externos).

Já os arranjos de co-regulação são caracterizados por conjugar autoridade não estatal com autoridade estatal[138]. Destacando a recomendação de Ayres e Braithwaite para o envolvimento de terceiros representantes do interesse público[139] nessa variante de autorregulação, Lodge e Wegrich (2012, p. 105) entendem que ela pode ser definida como um arranjo regulatório não estatal, explicitamente específico, estabelecido como parte de uma estratégia determinada do Estado. Adicionam que nesses casos há vinculação direta com objetivos de política pública e suporte por estatutos legais públicos.

Deixando de lado todas essas diferenciações, as variantes de autorregulação têm em comum o fato de representarem alternativa à regulação prescritiva do Estado – comando e controle – e se basearem em arranjos regulatórios de grupo ou associativos[140].

De acordo com Lodge e Wegrich (2012, p. 102) o argumento geral em favor da autorregulação – do uso de ferramentas reflexivas produzidas pelos próprios regulados em vista a objetivos de política pública – diz respeito a sua capacidade de minimizar a assimetria de informação existente entre regulador estatal e regulados, e assim evitar regras regulatórias não só desatualizadas como incumpríveis.

Morgan e Yeung (2007, p. 93) argumentam que normalmente o uso da autorregulação se justifica quando a atividade regulatória exige nível alto de conhecimento técnico e específico, normalmente atrelados à indústria – que

---

137. Além de Lodge e Wegrich (2012, p. 102-106), para maiores informações acerca das diferenças entre estes termos e suas características, vide também: BALDWIN, CAVE e LODGE, 2012, p. 146-157; COGLIANESE e MENDELSON in BALDWIN, CAVE e LODGE, 2010, p. 146-168; e GILAD, Sharon. It runs in the family: meta-regulation and its siblings. *Regulation and governance*, v. 4, Item 4, 2010, cap. 2. Disponível em: <http://onlinelibrary.wiley.com/doi/10.1111/j.1748-5991.2010.01090.x/pdf>. Acesso em: 9 jan. 2014.

138. Alguns regimes de acesso a redes de telecomunicações analisados aqui contemplam essa variação de *self-regulation*, como se verá no Capítulo 5.

139. PIG (Public Interest Groups).

140. LODGE e WEGRICH, 2012, p. 102.

possui maior capacidade informacional do que o Estado –, sendo, nesses casos, mais eficaz utilizar mecanismos de autorregulação[141].

Isso posto, pode-se inferir que os argumentos de expertise e eficiência são considerados como pontos positivos das ferramentas regulatórias de consenso[142].

Anthony Ogus (in MORGAN e YEUNG, 2007, p. 93) detalha estas e outras vantagens tradicionalmente levantadas para o uso da autorregulação em comparação com a regulação pública – a de comando e controle.

Primeiro, levando em consideração que os autorreguladores normalmente possuem mais expertise e conhecimento técnico das práticas e de possíveis inovações em determinada área do que as agências reguladoras independentes – como já citado –, seus custos informacionais para formulação e interpretação dos padrões são menores.

Segundo, pela mesma razão os custos de monitoramento e *enforcement* também são reduzidos, especialmente porque diminuem os gastos relativos à interação com o regulador (já que no caso de *self-regulation* a relação regulador e regulado é guiada pela confiança mútua).

Uma terceira vantagem relaciona-se ao fato de os processos e as regras instituídas pelos autorreguladores serem menos formais, havendo economia de recursos – inclusive de tempo – quando for necessário alterar esses padrões.

Por fim Ogus cita que os custos administrativos relativos ao regime de autorregulação são internalizados pela própria atividade sujeita ao controle, já no caso da regulação pública tais custos são sempre pagos pelos contribuintes.

Apesar dessas vantagens, Morgan e Yeung (2007, p. 93) salientam existirem alguns teóricos muito céticos quanto ao uso de arranjos de autorregulação, que preferem acreditar que as referidas vantagens são invocadas por uma elite de profissionais para servir aos seus próprios interesses e manter afastada a intervenção estatal.

Ogus (in MORGAN e YEUNG, 2007, p. 93) alerta que não se pode mesmo ser ingênuo e assumir que os regimes de *self-regulation* surgem por motivações de interesse público, sendo óbvio que os privados, ameaçados pela regulação estatal, podem se beneficiar se eles mesmos formulam e asseguram os controles que instituem. Apoiando-se na teoria da *Public Choice* – que trata a regulação como produto do confronto entre grupos de pressão e trabalha com a hipótese de que a regulação serve principalmente para conferir lucros anormais aos regulados, e não para cumprir com os interesses públicos –, Ogus sugere que nesses arranjos de autorregulacão a delegação de poderes regulatórios para os

141. Para Lodge e Wegrich (2012, p. 102), a ideia do uso de arranjos de autorregulação pressupõe uma escolha deliberada do Estado que aposta na aproximação entre regulador e regulado para alcance de objetivos públicos – e isto significa que o Estado nega sua autoridade regulatória para atuar por si só e a divide com outros interessados.

142. Também em: BALDWIN, CAVE e LODGE, 2012, p. 139-141.

regimes privados, sem os devidos mecanismos de prestação de contas e controle externo, maximizam sim as possibilidades de captura e lucros anormais pelos privados.

Nesse sentido, o autor (in MORGAN e YEUNG, 2007, p. 94), então, apresenta as críticas tradicionais[143] de juristas e economistas aos arranjos de autorregulação.

Para os juristas eles são um exemplo moderno de corporativismo, em que grupos adquirem poderes regulatórios e não se sujeitam a mecanismos constitucionais de prestação de contas. O problema está nos riscos de abuso, inclusive junto a terceiros, derivados: dessa falta de legitimidade democrática; da falta de separação de poderes desses regimes, onde o autorregulador exerce as funções de legislar, operacionalizar e julgar; e da incapacidade do autorregulador de obrigar membros recalcitrantes a cumprir com os padrões estabelecidos.

A partir da hipótese de lucros anormais – possíveis via arranjos de *self-regulation* –, economistas elaboraram modelos e confirmaram empiricamente que as firmas se beneficiavam desses regimes. Sustentam, portanto, os economistas, que o poder exclusivo do autorregulador para autorizar um novo membro tem sido usado para restringir a entrada (de novos competidores) e permitir que os membros estabelecidos ganhem lucros anormais. Argumentam também que os padrões de qualidade instituídos pelos autorreguladores – como por exemplo a restrição ao uso de propagandas – muitas vezes visam limitar a competição entre os membros, ou mesmo maquiar proibições relativas a inovações que poderiam reduzir custos e preços praticados por eles.

2.1.4. Informação

Certas ferramentas regulatórias se apoiam na publicação de informações como meio de direcionar comportamentos.

Para Baldwin, Cave e Lodge (2012, p. 119) a publicação de informações é uma forma menos intervencionista de regulação, que não tem como objetivo – por exemplo – a restrição de certos processos produtivos, a definição de níveis de resíduos aceitáveis ou de preços a serem cobrados. Comentam que essa

143. Registra-se aqui a discordância de Ogus com tais críticas. Para o autor (in MORGAN e YEUNG, 2007, p. 94) elas são muito superficiais, pois se apoiam em generalizações e concepções estereotipadas do fenômeno da autorregulação. Reforça que existem extensivos arranjos institucionais que podem ser considerados como *self-regulation*, não sendo correto pintar a todos com as mesmas cores. Explorando essas diferentes possibilidades, Ogus afirma (i) que quanto à autonomia, não existe uma dicotomia clara entre a autorregulação e a regulação pública, mas sim diferentes níveis de restrição legislativa, participação externa na formulação e *enforcement* das regras, de controle externo e prestação de contas. Nesse sentido, as regras podem ser em um extremo privadas, mas no outro elas precisam ser aprovadas por uma entidade pública; (ii) que as regras e padrões instituídos pelo regime de autorregulação podem variar em função da força legal que possuem: eles podem ser obrigatórios, podem representar código de condutas a ser seguido, ou podem ser facultativos; (iii) que os regimes também podem variar em função do grau de poder de monopólio dos regulados, aplicando-se a todos ofertantes de determinado mercado relevante ou, alternativamente, a um grupo de ofertantes ou ofertante único.

ferramenta é comumente utilizada nos setores de alimentos e bebidas, quando os ofertantes podem ser obrigados pelo regulador a disponibilizar informações sobre valor, composição, quantidade ou qualidade de seu produto.

Conforme Morgan e Yeung (2007, p. 96), a comunicação pública dessas informações busca persuadir e educar membros de determinada comunidade – ou os afetados pela atividade regulada – a agirem em linha com um objetivo regulatório específico. Para as autoras tais ferramentas regulam o comportamento na medida em que incrementam a informação disponível ao público-alvo, permitindo-lhe fazer melhores escolhas acerca de seu comportamento – comprar ou não determinado produto, por exemplo. Complementam que o objetivo de tornar as informações públicas é gerar algum tipo de pressão social indireta que influencie a escolha individual e leve a uma mudança de comportamento em direção ao interesse público.

Também sobre a finalidade dessas ferramentas regulatórias, Lodge e Wegrich (2012, p. 108)[144] citam o trabalho do economista George Akerlof[145] sobre assimetria de informação para argumentar que o seu uso visa evitar que os consumidores façam escolhas no escuro, sem informação adequada para decidir e exercer suas preferências, o que comprometeria o funcionamento eficiente do mercado.

Karen Yeung (in MORGAN e YEUNG, p. 96-102) destaca algumas variações desse tipo de ferramenta regulatória, pensadas em função de certas características.

Uma primeira variante tem como principal característica a publicação obrigatória de informações, que podem se referir à composição do produto, seus efeitos colaterais e processo de produção. Yeung comenta que ela é normalmente usada para responder a falhas de mercado, relacionadas a déficit de informações ou externalidades, e que a obrigação de publicação da informação pode alterar o comportamento tanto dos compradores (que terão melhores informações para fazerem suas escolhas), como também dos ofertantes (que terão que adequar suas decisões de produção e seus processos na medida em que precisarão dar transparência sobre as informações exigidas).

Numa segunda forma a publicação é voluntária e na maioria das vezes está associada ao estabelecimento de certificações ou a algum tipo de estratégia de *marketing* focada na qualidade do produto ou no fato de o processo produtivo ser politicamente correto, em respeito a regras ambientais ou de comércio internacional, por exemplo.

---

144. Registre-se que Lodge e Wegrich (2012, p.108) classificam esse tipo de ferramenta regulatória como um subproduto dos instrumentos de incentivo.

145. AKERLOF, George A. The markets for "Lemons": quality uncertainty and the market mechanism. *The Quarterly Journal of Economics*, v. 84, n. 3, p. 488-500, 1970. Disponível em: <http://www.jstor.org/discover/10.2307/1879431?uid=3737664&uid=2&uid=4&sid=21100837929471>. Acesso em: 6 jun. 2012.

De acordo com Yeung (in MORGAN e YEUNG, 2007, p. 99), um terceiro formato se dá quando é o regulador quem publica as informações, e assim o faz para educar e influenciar comportamentos da comunidade ou de setores específicos da comunidade, especialmente porque seria impraticável impor, monitorar e garantir o cumprimento de uma obrigação de publicação de informações sobre, por exemplo, se o indivíduo é ou não portador de doença sexualmente transmissível, ou se dirige ou não sob efeito de álcool. Yeung (in MORGAN e YEUNG, 2007, p. 99-102) acrescenta que esta comunicação pública pode ter por fim exortar[146], explicar[147], enaltecer ou condenar[148] determinado comportamento.

A razão geral para o uso de tais ferramentas regulatórias parece ser mesmo a possibilidade de corrigir falhas de mercado, como a assimetria de informação, de maneira menos intervencionista.

Apesar dessa possível vantagem, Lodge e Wegrich (2012, p. 109) ressaltam alguns pontos de atenção concernente ao uso dessas ferramentas. As informações a serem publicadas não podem ser tão complexas a ponto de não serem entendidas pelo público, nem muito simples a ponto de não fazerem sentido. O uso desse tipo de ferramenta só funciona se os consumidores estiverem aptos a responder racionalmente às informações publicadas. Tais informações precisam ser consistentes, respeitando uma mesma lógica comparativa, bem como ser disponibilizadas nos mesmos lugares onde os consumidores costumam fazer suas escolhas. As informações precisam estar atualizadas e traduzir a realidade, sob pena de, por exemplo, continuarem condenando ofertantes por comportamentos já corrigidos – como no caso de um *ranking* desatualizado.

Já em Baldwin, Cave e Lodge (2012, p. 120) alguns desses alertas citados são entendidos como problemas relacionados ao uso desse tipo de ferramenta regulatória. Os autores apontam seis principais problemas: (i) o público pode não entender a informação, sua utilidade, não dar tanta importância a ela; (ii) consumidores costumam ser mais sensíveis a preço do que a questões políticas ou sociais, o que pode tornar ineficaz a tentativa do regulador de alterar comportamentos via publicação de certas informações; (iii) os custos relativos à produção da informação pelo ofertante e do processamento da informação pelo consumidor podem ser excessivos; (iv) alguns produtos ou atividades podem

146. Segundo Yeung (in MORGAN e YEUNG, 2007, p. 99) estas campanhas de exortação procuram influenciar, encorajar determinado comportamento social, de modo a alinhá-lo aos objetivos das políticas públicas.

147. Nesse caso Yeung (in MORGAN e YEUNG, 2007, p. 100) explica que o regulador tenta guiar o público-alvo provendo informação e explicações, mas não faz uma exortação de um determinado comportamento social. Costumam ser as campanhas públicas que focam em direitos legais ou em obrigações de terceiros.

148. Conforme Yeung (in MORGAN e YEUNG, 2007, p. 100-102), o enaltecimento ou condenação de um determinado comportamento pelo regulador está relacionado à publicação de informações sobre a *performance* de *compliance* dos regulados relativa a determinado padrão regulatório, o que pode influenciar o consumidor na hora de fazer suas escolhas. Normalmente tomam a forma de *rankings* ou tabelas com os regulados líderes e os retardatários. Nesses casos a regulação pode funcionar como incentivo (*carrot*) ou como punição (*stick*) aos regulados, haja vista a vergonha que uma má classificação no *ranking* pode acarretar.

envolver riscos sociais tão grandes que torna-se impróprio o uso de ferramentas regulatórias focadas na mera publicação de informações; (v) há custos extras relacionados à garantia da qualidade da informação, que não pode ser falsa ou inadequada; e (vi) as informações precisam estar sempre padronizadas para de fato permitirem aos consumidores fazer melhores escolhas.

Yeung (in MORGAN e YEUNG, 2007, p. 97) adiciona que o uso de tais ferramentas costuma gerar confrontos entre regulado e regulador acerca da publicação de informações confidenciais e que invadam a privacidade do regulado, e ressalta que há ocasiões em que pode ser sim sensato preservar tais informações, mesmo que ao custo de ferir o princípio da transparência.

2.1.5. Arquitetura

Há ferramentas regulatórias que visam alterar comportamentos a partir do desenho de arquiteturas – ou tecnologias – destinadas a uma finalidade específica. São regras que arquitetam o comportamento, portanto.

Essas arquiteturas são variadas. Karen Yeung[149] comenta que elas podem ser desenhadas e materializadas: em espaços físicos, como nos casos do uso de quebra-molas para reduzir a velocidade dos motoristas de automóveis, ou de construções em determinados ambientes para viabilizar acesso universal a portadores de deficiência; em produtos e processos, de modo a controlar o impacto social que podem provocar ou alterar comportamentos dos usuários (ignições de carros que não acionam se algum passageiro estiver sem cinto de segurança, ou rádios de carro com código de segurança para desincentivar ladrões); mas também em organismos vivos como plantas, animais e seres humanos, arquitetados para atingir algum objetivo público relevante, como o desenvolvimento de cana de açúcar sintética, sem gordura, para reduzir os níveis de obesidade da população, o uso de biocombustíveis para minimizar a poluição, ou a manipulação genética de seres humanos para eliminar genes que trazem doenças ou predisposições acomportamentos indesejáveis socialmente.

No que se refere aos objetivos e funcionalidades dessas ferramentas de tecnologia, Yeung (2009, p. 85-87) as separa em três classes. Na primeira delas as ferramentas encorajam mudanças de comportamento ao alterarem as condições externas que propiciam o comportamento indesejável. Na segunda classe a tecnologia visa alterar os efeitos do comportamento indesejável, mas não o comportamento danoso em si. E a terceira classe compreende ferramentas que buscam evitar o comportamento indesejável, e para isso diminuem a probabilidade de ele acontecer ou mesmo eliminam sua possibilidade de existir.

149. YEUNG, Karen. Towards an understanding of regulation by design. In: BROWNSWORD, Roger; YEUNG, Karen (ed.). *Regulating technologies*. Oxford: Hart Publishing, 2009, p. 81-85.

Algumas ferramentas de arquitetura possuem rotulação própria na literatura, como parecem ser os casos da *Techno-regulation* e do *Nudge*.

Segundo Morgan e Yeung (2007, p. 102), a *Techno-regulation*[150] não tenta alterar comportamentos influenciando a racionalidade do agente, mas busca sim eliminar a possibilidade de ocorrência de um comportamento indesejável a partir da internalização de um padrão em um código, o *software*, que bloqueia a opção de um comportamento diferente do que foi padronizado. Por esse motivo parece se inserir na supracitada terceira classe das ferramentas de arquitetura.

Roger Brownsword (in MORGAN e YEUNG, 2007, p. 103) destaca que a *Techno-regulation* não se confunde com o uso pelo Estado de câmeras e equipamentos de monitoramento, de bancos de dados, o que segundo ele faz parte do repertório regulatório ordinário. Reforça o autor que a *Techno-regulation* se caracteriza quando intencionalmente o regulador estabelece um código que não permite às pessoas escolherem agir em desconformidade com o padrão idealizado, o que, acredita, restringe a liberdade de formação do discernimento do indivíduo regulado.

A grande vantagem relacionada a esse tipo de ferramenta de arquitetura está associada a sua eficácia na busca de objetivos públicos. A impossibilidade de um comportamento diferente do que foi estabelecido via código parece ser a certeza do alcance de determinado objetivo regulatório.

Para Yeung[151], apesar de aparentemente essa ferramenta ser muito efetiva na busca do objetivo público a que se destina – e por isso mesmo ser atraente aos reguladores –, essa quase perfeição é ilusória por diversas razões.

Primeiro, as ferramentas de *Techno-regulation* são vulneráveis a reversões técnicas, havendo a possibilidade, por exemplo, de *hackers* quebrarem os códigos estabelecidos. Outra razão, nenhuma tecnologia é totalmente blindada a falhas e erros.

Há também riscos relacionados à definição do padrão, e a sua parametrização como código, que ficam latentes quando se admite que a lei é um produto inescapável da linguagem, que está longe de ser determinada, objetiva, sendo possível que, tal como as normas regulatórias, os códigos arquitetados subestimem ou superestimem os objetivos a que se destinam.

Outra complexidade no uso dessas ferramentas, que muitas vezes são autoexecutáveis, é que elas continuam repetindo erros parametrizados de forma ininterrupta até que sejam reprogramadas, o que limita a contestação das decisões tomadas em função dos parâmetros codificados.

---

150. Registre-se que Morgan e Yeung (2007, p. 102) usam o termo *code* em vez de *techno-regulation*, terminologia cunhada por Roger Brownsword, mas ambos aparentam ser sinônimos, como se depreende da leitura do trecho de Brownsword citado pelas autoras na sequência do trabalho (2007, p. 102-105).

151. Idem, ibidem, p. 90-91.

Já o termo *nudge*[152] refere-se a ferramentas regulatórias[153] que, via arquitetura, e explorando os vieses de tomada de decisões e o autointeresse dos indivíduos, direcionam suas escolhas a um objetivo público[154]. Conforme Lodge e Wegrich (2012, p. 112), tem sido frequente o uso dessas ferramentas em políticas públicas das áreas de saúde, segurança, energia e previdência social.

Sua premissa básica é de que indivíduos decidem, ou deixam de decidir, sem refletir sobre as consequências de longo prazo de suas decisões – o que pode ser motivado por vieses decisionais, como, por exemplo, o otimismo demasiado, ou mesmo por limitações informacionais. Justo por isso, as ferramentas de *nudge* exploram tais deficiências desenhando cuidadosamente opções de escolhas percebidas pelo Estado como mais adequadas, mas sem forçar o exercício dessa opção pelos indivíduos[155].

Nas palavras de seus idealizadores, Richard Thaler e Cass Sustein (in LODGE e WEGRICH, 2012, p. 113) "nudge is any aspect of the choice architecture that alters people's behavior in a predictable way without forbidding any options or significantly changing their economic incentives". Por essa característica de deixar o indivíduo livre para escolher uma posição diferente da que o Estado entende como mais adequada, Thaler e Sustein argumentam que as ferramentas de *nudge* seguem uma filosofia a qual chamam de paternalismo libertário[156].

Podem ser citados como exemplos de *nudge*: o desenho de alvos em mictórios públicos, de modo a minimizar os respingos de urina fora do próprio mictório; a troca da presunção geral de não doador de órgãos para doador, disponível aos indivíduos a opção de alterar seu *status* padrão; a arrumação de cafeterias com comidas saudáveis dispostas em locais estratégicos para serem vistas e consumidas, e as não saudáveis colocadas no alto de prateleiras, fora da vista e do alcance imediato dos consumidores.

Como vantagens associados ao uso de *nudge* está o fato de esse tipo de ferramenta ter sido promovida como uma alternativa de baixo custo – ou mesmo sem custos diretos para governos, consumidores ou indústria –, e o argumento de ela se posicionar no centro do espectro entre intervencionistas e liberais[157].

Segundo Baldwin, Cave e Lodge (2012, p. 123-125), duas são as principais críticas ao uso de *nudge*. A primeira delas está relacionada a afirmações de que esse tipo de ferramenta pode manipular as escolhas dos agentes, não

---

152. Em inglês, "to push something or someone gently, especially to push someone with your elbow". Disponível em: <http://dictionary.cambridge.org/dictionary/british/nudge I>. Acesso em: 16 fev. 2014.

153. Vale ressaltar que, apesar de incluir as técnicas de *nudge* no rol das ferramentas regulatórias aqui apresentadas, diferentemente das outras ela não pressupõe a publicação pelo regulador de uma regra explícita a partir da qual se pretende controlar comportamentos.

154. LODGE e WEGRICH, 2012, p. 113.

155. Idem, ibidem.

156. *Libertarian Paternalism*.

157. LODGE e WEGRICH, 2012, p. 113.

permitindo a eles, de fato, escolher opção distinta da direcionada pelo Estado. A segunda sustenta que a definição dos objetivos a serem perseguidos via *nudge* derivam de juízos de valor do Estado e de seus *experts*, o que enseja problemas de transparência e de legitimação.

Lodge e Wegrich (2012, p. 114-115) também apontam limitações relacionadas à efetividade da ferramenta. Em primeiro lugar, os indivíduos não enfrentam custos ao não seguir a escolha direcionada via *nudge*, podendo facilmente se manter à margem do objetivo público idealizado, como o de comer comida saudável. Em segundo lugar, as ferramentas de *nudge* focam determinados comportamentos individuais sem considerar que para mudar seu comportamento o indivíduo irá avaliar outras variáveis, muitas vezes mais relevantes do que o *nudge* em si. Por fim, o uso dessa ferramenta não parece suficiente quando se tentam alterar comportamentos de indivíduos mal-intencionados.

2.2. ABORDAGENS REGULATÓRIAS

No tópico anterior foram apresentadas as mais diversas ferramentas disponíveis ao regulador para alinhar comportamentos de regulados em prol de objetivos públicos, tarefa nem um pouco trivial.

Entretanto, além da escolha das ferramentas, entendidas como as racionalidades subjacentes à busca pelos padrões comportamentais desejados, o regulador precisa definir a forma como pretende monitorar e assegurar o cumprimento desses padrões, isso porque as pessoas e organizações não costumam voluntariamente segui-los[158].

As abordagens regulatórias externalizam essas diferentes formas usadas pelo regulador para, monitorando comportamentos, assegurar o *enforcement* dos padrões e o alcance dos objetivos públicos idealizados.

Neste tópico apresentarei os diferentes tipos de abordagens à disposição do regulador como forma de incluir novos utensílios em sua caixa de ferramentas. Não obstante, antes registro dois entendimentos acerca do termo *enforcement*, para na sequência ressaltar a sua importância prática para os resultados da regulação e realçar a complexidade envolvida na escolha dessas abordagens.

Robert Baldwin[159] entende *enforcement* como a busca pelo cumprimento dos padrões regulatórios. Lodge e Wegrich (2012, p. 71) enxergam o fenômeno como o meio para forçar, compelir agentes específicos a fazerem coisas que, na falta do *enforcement*, não fariam.

A importância do *enforcement* no processo regulatório é destacada por diferentes autores.

---

158. Idem, ibidem, p. 76.

159. BALDWIN, R. Why rules don't work. *The Modern Law Review*, 53:3, Maio de 1990. Disponível em: <http://www.jstor.org/discover/10.2307/1096474?uid=3737664&uid=2129&uid=2&uid=70&uid=4&sid=21103421908021>. Acesso em: 16 fev. 2014.

Em 1970 George Stigler[160] já sustentava que qualquer prescrição de comportamentos para indivíduos requer alguma medida de *enforcement*.

Para Lodge e Wegrich (2012, p. 71), se a regulação diz respeito ao alcance de objetivos públicos que sem ela não seriam atingidos, então o uso de medidas de *enforcement* para compelir os agentes a fazerem coisas que voluntariamente não fariam é central para a regulação.

Sharon Oded[161] ressalta que para ter algum valor social prático a regulação precisa ser obedecida, o que depende da existência de uma política de *enforcement* que funcione bem e assegure a implementação da regulação.

No mesmo sentido, Anthony Heyes[162] destaca que a regulação somente é útil se sua implementação for forçada, seja total ou parcialmente.

Apesar da importância do *enforcement* para os resultados da regulação, o fato é que para chegar aos objetivos traçados não basta ao regulador pôr em prática uma política de *enforcement*; mais do que isso, ele precisa escolher uma maneira adequada para, de fato, implementar as regras instituídas. E essa é mais uma escolha complexa a fazer.

Fundamentalmente, a escolha das abordagens de *enforcement* depende de restrições de recursos e de capacidades, do domínio em que se dá e do contexto político em que se insere[163]. Depende também de uma análise das motivações e capacidades daqueles regulados cujo comportamento quer-se alterar, mas também das motivações e capacidades dos fiscais encarregados da tarefa de implementar as regras. Isso implica que o regulador precisa levar essas variáveis em conta quando da escolha dos componentes de monitoramento e *enforcement* utilizados para controle de um dado padrão regulatório – sendo que tal escolha se reflete tanto no desenho institucional quanto na própria implementação das abordagens.

Dito isso, passo agora a apresentar os vários tipos de abordagens comumente utilizados.

O regulador pode preferir uma abordagem baseada na detenção/punição[164] dos regulados que descumprirem os padrões estabelecidos. Mas pode, ao revés, optar por uma abordagem mais cooperativa e persuasiva na busca dos objetivos regulatórios[165].

Há também abordagens preocupadas com a própria definição dos padrões comportamentais. Nesses casos o regulador pode escolher usar regras principiológicas em vez de regras prescritivas quando do estabelecimento dos

160. In LODGE e WEGRICH, 2012, p. 73.

161. ODED, Sharon. *Corporate compliance:* new approaches to regulatory enforcement. Cheltenham, UK/Northhampton, MA: Edward Elgar, 2013, p. 15.

162. ODED, 2013, p. 15.

163. Idem, ibidem, p. 75-76.

164. *Deterrence and Punishment*, no original.

165. LODGE e WEGRICH, 2012, p. 76.

padrões regulatórios[166]. Pode preferir utilizar padrões que definem as tecnologias ou processos[167] a serem compulsoriamente seguidos pelos regulados, ou padrões que instituem metas e resultados esperados[168], ou mesmo os que apenas indicam certos controles obrigatórios a serem incorporados pelos sistemas de *compliance* das empresas[169].

Existem abordagens que, procurando minimizar gastos públicos e torná-los mais eficientes, buscam alocar os recursos públicos destinados à regulação em itens que representem, de fato, riscos significativos, de importância sistêmica[170].

Alguns teóricos das ciências sociais acreditam que um particular estilo de *enforcement* pode-se dar em função de características nacionais, como evidenciado no trabalho de David Vogel, publicado em 1986, que diferencia os estilos britânico e norte-americano de *enforcement* regulatório[171].

Apesar da citada variedade de abordagens regulatórias voltadas ao *enforcement* da regulação – todos possíveis itens da caixa de ferramentas do regulador –, tendo em vista o estudo de caso a ser desenvolvido no presente trabalho, nesse tópico concentrarei a análise nas abordagens clássicas de detenção/punição e de cooperação/persuasão, explorando suas premissas teóricas, suas características, bem como seus pontos fortes e fracos. Com isso espero pormenorizar as utilidades desses utensílios comumente usados pelo regulador, permitindo ao leitor expandir seu entendimento sobre as possibilidades de melhora da atuação regulatória na busca por objetivos públicos.

2.2.1. Detenção/punição

Conforme Oded (2013, p. 19), esse tipo de abordagem regulatória tem por base a teoria da detenção, uma aplicação da teoria econômica da escolha racional[172] a contextos de *enforcement* e *compliance*.

---

166. Idem, ibidem, p. 60.

167. *Technology-based standards*. In LODGE e WEGRICH, 2012, p. 63-65.

168. *Performance-based standards*. In LODGE e WEGRICH, 2012, p. 65.

169. *Management-based standards*. In LODGE e WEGRICH, 2012, p. 66.

170. *Risk-based regulation*. In LODGE e WEGRICH, 2012, p. 194.

171. In MORGAN e YEUNG, 2007, p. 189-193. Segundo Vogel, no Reino Unido a regulação da indústria costuma ser mais informal, flexível, privada; os fiscais possuem maior discricionariedade; as análises são caso a caso e menos em função de regras gerais e padrões regulatórios, havendo poucos processos punitivos e maior foco em assegurar o cumprimento das regras. Já nos EUA, a regulação é mais formal, sendo desenvolvida a partir de regras gerais e aplicada em consonância a procedimentos específicos; o processo regulatório está sujeito ao escrutínio da Justiça, do Legislativo e do público em geral; e frequentemente há imposição de multas por violações de regras, com pouca confiança em mecanismos de *self-regulation*.

172. Conforme Oded (2013, p. 17), tal teoria tem como foco a análise do processo de tomada de decisão de um agente racional acerca de seu comportamento, e como prescrição geral o fato de que em uma situação específica o agente racional considerará as diferentes alternativas de ação que possui levando em conta os custos e benefícios de cada uma delas, escolhendo a ação que maximiza a sua utilidade, sua satisfação pessoal.

Por conseguinte, tal abordagem assume que indivíduos e organizações são agentes amorais e calculistas[173], já que calculam a utilidade de não cumprir as regras, avaliando os custos e benefícios relacionados ao cumprimento ou não de um padrão regulatório específico.

Em função disso, o regulador pautado por uma abordagem de detenção pressupõe que os regulados só escolherão cumprir determinada regra quando perceberem que os custos relacionados ao não cumprimento dela forem maiores que os custos envolvidos em seu cumprimento[174].

Para lidar então com essa racionalidade e garantir que os regulados escolham cumprir as regras postas, o regulador gerencia três importantes variáveis, determinantes do custo associado ao não cumprimento das regras[175].

O custo percebido pelo regulado por não cumprir com uma regra depende, primeiro, da variável sanção. Tal sanção pode oscilar em função do tipo e da severidade. No que se refere ao tipo ela pode ser um aviso, uma multa, uma suspensão de vendas, uma revogação de licença etc. Atinente à severidade, obviamente, ela pode ser menos ou mais severa, podendo, respectivamente, ser estabelecida de modo a igualar o benefício obtido pelo regulado por não cumprir com determinada regra[176], ou somando no cálculo o dano social provocado pela infração[177]. Pode também prescrever responsabilidades penais. A lógica é que quanto mais grave e custosa for a sanção associada a determinado descumprimento, menor a chance de a regra ser desrespeitada.

A segunda variável gerenciada pelo regulador, também determinante da percepção de custo associado pelo regulado ao não cumprimento de uma regra, é a probabilidade de a infração ser detectada. Essa probabilidade é normalmente descrita como uma função do esforço de *enforcement* exercido pelos fiscais responsáveis: quanto maior esse esforço, maior a probabilidade de a infração ser detectada e, por conseguinte, menor a chance de a regra ser descumprida.

Uma terceira variável diz respeito à probabilidade de a sanção ser de fato imposta e aplicada. O regulado precisa acreditar que o regulador vai impor-lhe uma sanção e que ela vai mesmo aumentar os custos de seu negócio. Ele pode não acreditar nisso, caso, por exemplo, entenda que consegue reverter judicialmente uma sanção imposta pelo regulador. O regulador precisa, portanto, convencer o regulado de que a sanção é crível. Quanto maior a percepção do regulado de que a sanção é crível, maior o custo associado ao descumprimento e menor a probabilidade de o padrão regulatório ser desrespeitado.

---

173. *Amoral calculators*. In LODGE e WEGRICH, 2012, p. 76.

174. LODGE e WEGRICH, 2012, p. 76.

175. A partir de: LODGE e WEGRICH, 2012, p. 76; e ODED, 2013, p. 21.

176. *Gain-based sanction*. In ODED, 2013, p. 23.

177. *Harm-based sanction*. In ODED, 2013, p. 23.

Na gestão da abordagem de *enforcement* baseada na detenção e punição, o regulador, então, balanceia essas variáveis de modo a tornar indesejável, do ponto de vista de custos e benefícios, a escolha do regulado pelo não cumprimento de uma regra, mas também cuidando para não pecar por falta ou por excesso de detenção e punição[178].

Estabelecido o balanço, sempre que o regulador detecta uma infração com relação a algum padrão instituído ele aplica a sanção. Daí o motivo desse tipo de abordagem ser caracterizado como legalista e confrontador[179].

As abordagens de detenção e punição podem também ser caracterizadas pelo uso de uma estrutura privada ou pública de *enforcement*.

A forma mais comum de *enforcement* das regras regulatórias é pública, e pode ser representada pelo regime administrativo, onde a agência reguladora estatal se responsabiliza pelo monitoramento, investigação e punição do infrator. O *enforcement* privado[180], muito menos usual, normalmente está associado ao regime civil, quando os particulares lesados processam judicialmente os infratores visando a indenizações pelo dano sofrido[181].

Segundo Oded (2013, p. 29-31), a favor do envolvimento de entes privados no processo de *enforcement* das regras podem ser elencadas vantagens como: o acesso a informações melhores, o menor custo e a eficiência na obtenção dessas informações. Contra, há argumentos como: o de que essa superioridade informacional depende do contexto; de que a função de *enforcement* implica custos que, dada a racionalidade dos privados, pode levá-los a escolher não agir para implementar as regras; ou de que os resultados do *enforcement* privado são limitados quando se precisa usar a força, de uso exclusivo do Estado.

A favor do *enforcement* público, Oded (2013, p. 32-33) cita argumentos como: o de que as autoridades públicas são por vezes mais qualificadas para obter e analisar as informações relevantes, especialmente quando se trata de um volume grande ou quando a coleta e análise demandam especialização; o de que, diferentemente dos privados, os agentes públicos são apontados para perseguirem objetivos sociais ditados por políticas públicas, e os perseguem mais do que perseguem objetivos particulares; ou o de que a liderança de uma agência reguladora, com profissionalismo e consistência, facilita o desenvolvimento regulatório. Contra, existem as contestações de que os agentes públicos possuem interesses particulares que prevalecem sobre os públicos, e os argumentos de que o *enforcement* público implica altos custos administrativos e burocráticos,

178. A partir de: ODED, 2013, p. 21-22.

179. Idem, ibidem, p. 27.

180. Morgan e Yeung (2007, p. 209) ressaltam que nesse tipo de *enforcement* privado o Estado se limita a prestar a tutela jurisdicional via julgamento dos processos iniciados pelos particulares.

181. Parágrafo desenvolvido a partir de: MORGAN e YEUNG, 2007, p. 209; e ODED, 2013, p. 29.

suportados por contribuintes, sendo menos eficiente do que as estruturas de *enforcement* privado.

Apesar dos argumentos a favor e contra cada um desses modelos, como visto em Morgan e Yeung (2007, p. 209-215), existem modelos mistos de *enforcement* em que a participação dos privados tem sido usada como alavanca para facilitar o alcance dos objetivos públicos de forma eficiente. Nesses casos o importante é definir o grau apropriado de envolvimento dos entes públicos e privados, bem como descrever de forma clara as responsabilidades e procedimentos que cada um deve seguir.

Numa primeira forma de participação dos privados nesses modelos mistos, eles podem ser incentivados a acionar legalmente os infratores em busca de indenizações decorrentes de efeitos sofridos com possível conduta ilegal – o que para o potencial infrator pode significar o aumento da probabilidade de ser detectado, bem como o incremento dos custos percebidos com o não cumprimento de determinado padrão, o que repercute positivamente no *compliance*, facilitando o alcance de determinado objetivo público[182]. Uma outra forma está associada ao envolvimento dos privados na supervisão e monitoramento do cumprimento com as regras regulatórias, quando funcionam como terceiros auditores, certificadores de *compliance*.

Conhecidas as premissas teóricas e algumas características da abordagem regulatória de detenção, antes de encerrar a narrativa sobre o tema é necessário abordar seus pontos fortes e fracos comumente citados na literatura.

Conforme Oded (2013, p. 35), para os defensores das abordagens de detenção tais sistemas de *enforcement* têm a vantagem: de estabelecer adequadamente, de forma clara e objetiva, os fins e os meios para chegar a esses fins; de prover uma sensação de neutralidade da atividade de *enforcement* ao reduzir o risco de decisões arbitrárias, possíveis via exercício da discricionariedade dos fiscais; de aumentar a pressão social pelo cumprimento das regras ao reforçar o sentimento social de desaprovação e de não aceitação de condutas infratoras.

Com relação às principais fraquezas desse tipo de abordagem, Oded (2013, p. 36-37) primeiro cita os altos custos sociais que sua aplicação envolve. Explica isso argumentando que o caráter natural de confrontação da abordagem de detenção cria um jogo de gato e rato entre fiscais e regulados: os primeiros investem seus recursos na perseguição dos potenciais infratores, já os regulados investem seus recursos de modo a minimizar a probabilidade de serem pegos e punidos. O resultado do jogo é a geração de custos sociais substantivos que impactam os níveis de bem-estar geral[183].

182. Exemplo disso são os *treble damages* usados no sistema antitruste norte-americano como mecanismo para minimizar ainda mais a probabilidade de condutas anticompetitivas, citado por Karen Yeung (in MORGAN e YEUNG, 2007, p. 211).

183. Oded (2013, p. 36-37) relata alguns exemplos de custos envolvidos nesse jogo de gato e rato: (i) custos administrativos estruturantes do funcionamento do sistema de *enforcement* público; (ii) custos relativos ao processo administrativo, por exem-

Uma segunda fraqueza citada se baseia na rigidez e intransigência das abordagens de detenção, capazes de construir no regulado uma percepção de ilegitimidade[184], o que acaba por desencadear o comportamento de descumprimento, justamente o oposto do que se esperava com a abordagem de detenção[185].

Outra fraqueza diz respeito à falibilidade dessa abordagem, dada a impossibilidade prática de, muitas vezes, encontrar um balanceamento ótimo das variáveis sanção, probabilidade de detenção e probabilidade de a sanção ser aplicada, haja vista a existência de restrições, ou limitações – orçamentárias, de pessoal e de tempo – na calibragem de cada uma delas.

Por fim, há a crítica de que as abordagens de detenção não alcançam um resultado ótimo de *enforcement* por presumir que todos os regulados decidem a partir da racionalidade econômica utilitarista, deixando de lado outras racionalidades já identificadas acerca da tomada de decisão dos agentes[186].

2.2.2. Cooperação/persuasão

O *enforcement* via cooperação, por sua vez, representa abordagem alternativa à de detenção, tendo sido desenvolvido pelos críticos desta corrente de pensamento[187]. Baseando-se em estudos empíricos[188], tais críticos argumentam que as decisões dos agentes relacionadas ao cumprimento ou não de uma regra não devem ser avaliadas tão somente pelo medo da punição à qual podem estar sujeitos, mas também por atitudes pessoais e obrigações morais. Eles apontam para evidências de que em certos contextos os regulados tendem a obedecer à regra mesmo quando os custos pelo não cumprimento dela são significativamente baixos.

---

plo os de coletar evidências e contratar pareceristas; (iii) custos associados a erros de julgamento; e (iv) custos de evasão, que são os custos relativos à estratégia do regulado de não cumprir a regra e de não deixar rastros para ser detectado e punido.

184. No que se refere à percepção de ilegitimidade, Lodge e Wegrich (2012, p. 77) citam situação em que os regulados podem ter sido punidos quando acreditavam estar agindo de boa-fé, o que diminui seu interesse em cooperar com os fiscais, desembocando em um tipo de comportamento que na literatura é conhecido como *creative compliance.* Conforme visto em Morgan e Yeung (2007, p. 164-165), tal comportamento ocorre quando o regulado se vale da literalidade de alguma regra regulatória para, sustentando seu cumprimento, evitar o alcance do objetivo regulatório que tal regra persegue. Nesse caso o regulado interpreta a regra de forma literal, sem levar em consideração seu real propósito.

185. ODED, 2013, p. 39-41.

186. Apesar de registrar esta última crítica, Oded (2013, p. 46-47) ressalta que ela tem menor peso quando aplicada ao comportamento de empresas, já que estas normalmente se utilizam da racionalidade econômica utilitarista para tomar suas decisões. A despeito dessa ressalva, Lodge e Wegrich (2012, p. 77) comentam que as empresas podem escolher cumprir com padrões regulatórios por razões distintas do utilitarismo econômico, citando como exemplo a reputação ou o desejo de fazer a coisa certa – *do the right thing.*

187. ODED, 2013, p. 48-50.

188. A lista completa dos estudos citados pode ser encontrada em: ODED, 2013, p. 49. Dois exemplos citados pelo autor são os trabalhos de Tom R. Tyler (*Why people obey the law*) e de H. Ross (*Deterring the drinking driver: legal policy and social control*).

Alertas ao fato de que as empresas podem sucumbir à tentação de não cumprir com um padrão regulatório em vista de alguma oportunidade de ganho, os defensores da abordagem de cooperação presumem que a maioria dos regulados é bem intencionada, e nem sempre as infrações devem ser explicadas pela racionalidade amoral e calculista deles, sendo plausível pensar que elas possam ser resultado de incompetência organizacional, de falhas no entendimento de regras por vezes ambíguas, ou de simples ignorância[189].

Em função disso, na abordagem de cooperação o *enforcement* deve-se dar especialmente a partir de conversas, mediações e negociações, quando o regulador assumiria uma função educativa e de aconselhamento, com vistas a persuadir o regulado a cumprir com os padrões regulatórios. A abordagem de cooperação prefere, portanto, prevenir a ocorrência de uma infração a punir um agente por uma infração[190], e cooperar e conciliar em vez de confrontar e usar a coerção[191].

Segundo Oded (2013, p. 52), na prática isso significa: que os agentes responsáveis pelo *enforcement* devem levar em consideração circunstâncias específicas envolvidas no cometimento da infração; que no primeiro momento os regulados tenham o benefício de discordar da infração; que as violações insignificantes sejam ignoradas; que justificativas razoáveis para o não cumprimento de regras sejam aceitas; que no caso de infrações mais graves sejam concedidos períodos generosos para cumprimento das sanções; que esforços aceitáveis de correção e restauração de danos impeçam o processo criminal. Não obstante, Oded (2013, p. 53) ressalta que na abordagem de cooperação, quando a persuasão falha, as sanções podem ser utilizadas como último recurso.

Os defensores da abordagem de cooperação veem como uma de suas principais virtudes o fato de ela ser efetiva do ponto de vista de custos, evitando todos os gastos associados ao jogo de gato e rato, comum nas abordagens de detenção.

Outro ponto forte se apoia no argumento de que essa abordagem, ao desenvolver uma relação de respeito e confiança dos regulados com os fiscais, incentiva-os a comportarem-se de forma cooperativa, levando a melhores resultados em termos de *compliance* com as regras.

A oportunidade que gera para superar as deficiências de regras ambíguas e ineficientes, e atingir os objetivos regulatórios é outra vantagem relacionada à abordagem de cooperação. Ela trata diretamente o problema de inexatidão relacionado a toda e qualquer regra[192].

O último ponto forte é o de que a abordagem de cooperação facilita a troca entre regulado e regulador de informações importantes relacionadas a

189. ODED, 2013, p. 51.

190. LODGE e WEGRICH, 2012, p. 77.

191. ODED, 2013, p. 52.

192. Informações sobre os limites relacionados ao uso das leis podem ser obtidas em Morgan e Yeung (2007, p. 153-158) quando citam o trabalho de Julia Black, *Rules and regulators*.

tecnologias emergentes, riscos esperados, métodos para evitá-los, o que acaba por repercutir positivamente no resultado geral da regulação[193]. Nesse sentido, Lodge e Wegrich (2012, p. 78) comentam que as conversas possíveis a partir de abordagens de cooperação permitem ao regulador entender as complexidades e reais problemas das operações, o que provavelmente não seria possível a partir de fiscalizações superficiais.

Mas as abordagens de cooperação também apresentam problemas.

Um primeiro problema citado é que tais abordagens, assumindo que em geral os regulados são motivados a cumprir com as regras, falham em reconhecer que existem os que não são motivados e que irão tirar alguma vantagem de serem presumidos como tais. Para esses críticos, na ausência de medidas coercitivas os regulados oportunistas – amorais e calculistas ou, em sua forma mais radical, maníacos racionais[194] – nunca se comportarão conforme o padrão regulatório.

A captura do regulador pelo regulado é outro argumento usado em desfavor das abordagens de cooperação. A constância de relações de proximidade entre regulado e regulador pode tender à acomodação dos interesses da indústria e tornar improvável, por exemplo, medidas confrontativas e punitivas, mesmo nos casos em que elas pareçam ser necessárias para o cumprimento das regras estabelecidas. Tal proximidade pode também culminar com a corrupção de agentes de *enforcement*, que aliciados com presentes, propinas e promessas futuras de emprego, podem usar sua posição para se engajar em negociar não o cumprimento das regras, mas o seu descumprimento[195].

Outra crítica baseia-se no argumento de que as abordagens de cooperação podem viciar o comportamento de regulados bem-intencionados. Isso porque, ao perceberem que os regulados mal-intencionados não são sujeitos a custos pelo descumprimento de certa regra, eles se veem em posição de desvantagem competitiva – já que tiveram que arcar com os custos de *compliance* com determinada regra –, o que pode levá-los a deixar de cumprir a regra ou desincentivá-los a melhorar sua *performance* de *compliance*[196].

Por fim, os críticos entendem que as abordagens de cooperação desestimulam o cumprimento imediato das regras instituídas. Cientes de que o regulador costuma exaurir todas as etapas de conciliação antes de partir para medidas coercitivas, os regulados preferem esperar para negociar um acordo de *compliance*, entendendo que tal opção é mais barata do que cumprir com a regra imediatamente.

193. Conforme Eugene Bardach e Robert Kagan (in ODED, 2013, p. 57), quanto mais informação fluir para as autoridades responsáveis pelo *enforcement*, mais fácil será monitorar o comportamento e criar um banco de dados útil para o *compliance* futuro.

194. *Rational maniacs*, como visto em Lodge e Wegrich (2012, p. 79).

195. A partir de: OCED, 2013, p. 66-68; e LODGE e WEGRICH, 2012, p. 79.

196. A partir de: ODED, 2013, p. 68-69; e LODGE e WEGRICH, 2012, p. 79.

2.3. ESTRATÉGIAS REGULATÓRIAS

Conhecidas as ferramentas e abordagens passíveis de escolha pelo regulador, agora é o momento de explorar as estratégias regulatórias, conceito intermediário a ser construído neste capítulo para facilitar a definição do conceito de estratégias de *compliance* em regimes de acesso a redes de telecomunicações – o qual facilitará a realização das análises jurídico-institucionais relativas aos regimes de EILD no Brasil.

Nessa discussão acerca das estratégias regulatórias, é importante que o leitor perceba que, mais do que possuir uma caixa de ferramentas diversificada e conhecer a utilidade de seus utensílios, para ser efetivo o regulador precisa saber onde, quando e como utilizá-los. As escolhas regulatórias, dada sua complexidade, precisam ser estratégicas.

A seguir estruturo e defino o conceito de estratégia regulatória que adotarei nesta tese e, na sequência, em vista a ampliar as alternativas de uso pelo regulador dos utensílios presentes em sua caixa de ferramentas, fecho a primeira parte do trabalho descrevendo alguns receituários mapeados na literatura sobre estratégias regulatórias, sem deixar de pontuar problemas relacionados ao seu uso – sem a pretensão, portanto, de advogar pelo uso incondicionado de quaisquer dessas receitas.

Julia Black (2001, p. 111) identifica as estratégias regulatórias como um dos sete elementos[197] inescapáveis ao entendimento de seu conceito de regulação descentralizada. Segundo a autora, a inclusão desse elemento estratégico deriva da percepção dos insucessos do fenômeno regulatório e das falhas nos diagnósticos oferecidos pelas diferentes teorias que o explicam.

Para Cento Veljanovski[198], a expressão "estratégia regulatória" precisa ser abordada a partir do entendimento da *Teoria dos Jogos*, na qual um jogo é uma simplificação do comportamento estratégico adotado pelos diferentes jogadores em função da ação e/ou reação dos demais participantes, tudo em vista do alcance de seus objetivos individuais[199].

Aplicado ao contexto da regulação, o jogo poderia ser desenhado a partir da interação estratégica entre regulador, regulados, consumidores e grupos de interesse, onde os três últimos usam diferentes mecanismos de confronto ou cooperação para tentar influenciar o regulador a seu favor, e este utiliza estrategicamente os seus recursos para alcançar seus próprios objetivos[200].

---

197. Já citados no presente trabalho.

198. In BALDWIN, CAVE e LODGE, 2010, p. 88.

199. A partir de: JACKSON, Howell et al. Games and information. *Analytical methods for lawyers*. Harvard Law School, Spring 2001, p. 1-10.

200. In BALDWIN, CAVE e LODGE, 2010, p. 91.

O jogo regulatório é repetido e complexo, havendo diversas rodadas e muitas variáveis condicionantes do comportamento desses diferentes jogadores. Como salientado por Veljanovski, eles escolhem suas estratégias regulatórias em um contexto em que a lei é imperfeita, o *enforcement* e *compliance* são custosos, os recursos são limitados, o regulador possui discricionariedade, e suas escolhas produzem vencedores e perdedores – o que suscita conflitos –, bem como dependem de processos legais e políticos.

Nesse sentido, a expressão "estratégia regulatória" parece se referir aos movimentos dos diferentes jogadores envolvidos no complexo jogo regulatório. Não obstante, direcionando a análise para a estratégia do regulador – e não para a dos outros jogadores –, acredito que a expressão "estratégia regulatória" guarda um outro sentido, que explico a seguir.

Considerando que no processo regulatório o regulador tem as funções de definir o padrão, captar informações-chaves para monitorar o comportamento dos regulados, bem como assegurar o cumprimento do padrão regulatório estabelecido via *enforcement*[201], parece lógico pensar que as estratégias do regulador combinam as escolhas feitas no exercício dessas três diferentes funções. Nos dois tópicos anteriores deste capítulo descrevi o leque de opções disponíveis ao regulador quando da definição de suas regras – e da racionalidade utilizada para direcionar o comportamento dos regulados –, bem como quando da escolha da abordagem a ser seguida na busca por *compliance* com tais regras. Entretanto, na oportunidade não explorei a possibilidade de combinações entre as diversas ferramentas regulatórias[202] ou entre as abordagens[203] citadas, nem fiz uso da expressão "estratégia regulatória" justamente por entender que tal termo reflete as *n* combinações possíveis de ferramentas e abordagens regulatórias a serem utilizadas pelo regulador em vista do alcance dos mais variados objetivos públicos.

Nesse outro sentido, a meu ver, a expressão "estratégia regulatória" representa as misturas de ferramentas e abordagens regulatórias possíveis a partir das escolhas do regulador quando da definição das regras, do monitoramento do comportamento e do *enforcement* dos padrões desejados.

Unindo, portanto, os dois sentidos, o que chamo aqui de estratégia regulatória são as escolhas combinadas de ferramentas e abordagens feitas pelo regulador no exercício de suas funções de definição de padrões de comportamento,

201. Conforme o conceito de Julia Black (2002).

202. Tratando das misturas entre ferramentas regulatórias, Morgan e Yeung (2007, p. 91, 95 e 102) já destacavam a importância dos comandos legais na retaguarda de medidas de incentivo, na estruturação de arranjos de autorregulação híbridos, ou na imposição da obrigatoriedade de publicação de informações. Baldwin, Cave e Lodge (2012, p. 157) já afirmavam que os melhores resultados regulatórios normalmente viriam de misturas de instituições e ferramentas.

203. No que tange às abordagens de *enforcement*, Oded (p. 71-79) já explorava uma abordagem mista entre detenção e cooperação, da mesma forma que Lodge e Wegrich (2012, p. 80-91) já falavam de estratégias mistas de *enforcement* regulatório.

monitoramento e *enforcement* desses padrões[204], levando em conta as estratégias dos outros participantes e outras variáveis externas envoltas ao complexo jogo regulatório[205].

Como esperado, dado o fato de a escolha das estratégias incorporar seleções complexas de ferramentas e abordagens regulatórias, e de não ser mesmo fácil desenhar essas misturas ótimas ou saber previamente quais instituições e instrumentos funcionarão bem juntos, também aqui a literatura registra diferentes opções de estratégias para o regulador.

A partir de agora explorarei algumas dessas estratégias recomendadas, vistas por certos autores como modelos normativos[206] – receitas prescritivas da melhor forma de regular –, considerando ser importante para os reguladores conhecê-las, compreender sua lógica e limitações, o que o auxilia em suas tomadas de decisão.

2.3.1. *Responsive Regulation*

Tanto a partir de Baldwin, Cave e Lodge (2012, p. 259), quanto em Lodge e Wegrich (2012, p. 81-85) é possível perceber que a corrente da *Responsive Regulation* é a origem de outras correntes de estratégia regulatória que ainda serão abordadas aqui[207]. Ian Ayres e John Braithwaite, seus idealizadores, foram os primeiros a direcionar o debate acerca das abordagens de *enforcement* para além das disputas sobre detenção/punição e cooperação/persuasão. Sinalizando que ambas as abordagens possuíam espaço na discussão sobre o *enforcement*, diziam eles: "rejeitar a regulação punitiva é ingenuidade, comprometer-se totalmente com ela é impor carga desnecessária. O segredo de uma regulação de sucesso é estabelecer uma sinergia entre punição e persuasão"[208].

A principal característica dessa corrente é o uso da pirâmide de *enforcement*, conceito consubstanciado na ideia de que a mistura de componentes das abordagens de detenção e de persuasão representam a melhor estratégia regulatória para lidar com o não cumprimento das regras pelos regulados.

---

204. BLACK (2002).

205. VELJANOVSKI, in BALDWIN, CAVE e LODGE, 2010.

206. MORGAN e YEUNG, 2007, p. 193.

207. *Smart Regulation, Problem-Centered Regulation* e *Really Responsive Regulation*.

208. Tradução livre de: "To reject punitive regulation is naive, to be totally committed to it is to lead a charge of the light brigade. The trick of successful regulation is to establish a synergy between punishment and persuasion" (in BALDWIN, CAVE e LODGE, 2012, p. 259).

Figura 5 – Pirâmide de *Enforcement*

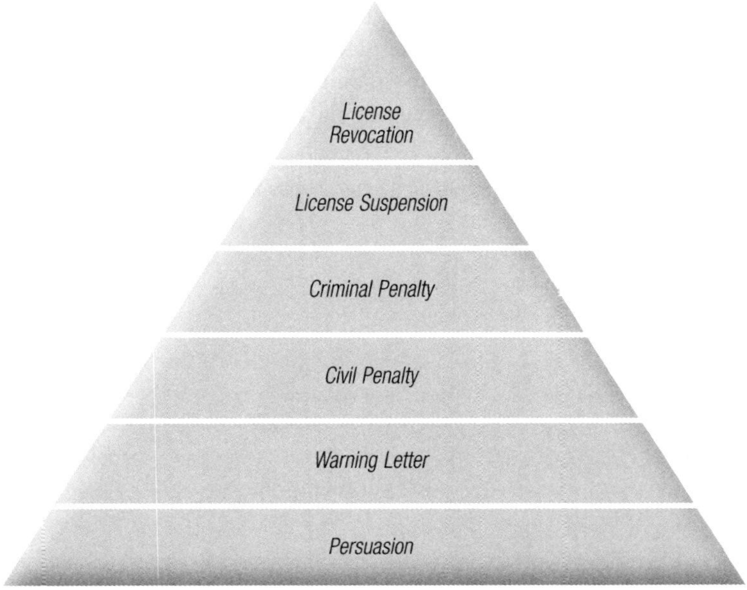

Fonte: BALDWIN, CAVE e LODGE, 2012, p. 260.

De acordo com Lodge e Wegrich (2012, p. 281), a imagem da pirâmide – acima exposta – carrega duas mensagens centrais. A primeira é que o número de casos que podem ser resolvidos na base da pirâmide é alto, o que significa que a persuasão e os avisos são normalmente suficientes para garantia do *compliance*, sobrando poucos casos para serem tratados com as outras medidas previstas ao longo da pirâmide. A segunda é que ela aponta para a possibilidade de o regulador escalar a pirâmide e aplicar medidas mais intervencionistas – inclusive de exercer a opção de usar aquela arma mais severa, que aparentemente não usaria[209], na busca de *compliance* regulatório.

Como visto em Baldwin, Cave e Lodge (2012, p. 259), tal corrente presume, portanto, que o *compliance* com as regras é mais provável e barato[210] quando o regulador se utiliza da pirâmide de *enforcement*, quando inicia o tratamento de comportamentos de não *compliance* com medidas persuasivas e só faz uso de penalidades mais graves nos casos de não cooperação do regulado. Seus

209. *Benign big gun*. In LODGE e WEGRICH, 2012, p. 81.

210. O adjetivo "barato" foi incluído na frase haja vista a afirmativa de Lodge e Wegrich (2012, p. 82) de que o uso da pirâmide é um método que promete reduzir os consideráveis custos gerados pela abordagem de detenção, sem resultar em relações de captura.

defensores acreditam que a função da regulação é fazer os regulados refletirem sobre seus comportamentos[211].

Se na *Responsive Regulation* a pirâmide de *enforcement* representa a estratégia regulatória direcionada ao regulado individualmente, para expandir essa lógica a toda a indústria, no mesmo trabalho Ayres e Braithwaite propuseram o conceito de pirâmide de estratégias regulatórias.

Figura 6 – Pirâmide de Estratégias Regulatórias

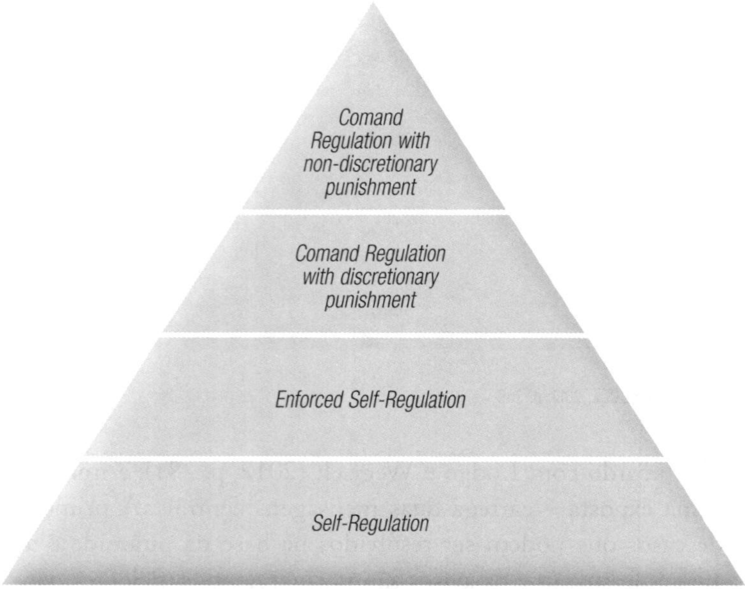

Fonte: BALDWIN, CAVE e LODGE, 2012, p. 261.

A dinâmica é a mesma da pirâmide de *enforcement*. O Estado deve começar com soluções de autorregulação, evoluindo para arranjos de *self-enforced regulation* se houver necessidade de acompanhamento do cumprimento das regras pelo Estado, depois para o uso de punições discricionárias e, em último caso, quando houver a segurança de que a cooperação não é mesmo possível, para o uso de punições não discricionárias prescritas por comandos legais[212].

Apesar de abrir caminho para que o estudo das estratégias regulatórias avançasse para além da dicotomia entre detenção e persuasão, a *Responsive Regulation* também enfrenta muitas críticas, como visto em Baldwin, Cave e Lodge (2012, p. 261-265).

---

211. LODGE e WEGRICH, 2012, p. 82.

212. A partir de: BALDWIN, CAVE e LODGE, 2012, p. 259-260.

A primeira delas diz respeito aos casos em que os riscos relacionados a comportamentos de não *compliance* são muito altos, não sendo apropriado, do ponto de vista público, escalar a pirâmide passo a passo. A segunda é que, muitas vezes, depois da aplicação de sanções duras, regulador e regulado perdem a relação de confiança mútua, o que compromete a aposta subsequente em medidas persuasivas, com maior probabilidade de *compliance* pelos regulados. A terceira é que pode ser um desperdício aplicar o método da pirâmide de forma generalizada, já que regulados com comportamentos específicos necessitam medidas específicas, muitas vezes incompatíveis com a lógica de ascensão na pirâmide. A quarta, diz que a relação entre regulado e regulador não é isenta de interferências e falhas na comunicação, o que sempre impacta a confiança mútua e, por consequência, a estratégia pautada pela *Responsive Regulation*. E a quinta é que, independentemente do grau de confiança entre regulado e regulador, sempre existem outras variáveis condicionantes do uso ótimo das estratégias da *Resposive Regulation* e de seus resultados, como é o caso – para citar apenas estes – da limitação de recursos, de contextos políticos, da cultura do regulado ou do regulador, de amarras legais que obrigam punição, de riscos de legitimidade (por falta de transparência e prestação de contas).

Lodge e Wegrich (2012, p. 83-84) acrescentam outros desafios às estratégias pautadas pela *Responsive Regulation*. Para eles tal estratégia está longe de incorrer em poucos custos de *enforcement*, já que dependem de os fiscais estarem atentos às reações dos regulados em relação às medidas aplicadas. Comentam que a *Responsive Regulation* é criticada por ser inerentemente injusta, rompendo com a máxima de que todos são iguais perante a lei. Citam os autores que ela não aparenta ser facilmente ajustável se considerada a inércia do regulador e sua limitação informacional. Adicionam ao rol de desafios a dificuldade de treinar e formar fiscais capazes de interpretar de forma consistente a estratégia pautada pela *Responsive Regulation*. Uma outra crítica diz respeito à presunção de que todos os regulados são capazes, e não só desejam, seguir os conselhos e direcionamentos delineados pelo regulador nesse tipo de estratégia.

2.3.2. *Smart Regulation*

Outras duas críticas endereçadas à estratégia de *Responsive Regulation* serviram de alavanca para o surgimento de outra corrente, conhecida como *Smart Regulation*. A primeira dessas críticas[213] ressalta que a pirâmide de *enforcement* da *Responsive Regulation* presume a existência de um regulador único, não levando em consideração o fato de as funções regulatórias estarem por vezes fragmentadas entre diferentes agentes. A segunda[214] sustenta que em muitos contextos a solução

213. In LODGE e WEGRICH, 2012, p. 84.

214. In BALDWIN, CAVE e LODGE, 2012, p. 265.

regulatória não deve ser a escalada da pirâmide em direção a punições mais rígidas, mas sim a reconsideração das ferramentas e da estratégia regulatória geral aplicada.

Nesse sentido, conforme Lodge e Wegrich (2012, p. 84), a corrente da *Smart Regulation* destaca justamente a importância do uso de diversos agentes para influenciar o comportamento de *compliance* em vista de objetivos regulatórios, bem como recomenda a utilização do cruzamento entre punições mais brandas e severas, e outras ferramentas que estimulem o cumprimento voluntário das regras.

Baldwin, Cave e Lodge (2012, p. 265-267) explicam que a *Smart Regulation* é construída a partir da *Responsive Regulation*, mas se diferencia dela por extrapolar a relação Estado-Empresa e incluir terceiros como possíveis reguladores (empresas e quase reguladores – entendidos como as associações da indústria, de profissionais, organizações não governamentais). Em função disso, ressaltam os autores, a "pirâmide" idealizada pela *Smart Regulation* tem três lados e considera a possibilidade de a regulação combinar diferentes ferramentas a serem implementadas pelos diversos agentes.

Os autores usam uma tabela para caracterizar essas opções do regulador:

Tabela I – Pirâmide de *Smart Regulation*

Government as Regulator	***Business as Self-Regulator***	***Third Parties (Public Interest Group, etc.)***
Disqualifications	*Disqualification*	*Dismissal*
Penal Sanctions	*Sanctions*	*Discipline*
Notices	*Warnings*	*Promotions*
Warnings	*Guidance*	*Reviews*
Persuasion	*Education*	*Incentives*
Education	*Advice*	*Training Supervision*
Advice	–	*Advice*

Fonte: BALDWIN, CAVE e LODGE, 2012, p. 266.

Salientam que a *Smart Regulation* se utiliza da mesma lógica de escalar passo a passo a "pirâmide", mas com a possibilidade de o regulador fazer escaladas laterais ou misturar ferramentas para assegurar o *compliance* com as regras – o que, além de conferir maior amplitude a esse tipo de estratégia regulatória, também parece ser a principal contribuição dessa corrente ao estudo do tema.

De acordo com Baldwin, Cave e Lodge (2012, p. 157), tendo em vista as dificuldades relacionadas ao desenho de misturas ótimas ou de saber previamente quais combinações entre instituições e ferramentas funcionariam de forma harmônica, os principais expoentes da *Smart Regulation* – Neil Gunningham, Peter Gabrosky e Darren Sinclair – se debruçaram nessa questão e identificaram alguns tipos de misturas que classificam como (i) inerentemente complementares; (ii) inerentemente incompatíveis; (iii) complementares se sequenciais; e (iv) dependentes de certos contextos.

Gunningham, Gabrosky e Sinclair sugerem[215], por exemplo, que ferramentas de informação tendem a ser – inerentemente – complementares com a maioria das outras ferramentas regulatórias (de comando e controle, de consenso, de incentivos). Em oposição, as ferramentas prescritivas de comandos são inerentemente incompatíveis com a flexibilidade característica das ferramentas de incentivo. Para os casos de combinações múltiplas de ferramentas, a recomendação é levar em consideração o contexto específico e os riscos a serem controlados. Entretanto, Gunningham e Grabosky (in BALDWIN, CAVE e LODGE, 2012, p. 157-158) comentam que uma forma de lidar com essas complexidades relacionadas às combinações de várias ferramentas é usar uma estratégia sequenciada na busca por *compliance* – deve-se manter algumas ferramentas reservas, a serem utilizadas somente se os outros instrumentos comprovadamente falharem no alcance da *performance* esperada. As ferramentas reservas seriam, portanto, testadas onde as outras ferramentas falharam, tudo em vista aumentar a confiabilidade na estratégia combinada.

No que se refere às críticas direcionadas a esse tipo de estratégia regulatória, Baldwin, Cave e Lodge (2012, p. 266-267) afirmam que a *Smart Regulation* enfrenta os mesmos problemas relacionados à escalada passo a passo nas pirâmides idealizadas pela *Responsive Regulation* (não lidando de forma apropriada com situações de riscos altos atrelados a comportamentos de não *compliance* e desperdiçando tempo e recursos com regulados não cooperativos). Outra crítica se materializa no inerente desafio de coordenar um número grande de misturas de estratégias e de usos de diferentes ferramentas, o que complexifica o gereciamento de informações, a comunicação com os regulados, a gestão de recursos e tempo, bem como põe em evidência diferenças de crenças políticas difíceis de compatibilizar. Riscos relacionados à consistência, justiça e legitimidade dessas medidas também são levantados pelos autores.

Lodge e Wegrich (2012, p. 85) citam uma última, mas não menos importante, limitação da estratégia de *Smart Regulation*: a confiança na capacidade e motivação dos diferentes participantes para ascender na pirâmide e aplicar sanções mais duras, o que, para os críticos, pode ser visto como um risco ao alcance dos objetivos regulatórios.

215. In BALDWIN, CAVE e LODGE, 2012, p. 157.

2.3.3. *Problem-centered Regulation*

Segundo Baldwin, Cave e Lodge (2012, p. 267-268), outra alternativa de estratégia regulatória é oferecida por Malcom Sparrow, em seu trabalho *Regulatory Craft*.

Esse tipo de estratégia também se pauta pela escalada das intervenções ao longo da pirâmide, mas diferentemente da *Responsive* e da *Smart Regulation* – que enfatizam o uso de ferramentas e instituições variadas na busca dos objetivos regulatórios –, a *Problem-centered Regulation*[216] coloca a solução do problema como o centro da estratégia regulatória. Isso significa que a escolha do problema a ser tratado e das tarefas a serem seguidas para a solução desse problema devem preceder a escolha de quaisquer ferramentas e instituições a serem utilizadas.

Isso fica nítido quando Sparrow[217] ordena as etapas a serem cumpridas pelo regulador para a solução do problema regulatório: (i) nominar alguns problemas merecedores de atenção; (ii) defini-los de forma precisa; (iii) determinar a forma de medir os riscos que oferecem; (iv) desenvolver as soluções e intervenções a serem utilizadas; (v) implementar o plano; (vi) monitorar, revisar os resultados e fazer os ajustes necessários quando for o caso.

Para Baldwin, Cave e Lodge (2012, p. 268) as principais contribuições da *Problem-centered Regulation* à teoria regulatória foram chamar a atenção para as diferentes tarefas com as quais os reguladores precisam lidar; enfatizar a importância de avaliar os resultados e de alterar os desafios; e colocar o foco mais nos resultados esperados com a regulação do que na mera aplicação das regras vigentes.

Quanto às limitações dessa corrente de estratégia regulatória, Baldwin, Cave e Lodge (2012, p. 268) comentam que ela não leva em conta nem lida com os *trade-offs* relacionados às possíveis escolhas estratégicas dos reguladores nas diferentes etapas do processo de solução do problema, não apresenta um menu de opções sobre as diferentes abordagens e combinações de ferramentas possíveis, e corre riscos de falha se considerado que a definição de um problema específico não é trivial e costuma depender de muitas variáveis, o que exige do regulador um esforço de análise e de ações conjuntas para tratamento do problema, e não uma repartição da regulação em projetos específicos para solução isolada de problemas.

---

216. Tanto Baldwin, Cave e Lodge (2012, p. 267) quanto Lodge e Wegrich (2012, p. 86) aparentam entender tal estratégia como baseada em uma abordagem de risco, ou seja, mais focada no tratamento de comportamentos que representem risco significativo, e não naqueles descumprimentos de regras com pequeno impacto social e com considerável consumo de tempo e recursos.

217. In BALDWIN, CAVE e LODGE, 2012, p. 267.

2.3.4. *Really Responsive Regulation*

Dentre as correntes de estratégia regulatória citadas até aqui, a *Really Responsive Regulation*, de 2008, é a mais recente[218], com atualização em 2010 por seus idealizadores, Julia Black e Robert Baldwin.

Conforme visto em Baldwin, Cave e Lodge (2012, p. 269), essa corrente também avança sobre as bases da *Responsive Regulation* na medida em que oferece um modelo geral para se assegurar uma regulação responsável, em que aborda questões não tratadas diretamente por aquela corrente.

Os autores (2012, p. 269-271) apontam as duas principais mensagens da *Really Responsive Regulation*.

A primeira preceitua que, no momento do desenho, aplicação e desenvolvimento dos regimes regulatórios, os reguladores precisam adaptar suas estratégias em função do comportamento dos regulados, e também em função do comportamento de outros atores.

A segunda sustenta que os reguladores necessitam estar atentos e serem responsáveis quanto a cinco fatores cruciais ao exercício da regulação: 1) o comportamento, as atitudes e a cultura dos atores regulatórios – informações sobre a disposição e reação dos regulados sobre a regulação, o que inclui, entre outros, dados sobre o grau de *compliance* com as regras, sua posição e reputação no mercado, seu *modus operandi*, sua estrutura específica de poder; 2) as instituições estruturantes do regime regulatório – informações sobre a organização normativa do regulador relativa a hierarquia, padrões e processos, sobre a preponderância do uso de controles formais ou informais, sobre a distribuição de recursos e de pessoas na estrutura em que o regulador está estabelecido; 3) as diferentes lógicas envolvidas na escolha das abordagens e ferramentas regulatórias – de modo a evitar confusões e inconsistências que afetem o alcance dos resultados esperados; 4) a *performance* do regime regulatório no tempo – informações sobre o (in)sucesso das estratégias, abordagens e ferramentas que estão sendo utilizadas em busca de determinado objetivo regulatório; e 5) as alterações no cenário – informações sobre mudanças ocorridas que podem afetar toda a análise relativa a todos os outros quatro elementos cruciais, de modo a deixar sempre aberta a possibilidade de reanálise e de atualização da regulação.

Cumprindo o prescrito em ambas as mensagens, os idealizadores da *Really Responsive Regulation* acreditam[219] que o regulador estará dando a devida importância aos interesses divergentes em jogo, levando em consideração as variações de cultura, valores, ideias, comunicação e sistemas de controle existentes, relevando os impactos de forças institucionais internas e externas.

---

218. A publicação dos trabalhos de Ayres e Braithwaite, de Gunningham e Grabosky, e de Sparrow datam, respectivamente, de 1992, 1998 e 2000.

219. In BALDWIN, CAVE e LODGE, 2012, p. 271.

Transformando a segunda mensagem em tarefas a serem seguidas, a *Really Responsive Regulation* entende[220] que um regulador responsável precisa detectar o comportamento indesejável de não *compliance*, responder a esse comportamento desenvolvendo ferramentas e abordagens adequadas, assegurar a aplicação prática delas via *enforcement*, avaliar o seu sucesso ou falha e ajustá-las em vista a melhorar o *compliance* e corrigir os comportamentos indesejáveis.

Sobre a tarefa relacionada a detectar o comportamento indesejável, Baldwin, Cave e Lodge (2012, p. 272-273) comentam que um regulador realmente responsável buscará meios de superar dificuldades para detectar comportamentos nocivos e avaliará criticamente os seus meios de detenção.

Sobre responder a esses comportamentos indesejáveis, os autores (2012, p. 274) salientam que o regulador realmente responsável precisa ser sensível e medir os resultados alcançados com as ferramentas e abordagens escolhidas, bem como estar atento para evitar inconsistências na lógica e combinação entre elas.

No que se refere às tarefas de *enforcement*, argumentam Baldwin, Cave e Lodge (2012, p. 274-276) que um regulador realmente responsável não aplicaria a pirâmide de *enforcement* de modo rígido, mas sim levando em consideração contextos específicos, a *performance* obtida, as atitudes dos regulados, a lógica e as combinações possíveis entre as medidas de *enforcement*.

Já em relação à avaliação do (in)sucesso das ferramentas e abordagens, Baldwin, Cave e Lodge (2012, p. 276) ponderam que essa tarefa só será realmente responsável se identificar os itens-chaves que precisam ser endereçados pelo regulador para obter melhores resultados. Destacam que nesse processo o regulador deve levar em conta as atitudes dos regulados, as especificidades institucionais, a lógica e a combinação entre as ferramentas e abordagens, bem como ser sensível aos resultados alcançados e autorreflexivo quanto a sua atuação e quanto ao sistema que desenvolveu para medir esses resultados.

Quanto à tarefa de ajustar as ferramentas e abordagens escolhidas, os autores ressaltam que o regulador deve avaliar a necessidade real de ajuste, levar em conta a repercussão do ajuste nas cinco tarefas de *enforcement* e implementar de fato os ajustes no regime regulatório quando identificadas as necessidades de mudança.

A principal contribuição da *Really Responsive Regulation* para o estudo das estratégias regulatórias é a ênfase dada à existência de outras variáveis[221] a serem observadas pelo regulador responsável quando da tomada de suas decisões[222].

---

220. In BALDWIN, CAVE e LODGE, 2012, p. 272. Esse ordenamento de ações para o *enforcement* é conhecido na literatura como *DREAM framework: detecting, responding, enforcing, assessing, modifying*. Mais informações sobre ele em: BALDWIN, CAVE e LODGE, 2012, cap. 11.

221. Variáveis externas, representadas pelos cinco itens citados na segunda mensagem da *Really Responsive Regulation*.

222. A partir de: LODGE e WEGRICH, 2012, p. 85.

Ocorre, entretanto, como visto em Lodge e Wegrich (2012, p. 85), que a inclusão dessas novas variáveis na tomada de decisão regulatória tem um lado perverso: gera novas demandas informacionais, analíticas e materiais, o que pressiona os custos envolvidos e sobrecarrega os participantes da regulação[223].

Baldwin, Cave e Lodge (2012, p. 280) também veem esse ponto como o principal desafio da *Really Responsive Regulation*. Argumentam que esse tipo de estratégia exige muita informação, análise e recursos, o que dificulta sua aplicação prática, especialmente se consideradas as variáveis externas que condicionam a atividade regulatória, como são os casos de cortes orçamentários pelo governo, de culturas regulatórias específicas, das limitações da estrutura institucional vigente ou das condições gerais do mercado[224].

2.3.5. *Regulatory analysis*

Conhecidas as estratégias baseadas na *Responsive Regulation*, já se sabe agora que elas idealizam, com menor ou maior amplitude, um *modus operandi* a ser seguido pelo regulador para suceder na busca de seus objetivos. Mais, elas expressam o senso geral de seus idealizadores sobre o que seria uma boa regulação[225].

Não é preciso destacar que a definição de boa regulação é tópico de fortes embates, atrelado a discussões ideológicas já vistas quando da apresentação dos conceitos e teorias[226] que explicam o fenômeno regulatório.

Recentemente Lodge e Wegrich (2012, p. 6-9, 239 e 251-253) exploraram essa definição de boa regulação – *good regulation* – a partir de uma perspectiva regulatória analítica, mais problematizadora e menos prescritiva de soluções.

A essa perspectiva analítica os autores (2012, p. 6-9) dão o nome de *regulatory analysis* e querem com ela representar uma forma geral de pensar do regulador, desafiadora do conhecimento convencional, de dicotomias e estigmas que com frequência dominam a operacionalização da regulação.

---

223. Lodge e Wegrich (2012, p. 85) comentam que por esse motivo não é surpresa saber que pesquisas empíricas relacionadas ao (in)sucesso do uso dessa estratégia regulatória obtiveram resultados mistos. Vale registrar que os autores não indicaram as fontes dessa informação.

224. Não obstante, Baldwin, Cave e Lodge (2012, p. 280) registram que a resposta dos idealizadores dessa corrente a essas críticas seria a de que a limitação de recursos para analisar e ajustar a regulação sempre existirá, e que o que a *Really Responsive Regulation* pretende é oferecer um modelo geral para tratar questões regulatórias.

225. Essa ideia de boa regulação também está na origem da *Better Regulation*, que, da mesma forma, prescreve melhores formas de atuação do regulador para alcance de seus objetivos, inclusive com o uso de instrumento conhecido como análise de impacto regulatório, idealizado para realizar avaliações sobre os custos e benefícios relacionados a determinada intervenção regulatória. Ela não foi incluída neste trabalho como uma estratégia isolada no rol das estratégias regulatórias citadas por ter uma conotação política ampla, que transcende a ideia de ferramentas e abordagens regulatórias. Ela envolveu a formalização institucional, em âmbito internacional, de uma política de melhores práticas regulatórias (baseadas, em geral, na redução de custos regulatórios, menor intervenção estatal, inovação nos métodos para alcance dos objetivos, com sistemas de transparência e legitimação) (in BALDWIN, CAVE e LODGE, 2010, p. 262-263; e LODGE e WEGRICH, 2012, p. 192-194).

226. Vide itens 1.1 e 1.2 deste trabalho.

Para tanto, sustentam Lodge e Wegrich (2012, p. 7-8), que a *regulatory analysis* deve encorajar o aprendizado e a troca de informações acerca de experiências regulatórias, não para copiar e aplicar receitas prontas, mas para facilitar o desenvolvimento criativo e sistemático de mecanismos que tratem os problemas existentes. Deve preocupar-se não só com o alcance dos objetivos regulatórios, mas também com os gastos administrativos relacionados, e aceitar que a regulação está inserida em um contexto político, de conflito de interesses, não devendo ser vista, como querem muitos, como um processo tecnocrático e apolítico. Deve admitir que qualquer tipo de intervenção regulatória, seja ela mais dura ou mais branda, está sujeita a *trade-offs* e efeitos colaterais, que fiscais podem estar sobrecarregados, que agentes interessados podem adotar condutas hostis para impedir tais intervenções, que empresas não são capazes de monitorar suas subsidiárias.

Lodge e Wegrich (2012, p. 9) resumem que pensar como um regulador pautado por uma perspectiva de *regulatory analysis* consiste em: (a) analisar o problema específico; (b) considerar as diferentes opções de escolha regulatória; (c) promover amplo debate relacionado a tais opções; (d) estar ciente dos *trade-offs*, efeitos colaterais e consequências inesperadas e indesejáveis inerentes à escolha; e (e) perceber que a regulação envolve interesses diversos – políticos, econômicos etc. – e que necessita do suporte desses diferentes interessados.

Alertam os autores (2012, p. 252-253) que o viés contestador da *regulatory analysis* não deve ser entendido como um pretexto para sustentar uma visão pessimista de que nenhuma estratégia funciona, ou uma visão cínica de que todas elas dependem de vários fatores incontroláveis. Ressaltando o fato de o estudo da regulação já ser suficientemente crítico para conhecer os limites das diferentes estratégias regulatórias, explicam que o elemento de contestação da *regulatory analysis* está relacionado à necessidade de destilar os problemas regulatórios atuais, analisando-os em função de suas principais preocupações, para então desenvolver as diferentes soluções possíveis – sem nunca perder de vista os limites e oportunidades estabelecidos pelas variáveis institucionais e políticas.

Salientando conhecer o desafio de combinar esse viés contestador com a necessidade prática de solucionar um problema regulatório, bem como de ir de encontro à preferência geral dos reguladores em seguir regras, Lodge e Wegrich (2012, p. 253) adicionam dois outros passos a serem incorporados pelo regulador pautado pela *regulatory analysis* para não cair na armadilha de soluções baratas dadas por especialistas. Primeiro, o regulador deve ter uma percepção crítica sobre os vieses de interesse dos agentes e sobre o uso implícito de premissas específicas que não se adequam ao caso concreto. Segundo, ele deve maximizar a fase de escolha das opções regulatórias, de modo a ser capaz de conhecer, entender, dialogar e aplicar as diferentes soluções possíveis a determinado problema.

Apesar de Lodge e Wegrich (2012) não usarem a expressão *Regulatory Analysis* para configurar objetivamente um tipo de estratégia regulatória, acredito que esta pode ser assim entendida por cumprir com os dois sentidos dados anteriormente[227] à expressão "estratégia regulatória": por condicionar a ação/reação do regulador às ações/reações dos regulados no complexo jogo regulatório; e por combinar ferramentas, abordagens e estratégias regulatórias em vista do alcance dos objetivos públicos a que a regulação se destina.

Para finalizar, a estratégia pautada na *Regulatory Analysis* soa menos prescritiva do que as estratégias derivadas da *Responsive Regulation* por tratar o tema das escolhas regulatórias sob uma perspectiva analítica mais ampla, mais focada na complexidade dessas escolhas, nos *trade-offs* que envolvem, nos efeitos colaterais que podem produzir – e menos na prescrição de melhores opções, como, por exemplo, as de que as ferramentas de comando e controle só devem ser utilizadas em último caso.

De todo exposto, ao fim dessa primeira parte do trabalho, espera-se que o leitor tenha percebido a complexidade relativa às escolhas regulatórias, e a importância de o regulador qualificar suas estratégias para alcance dos objetivos públicos que a regulação persegue.

227. Vide item 2.3 deste trabalho.

PARTE II

REGULAÇÃO DE ACESSO ÀS REDES DE TELECOMUNICAÇÕES

Capítulo 3

REGULAÇÃO DAS TELECOMUNICAÇÕES

O Capítulo 3 tem o objetivo de circunscrever a temática relativa às escolhas e estratégias regulatórias ao âmbito das telecomunicações. Nesse processo é importante notar que especificidades próprias do setor complexificam e condicionam as decisões regulatórias, devendo ser vistas como variáveis de conteúdo (setoriais), também integrantes da caixa de ferramentas do regulador. É essa a complexidade que as regras regulatórias e o direito econômico precisam enfrentar no âmbito dos mercados de telecomunicações no Brasil.

O capítulo começa apresentando características-chaves das indústrias de rede, bem como detalhando peculiaridades do setor das telecomunicações e fundamentando o tratamento regulatório estatal normalmente despendido (em função dessas suas peculiaridades). A seguir destacam-se os principais objetivos públicos associados à regulação das telecomunicações, quais sejam universalização e competição na prestação do serviço. Feita essa separação, e dados os objetivos da pesquisa, na sequência o capítulo foca a complexa tarefa de regulação da concorrência no setor, já preparando o leitor para adentrar a discussão concernente aos regimes regulatórios de acesso a redes de telecomunicações e a suas estratégias de *compliance*.

3.1. O SETOR

O setor das telecomunicações se insere no rol das indústrias de infraestrutura – também conhecidas como indústrias de rede[228], *public*

228. NEWBERY, David M. *Privatization, restructuring, and regulation of network utilities*. London: The MIT Press, 2001, p. 1. Disponível em: <http://books.google.com.br/books?hl=pt-BR&lr=&id=2bAJl4UbzNAC&oi=fnd&pg=PR9&dq=NEWBERY,+-David+M.+(2001).+Privatization,+Restructuring,+and+Regulation+of+Network+Utilities.&ots=6Owt8UHZbT&sig=mwRwZVqs-BAbnqNVzexWuLvcKB7U#v=onepage&q=NEWBERY%2C%20David%20M.%20(2001).%20Privatization%2C%20Restructuring%2C%20and%20Regulation%20of%20Network%20Utilities.&f=false>. Acesso em: 8 set. 2012. Shy (*The economics of network industries*. Cambridge University Press, 2001, p. 1-3. Disponível em: <http://ozshy.50webs.com/gradnet11.pdf>. Acesso em: 8 set. 2012) sustenta que as principais características de uma *indústria de rede* são: complementariedade, compatibilidade

utilities[229] –, assim classificadas por apresentarem algumas características que ensejam atenção especial por parte do Estado[230].

Uma primeira característica: seus bens ou serviços, de grande importância social, só podem ser prestados a partir de uma determinada infraestrutura fixa, que muitas vezes possui atributos de monopólio natural[231], o que restringe o livre desenvolvimento da competição.

Essas indústrias produzem externalidades positivas do ponto de vista econômico-social e estão sujeitas aos chamados efeitos de rede. Exemplificando, a prestação de serviços de saneamento básico gera benefícios para a saúde pública de uma localidade (externalidade positiva), e esses benefícios serão tão maiores quanto maior for o número de usuários que tiverem acesso à rede por meio da qual se presta esse serviço (efeito de rede). Tais características implicam que a existência dessas infraestruturas oferece vantagens significativas para o desenvolvimento econômico e social das localidades onde elas se fazem presentes.

Terceiro, o fato de essas redes estarem estruturadas em diferentes espaços físicos e precisarem de manutenção e modernização exige funções organizativas, planejadoras, referentes à necessidade de passagem delas por diferentes propriedades (direito de passagem).

Mais, os preços cobrados por esses serviços essenciais repercutem de diversas formas no âmbito econômico e social. Altos preços de energia elétrica podem desaquecer a produção industrial e limitar sua competitividade em nível internacional, ou altos preços de serviços de banda larga podem restringir o acesso de muitos cidadãos à internet, criando um abismo digital na sociedade. Para impedir efeitos indesejáveis como estes surgem demandas para a universalização desses serviços essenciais, com a consequente necessidade de definição de formas

---

e padrões técnicos; a existência de externalidades de consumo; o consumidor possui dificuldades para trocar de ofertante; a produção do bem está associada a significativas economias de escala.

229. Tal expressão está associada à experiência norte-americana de regulação dessas atividades privadas afetas ao interesse público, formada, originalmente, a partir de julgados da Suprema Corte dos Estados Unidos que discutiam a constitucionalidade de leis estaduais que instituíam para empresas de armazenagem e transporte ferroviário de cargas agrícolas o controle de seus preços. O caso mais famoso envolveu a empresa Munn e o estado de Illinois, com decisão em 1877 (TÁCITO, Caio. *O equilíbrio financeiro na concessão de serviço público*, p. 17. Disponível em: <www.bibliotecadigital.fgv.br/ojs/index.php/rda/article/download/.../20348>. Acesso em: 2 out. 2014).

230. Conforme visto em Lodge e Wegrich (2012, p. 156-158). Outros exemplos seriam os setores de energia, ferrovias, outros transportes públicos, água.

231. Segundo Baldwin, Cave e Lodge (2012, p. 444) um monopólio natural surge quando um determinado mercado é servido de forma mais barata por um único ofertante e não por vários – situação em que haveria riscos de prejuízos operacionais, dado o aumento do custo médio por usuário atendido, e riscos de interrupção da prestação desses serviços. Conforme Sanford Berg et al. (1988, p. 1-5) são cinco as especificidades próprias dos serviços que justificam, naturalmente, sua prestação via monopólio: (i) são intensivos em capital, com custos fixos significativos e sujeitos a economias de escala; (ii) são essenciais à coletividade; (iii) não são estocáveis, caso haja variações na demanda; (iv) só são produzidos em áreas com atratividade econômica, que garantam a sua rentabilidade; e (v) pressupõem conexões físicas diretas ao consumidor final.

de viabilizar sua prestação – via subsídios cruzados[232], por exemplo – em áreas de baixa atratividade econômica.

Essas indústrias têm papel significativo não só no planejamento militar das nações, mas também no planejamento comercial, diplomático, como ficou evidente no episódio recente sobre o vazamento de informações de espionagem cibernética empreendida pelo governo norte-americano – *Caso Snowden*[233] – contra alguns países.

Por fim, existem questões específicas relativas à continuidade da prestação desses serviços. É fundamental que exista oferta suficiente para lidar com as circunstâncias inesperadas, eventos extremos provocadores de demanda excessiva pelo serviço, como no caso de um inverno rigoroso que provoque maior consumo de gás ou eletricidade para calefação, ou de uma estiagem muito longa que demande racionamento do consumo de água.

O setor das telecomunicações tem em comum com as outras indústrias de infraestrutura as características citadas acima e também o fato de nos últimos trinta anos ter sido objeto de reformas institucionais[234], marcadas, especialmente, pelos processos de privatização e liberalização[235], pela ascensão das agências reguladoras e pela contratualização dessa relação público-privada[236].

Como já visto, essas reformas iniciadas a partir dos anos 1980 consubstanciaram o movimento de ascensão do Estado regulador em substituição ao Estado planejador. Entretanto – já sinalizando a complexidade de algumas escolhas regulatórias atinentes a variáveis de conteúdo no setor –, apesar das características gerais desse movimento, vale aqui alertar o leitor de que existem formas distintas de os Estados as implementarem. E a escolha dessas estruturas institucionais primárias costuma condicionar escolhas regulatórias posteriores, por isso serão aqui registradas.

Lodge e Wegrich (2012, p. 161-163) citam algumas variações possíveis dessas escolhas de estruturas institucionais primárias. Apontam, por exemplo, que o processo de privatização pode se dar com a transferência total ou parcial dos ativos públicos para as mãos da iniciativa privada; que pode prever tão somente uma mudança de *status* legal, sem transferência da propriedade dos ativos; ou que pode acontecer via contrato de concessão pública dos direitos para exploração dos serviços pelos privados; ou que pode exigir direitos de veto pelo Estado – *golden-share*; ou que pode permitir ou proibir a existência de algum ofertante

232. Tal mecanismo de financiamento será abordado no próximo tópico.

233. Disponível em: <http://g1.globo.com/mundo/noticia/2013/07/entenda-o-caso-de-edward-snowden-que-revelou-espionagem-dos-eua.html>. Acesso em: 2 out. 2014.

234. Para informações detalhadas sobre as referidas reformas no setor das telecomunicações em nível mundial, vide: FARACO, 2001, p. 66-93.

235. Conforme visto em Faraco (2001, p. 54), vale ressaltar que privatização e liberalização de mercados são processos diferentes entre si, podendo acontecer de forma independente uma da outra.

236. In LODGE e WEGRICH, 2012, p. 156.

estatal, bem como permitir ou proibir investimentos do Estado nas empresas privadas, haja vista os riscos de essa escolha conflitar com a função reguladora que ele já exerce nessas indústrias.

No que tange ao processo de liberalização desses mercados à competição, os autores (2012, p. 165 e 167) indicam que ele pode se dar permitindo ou proibindo a integração vertical nessas indústrias, pode usar mecanismos de fomento à competição no mercado ou pelo mercado – via processos licitatórios.

Quanto ao desenho das agências reguladoras, Lodge e Wegrich (2012, p. 169-172) comentam haver possibilidade de elas se organizarem com a figura de um líder individual ou via direção coletiva, com conselheiros com mandatos de curto ou longo prazo, com direito ou não a recondução, escolhidos pela pasta ministerial, pelo congresso ou pelo próprio regulador. Também quanto a esse aspecto não existe uma única escolha possível.

Por último, no que se refere à formalização entre entes públicos e privados, ressaltam que ela pode se dar via contratos de concessão que podem amarrar as partes quanto à obrigatoriedade de prestação de serviços básicos, quanto ao preço a ser cobrado pelo serviço ou quanto à taxa de retorno acordada, por exemplo.

Ademais disso, há variáveis de conteúdo associadas à própria operação dos serviços de telecomunicações que precisam ser exploradas, dado o fato de influírem nas escolhas e estratégias regulatórias no setor.

Nesse sentido, acredito ser importante analisar, ainda que de forma muito simplificada – dada minhas limitações técnicas –, a estrutura produtiva básica do setor, as principais características de suas redes, bem como a importância da variável tecnológica no seu desenvolvimento.

Do ponto de vista da estrutura produtiva, há que se abordar características relativas aos serviços de telecomunicações em si e aos seus prestadores.

Conforme visto em Faraco (2001, p. 6), telecomunicação significa comunicar à distância. No passado essa noção das telecomunicações estava associada ao serviço de telefonia fixa. Hoje ela é bem mais ampla, compreendendo serviços móveis e não se restringindo a comunicações via voz, sendo possível também o uso de dados e imagens via internet[237].

Para serem prestados, os serviços de telecomunicações dependem, inevitavelmente, da estruturação de uma rede entre os usuários, a qual está suscetível aos já citados efeitos de rede: a utilidade dessa infraestrutura será maior quanto maior for o número de pessoas nela baseadas. Essa afirmação respeita a regra conhecida como *Lei de Metcalfe*[238], que sustenta que o valor de uma rede de telecomunicações é determinado pelo quadrado do número

---

237. Essa evolução será detalhada quando for abordada a importância da variável tecnológica no desenvolvimento do setor.

238. Visto em Couto e Zierbath (2012, p. 81).

de usuários conectados ao sistema menos o número de usuários conectados ao sistema ($n^2 - n$). O resultado dessa conta matemática reflete o número potencial de conexões possíveis entre os integrantes dessa rede, e por isso serve como medida de seu valor e utilidade.

Admitindo como dada a privatização e liberalização do setor de telecomunicações, os diferentes operadores prestam seus serviços utilizando-se de diferentes redes (sejam próprias ou contratadas). Isso implica que todos os usuários do sistema só conseguirão se comunicar com todos os outros usuários do sistema se as redes utilizadas pelos diversos operadores de telecomunicações estiverem integradas.

Apesar de todos os operadores dependerem dessa integração das redes para alcançar todos os usuários do sistema, o fato de uns explorarem redes próprias e outros não, ou de as redes de uns possuírem maior capilaridade – e utilidade – do que a de outros cria uma situação em que uns dependem mais da contratação das redes dos outros para prestarem seus serviços ao usuário final. Não por acaso aqueles que possuem redes com maior cobertura e que conseguem de forma independente conectar grande parte dos usuários do sistema não se sentem incentivados a ofertar sua infraestrutura a operadores sem rede ou integrá-la com operadores com menor quantidade de rede – especialmente porque ambos competem, normalmente, pelos mesmos clientes.

Ainda admitindo um cenário geral de setor privatizado e liberalizado, os serviços de telecomunicações podem, então, ser divididos em varejistas e atacadistas. Na relação direta com o usuário o operador presta serviços varejistas,; na relação com outro operador de telecomunicações os serviços são de atacado. Se no varejo o operador disponibiliza o acesso do terminal do usuário – residencial ou corporativo – à rede que viabiliza a comunicação à distância, no atacado o operador oferta a interconexão entre sua rede com a rede do operador demandante, ou oferta um determinado trecho de rede que garanta o acesso do terminal do usuário final à rede do operador demandante.

Falando, então, dos prestadores de serviços, mas sem descer às especificidades de cada serviço de telecomunicações e de cada modelo de negócios possível[239], normalmente[240] os operadores do setor podem focar sua atuação no atacado, no varejo ou em ambos os segmentos.

No primeiro caso eles são operadores especializados em ofertar serviços de rede a outros operadores, sendo conhecidos como *carrier-to-carrier*. São operadores que desenvolvem rede própria, atividade intensiva em capital e com significativos custos transacionais, associados, por exemplo, a

239. Em Terplan e Morreale (*The telecommunications handbook*. Boca Raton: CRC Press LLC, 2000) é possível obter informações mais detalhadas sobre as especificidades dos serviços (item 1.1.1.4) e sobre os possíveis perfis de atuação de operadores de telecomunicações (item 1.1.3.2.2).

240. Desde que não haja restrições institucionais que impeçam, por exemplo, a existência de mais de um operador de atacado, ou a integração vertical dos operadores.

licenciamentos junto a órgãos públicos, contratação de direitos de passagem e de infraestrutura passiva, se já existente. Quando não possuem qualquer atividade nos mercados varejistas do setor – nem direta nem indiretamente – eles não apresentam razões econômicas para discriminar operadores demandantes de sua rede.

Ao revés, existem operadores especializados em atender o usuário final. Essa especialização pode ser voltada tanto a usuários residenciais como corporativos, e a prestação do serviço pode se viabilizar com maior ou menor investimento na construção de redes próprias. Para esses operadores a contratação de acesso à rede do operador com maior cobertura é vital: a indisponibilidade dessas ofertas atacadistas para equiparar os efeitos de rede, a cobrança de preços excessivos por esse insumo, o atraso ou a entrega de conexões de baixa qualidade podem eliminar qualquer chance de ele competir nos mercados varejistas que pretende atacar. Contudo, é bom que se diga, não é raro existirem operações varejistas focadas em áreas bem delimitadas, e que têm como estratégia o uso e expansão de redes próprias como forma de minimizar a dependência dos operadores com maior planta de rede. Tampouco pode-se deixar de mencionar que alguns desses operadores varejistas costumam realizar atividade atacadista, quando pontualmente ofertam ou fazem *swap*[241] de redes com outros operadores.

Por fim, existem os operadores que atuam em grande escala no atacado e no varejo. São operadores integrados verticalmente na cadeia produtiva, estruturados para prestar serviços de rede e para servir o usuário final, residencial e/ou corporativo. Os que assumiram a operação das redes legadas do Estado – quando da privatização e da liberalização dos mercados – possuem planta de rede capilarizada, e por esse motivo são sempre demandados a ofertar no atacado. São conhecidos como incumbentes, pioneiros no mercado quando de sua abertura, o que lhes valeu (vale) vantagens competitivas consideráveis como, por exemplo, contratos de direito de passagem e de uso de postes em condições favorecidas, informações sobre toda a base inicial de usuários do setor e custo unitário menor dada a escala inicial de sua operação[242].

Outra variável de conteúdo que precisa ser analisada pelo regulador para definir objetivos e, consequentemente, estratégias regulatórias no setor são as redes de telecomunicações. Estas podem influenciar tanto as decisões relativas à universalização do serviço básico como as relativas ao fomento à competição nos mercados.

---

241. Troca.

242. Baldwin, Cave e Lodge (2012, p. 454) explicam que, pelo fato de existirem ganhos de escala associados ao tamanho da rede de distribuição, operadoras com maior número de clientes possuem vantagem de custo em relação a suas concorrentes menores. E essas vantagens derivam da redução no custo unitário que a escala do negócio (quanto mais usuários atendidos, maior o denominador para se dividir o custo total da operação), mas também das economias de densidade a que está sujeito (áreas urbanas proporcionam um denominador maior do que áreas rurais, por exemplo).

Basicamente as redes de telecomunicações podem ser divididas em redes de mediação e redes de difusão, conforme visto em Faraco (2001, p. 7). As primeiras são as que permitem criar uma ligação entre pontos determinados, sendo que a transmissão da informação entre elas assume forma bidirecional – ambos os pontos podem funcionar como emissores ou receptores da informação. Exemplos de redes de mediação são as de telefonia fixa e móvel, e as de transmissão de dados. Já nas redes de difusão a informação parte apenas de um ponto da rede em direção aos seus receptores, os quais, em princípio, não têm condições de interagir com o emissor. Ou seja, é uma via de mão única, unidirecional. As redes de radiodifusão são exemplos desse tipo.

As primeiras redes de telecomunicações foram estruturadas respeitando o princípio da comutação de circuitos[243] e a partir de hierarquias de centrais que se interconectam. Faraco (2001, p. 11-12) elucida o processo de organização dessa teia de redes[244]. Os terminais dos usuários se conectam a uma central de comutação local, que costuma atender uma área de cinco a sete quilômetros de raio. Essas centrais locais são conectadas entre si, e também respeitando a lógica da comutação – para evitar a necessidade de conexões diretas entre todas elas[245]. Isso implica a existência de um outro tipo de centrais, conhecidas como centrais tandem, às quais as centrais locais estão conectadas – e que quando também conectam algum terminal de usuário diretamente são chamadas de centrais mistas. A comutação entre as centrais tandem e as mistas se faz, por sua vez, por meio das centrais de trânsito. Complementa o autor que as centrais de trânsito se conectam com as centrais de trânsito interurbano, que, para realizar a comutação entre os usuários de cidades distintas, conectam-se entre si. Para a comunicação internacional, as centrais – de interurbano, mas mesmo as locais – se conectam à central de trânsito internacional.

A figura a seguir (PIRES, 2006, p. 17) ilustra essa relação de hierarquia entre essas redes telefônicas, facilitando o entendimento do leitor.

---

243. Faraco (2001, p. 10) destaca que a comutação é o que torna possível a um usuário contatar milhões de outros espalhados pelos mais diversos lugares, sem a necessidade de uma conexão direta entre eles, mas via conexões entre centrais que os conectam. O autor explica (2001, p. 10) que a comutação "significa que a conexão feita entre dois pontos existe apenas enquanto a ligação estiver sendo realizada [...]. Uma vez tendo a ligação chegado ao seu fim, a capacidade e os equipamentos que estavam sendo utilizados para possibilitá-la poderão ser empregados em outras ligações feitas pelos demais usuários". Hoje também existe a comutação por pacotes de dados, que opera a partir de roteadores responsáveis pelo encaminhamento da comunicação.

244. As redes podem ser organizadas a partir de diferentes topologias. Algumas das principais topologias são a de barramento, a de anel, a de malha, a de estrela e a de árvore, como se pode ver em: PIRES, João J. O. *Sistemas e redes de telecomunicações*. Portugal, Instituto Superior Técnico, 2006, p. 6-8. Disponível em: <http://cadeiras.iscte-iul.pt/STC/Acetatos/SRT 2006.pdf>. Acesso em: 3 out. 2014.

245. Mas Faraco (2001, p. 12) destaca que nada impede que existam conexões físicas entre elas quando houver um tráfego grande naquela rota.

Figura 7 – Hierarquia das Redes Telefônicas

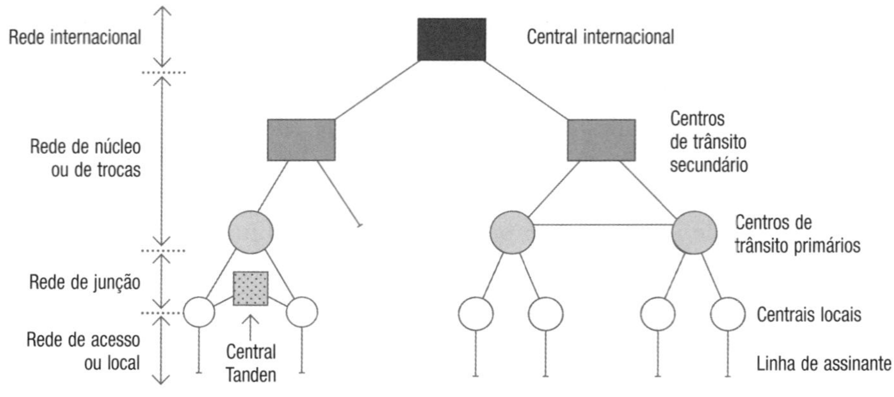

Fonte: PIRES, 2006, p. 17.

Em alguma medida esse desenho explica por que nas telecomunicações as redes costumam ser segmentadas em acesso local, transporte intermediário e transporte de longa distância[246].

As primeiras são o que se conhece como última milha ou rede de acesso, trecho mais capilarizado, que liga diretamente o usuário a uma central de comutação local. Equivalem às redes de distribuição nas outras indústrias de infraestrutura, mas, diferentemente delas, no caso das telecomunicações já não são de antemão consideradas como trechos com características de monopólio natural[247]. Essa não presunção deriva do fato de existir mais de uma rede local competindo em certas áreas – caso das redes de cabo coaxial que hoje se prestam a todos os serviços de telecomunicações[248] –, e de avanços tecnológicos[249] que podem viabilizar operacional e financeiramente o acesso aos usuários via redes sem fio. Isso não significa, todavia, que os trechos locais das redes de telecomunicações são, de fato, replicáveis. A possibilidade de replicação dessas redes nos últimos tempos parece representar, ao contrário, uma relativização da certeza até então existente de que as redes locais de telecomunicações apresentavam características de monopólio natural.

As redes de transporte intermediário são as metropolitanas, conhecidas também como *backhaul*, que conectam as centrais locais às centrais tandem e

246. No site <http://www.teleco.com.br/tutoriais/tutorialropassival/pagina1.asp> há informações detalhadas sobre essas segmentações. Acesso em: 4 out. 2014.

247. Conforme visto em: BALDWIN, CAVE e LODGE, 2012, p. 454 e 456.

248. BALDWIN, CAVE e LODGE, 2010, p. 502.

249. Idem, ibidem, p. 501.

mistas, bem como as conectam via centrais de trânsito. Este é um trecho replicável da rede, sem características de monopólio natural[250].

Já as redes de longa distância, como o próprio nome indica, conectam as centrais de trânsito interurbano e internacional. Elas são também conhecidas como *backbone* e tampouco apresentam especificidades de monopólio natural[251].

As redes de telecomunicações podem se estruturar utilizando-se de meios físicos, meios não físicos e de ambos. Conforme visto em Faraco (2001, p. 13), o uso de quaisquer desses meios não afeta o tipo de informação a ser transmitida, mas existem variações relacionadas à capacidade e qualidade da transmissão, nível de investimento e recursos necessários para sua construção, como se verá, o que pode impactar na dinâmica concorrencial dos mercados de telecomunicações.

Os meios físicos são também conhecidos como meios confinados. Os tipos comumente usados são os cabos de cobre, coaxiais e de fibra ótica, mas eles podem ser combinados, criando o que se chama de meios híbridos (PIRES, 2006, p. 62) – como é caso das redes HFC (*Hybrid Fiber Coax*), por exemplo.

As redes baseadas em cabos de cobre remontam aos tempos do Estado prestador do serviço de telefonia fixa, o qual exigia pouca capacidade de banda para transmissão da informação. Ao longo dos anos esses cabos foram sendo substituídos por meios com maior capacidade de transmissão, dado o advento da internet. Isso se deu inicialmente nos trechos metropolitanos e de longa distância, onde o investimento era menos arriscado, pois o consumo desse trecho de rede é alto. Os trechos locais, por sua vez, foram objeto de melhorias tecnológicas que permitiram aos cabos de cobre aumentarem sua banda para atender a esse aumento da demanda dos usuários. Isso se deu a partir do desenvolvimento de tecnologias DSL[252].

Os cabos coaxiais eram costumeiramente usados para formar redes que suportavam serviços de televisão paga – quando ainda se caracterizavam por carregar sinais em somente uma direção, do emissor ao receptor, como visto em Faraco (2001, p. 7). Hoje em dia tais meios já estruturam redes de mediação, com capacidade de emitir e recepcionar sinais, e existem ofertas de 100 Mbps aos

250. Idem, ibidem, p. 503.

251. Idem, ibidem.

252. *Digital subscriber lines*. Conforme se vê em Bourreau e Dogan (*Service-based vs Facility-based competition in local access networks*. June 11, 2003, p. 3. Disponível em: <http://www.sciencedirect.com/science/article/pii/S0167624503000726>. Acesso em: 9 out. 2014), alguns exemplos dessas tecnologias DSL são a ADSL (*Asymmetric Digital Subscriber Line*) e VDSL (*Very High Data Rate DSL*), mais usadas para atendimento de mercados residenciais, e HDSL (*High Data Rate DSL*) e SDSL (*Symmetric DSL*), com foco no mercado corporativo. Essas tecnologias suportam velocidades de transmissão distintas, mas seu uso depende da distância máxima entre a rede de cobre que conecta o usuário e o último nó dessa rede. Se, por exemplo, a rede de cobre entre o usuário e o último nó de rede for superior a 1,5 km, então não é possível utilizar a tecnologia VDSL, a que possui maior capacidade de transmissão.

clientes, quando usada a tecnologia DOCSIS[253] 3.0, por exemplo[254], podendo, a depender de sua capilaridade, competir com as redes legadas de cobre e pressionar os incumbentes por investimentos na modernização destas.

As redes de fibra ótica são conhecidas como redes de nova geração[255], mais bem preparadas para suportar o volume de dados demandado pelos usuários nos dias de hoje. Já existem ofertas de até 1 Gbps, como no caso da *Google Fiber*[256]. A fibra ótica é hoje o meio normalmente utilizado nos trechos intermediário e de longa distância das redes, mas sua aplicação nos trechos locais ainda é limitada, dado o alto volume de investimentos necessários[257].

Diferentemente das redes físicas, redes sem fio[258] usam como meio o espectro de radiofrequência. Os serviços de telecomunicações prestados via satélite, os serviço móveis e de rádio enlace[259] dependem desse recurso escasso, sendo normalmente muito disputado por operadores. Por representarem alternativa mais barata[260], as redes sem fio costumam ser priorizadas – nos trechos intermediário e local – em áreas rurais, menos adensadas, de difícil acesso físico. No entanto, mesmo em regiões urbanas, quando não existirem obstáculos impedindo a visada entre um ponto e outro, muitas vezes elas servem como alternativa para viabilizar o acesso local (não físico) ao usuário final.

Elas podem ser divididas em redes móveis e nomádicas. As primeiras são as redes utilizadas para prestação dos serviços de celular, que permitem que o terminal do usuário se reconecte a antenas mais próximas a ele à medida que se desloca[261]. Já as redes nomádicas, apesar de serem sem fio, não permitem uma reconexão quando o terminal do usuário estiver em uma área além do limite de cobertura da antena emissora do sinal. Nesse caso, o terminal se conecta de forma exclusiva a uma antena, o que restringe a prestação do serviço a partir daquela rede sem fio[262].

---

253. *Data Over Cable Service Interface Specification.*

254. Vide menção à oferta da operadora de cabo Comcast nos Estados Unidos. Disponível em: <http://www.highspeedexperts.com/know-your-docsis/>. Acesso em: 4 out. 2014.

255. *NGN – Next Generation Nets.*

256. Disponível em: <https://fiber.google.com/about2/>. Acesso em: 4 out. 2014.

257. Existem estimativas de que a substituição da rede de acesso de cobre por fibra nos Estados Unidos e Europa alcançaria a cifra de centenas de bilhões de dólares, conforme visto em: ALEXIADES, Peter; CAVE, Martin. Regulation and competition law in telecommunications and other network industries. In BALDWIN, CAVE e LODGE, 2010, p. 506.

258. Mais informações sobre redes sem fio podem ser encontradas em <http://www.teleco.com.br/tutoriais/tutorialredesemfiol/pagina 2.asp> e também no item 2.4 de Terplan e Morreale (2000).

259. No site <http://www.teleco.com.br/tutoriais/tutorialrdig/pagina 5.asp> detalhamentos sobre esse serviço. Acesso em: 4 out. 2014.

260. Há que se dizer, entretanto, que a prestação de um serviço de telecomunicações a partir de uma rede sem fio pode pressupor licitações para exploração de espectro, o que envolve altas cifras, como nos casos brasileiros dos leilões relacionados a radiofrequências satelitais e radiofrequências para o serviço móvel pessoal (celulares).

261. Explicações sobre esse processo operacional estão em Pires (2006, p. 26-28).

262. Um exemplo disso no mercado brasileiro seria o serviço de telefonia fixa TIM Casa, que permite que seu cliente, usando o terminal móvel, receba chamadas locais fixas dentro de casa a partir de uma rede sem fio nomádica (antena) instalada ali.

Apesar das redes sem fio possuírem capacidade de transmissão maior do que a que tinham no passado recente, ainda hoje sua melhor tecnologia não alcança as velocidades obtidas pelas melhores tecnologias que se utilizam de meios físicos. Outra limitação é a de que os serviços prestados a partir desses meios não físicos são mais suscetíveis a eventos climáticos como ventos e chuvas fortes, quando a qualidade da transmissão da informação pode ficar prejudicada[263]. Essas características precisam ser consideradas pelo regulador para avaliar a dinâmica competitiva em diferentes mercados de telecomunicações.

Se existem diferenças entre meios físicos e não físicos, todas as redes de telecomunicações têm em comum o fato de pressuporem infraestruturas passivas, base necessária para a instalação dos equipamentos que realizam a transmissão eletrônica. Além dos cabos, dutos, condutos, valas e postes são itens importantes na formação de uma rede constituída por meios físicos. Torres e outras infraestruturas para sustentação de antenas também o são para redes sem fio. A partir de Faraco (2001, p. 245) as infraestruturas passivas podem ser contratadas ou construídas, mas dado o fato de essa construção envolver altos custos financeiros e transacionais, e de provocar externalidades negativas ao bem-estar da sociedade, normalmente prefere-se contratá-la, quando existente. A questão é que há problemas de escassez do insumo, com repercussões no seu preço e, em casos mais críticos, na sua disponibilidade – nem sempre há espaço físico disponível para lançamento de um novo cabo em um duto já enterrado ou em um poste com todas as posições ocupadas, ou de colocação de uma nova antena em uma torre existente dada sua limitada capacidade de sustentação.

A próxima variável de conteúdo a ser analisada aqui diz respeito à intensa dinâmica tecnológica do setor das telecomunicações. Elas também podem afetar objetivos regulatórios e as escolhas das estratégias.

Se na origem os serviços de telecomunicações eram fixos, baseados em redes físicas, hoje eles também são móveis e se utilizam de redes sem fio. Se estavam exclusivamente associados ao serviço de telefonia, à transmissão da voz dos usuários, hoje eles são identificados como serviços de comunicações eletrônicas, comportando a transmissão de voz, dados ou vídeos a partir de tecnologias que não mais se apoiam na comutação de circuitos mas na comutação de pacotes de dados via roteadores.

O processo de *convergência tecnológica* é exemplo pronto dessa capacidade de transformação do setor via tecnologia. Segundo Laguna de Paz[264], tal processo começou quando a digitalização dos sinais uniformizou a linguagem numérica e permitiu que as diferentes redes de telecomunicações transmitissem pacotes de dados com os mais variados serviços – som, imagem e dados –, bas-

263. Item 2.4.2.1 de Terplan e Morreale (2000).

264. COUTO, Jonas Antunes. Telecomunicaciones: regulación de las redes de nueva generación en España. *Apuntes Legislativos 34*. Instituto de Investigaciones Legislativas. Congreso del Estado de Guanajuato, 2009, p. 50-51. Disponível em: <http://www.congresogto.gob.mx/uploads/contenido estudio/archivo/39/34.pdf>. Acesso em: 6 out. 2014. Alexiades e Cave também abordam o tópico concernente à convergência tecnológica (in BALDWIN, CAVE e LODGE, 2010, p. 503).

tando para isso que a rede possuísse largura suficiente de banda. Ou seja, redes antes destinadas a prestar exclusivamente os serviços de voz ou de televisão paga poderiam ser digitalizadas e, assim, utilizadas para prestar multisserviços de telecomunicações utilizando-se do protocolo da internet (IP).

Essa mudança na condição tecnológica das redes levou a alterações significativas setor afora. Do ponto de vista concorrencial, ganhou força a possibilidade de competição entre as redes dos diferentes ofertantes na busca pelo usuário final. Do ponto de vista operacional, houve demandas por meios mais eficazes para transmissão dos pacotes de dados. Do ponto de vista dos negócios, surgiram estratégias para defender e atacar novos mercados. Do ponto de vista regulatório, emergiu a necessidade de atualização e adequação do arcabouço de regras.

Nos dias de hoje, dado o crescimento constante da base de usuários e da demanda avassaladora por dados[265], os desenvolvimentos tecnológicos no setor parecem estar muito voltados à evolução das diferentes redes, fixas ou móveis, em direção ao aumento da capacidade de transmissão dos pacotes de dados. Para além do uso de meios mais eficazes como a fibra ótica[266], mas com vistas a minimizar os gastos com uma possível substituição dos meios nos trechos de acesso local, redes de cobre têm sido objeto de testes de uma nova tecnologia VDSL, a VDSL2, também conhecida como *vectoring*, que pode alcançar velocidades próximas a 100 Mbps[267] – mas desde que o nó de rede mais próximo do usuário seja atendido via fibra e que a rede de cobre que liga o usuário até esse nó não seja superior a 300 metros[268]. As redes de cabo coaxial já estão na terceira etapa evolutiva da tecnologia *Docsis*, que também alcança velocidades muito rápidas. A tecnologia 4G, para as redes sem fio, já transmite informações em velocidades até 40 Mbps[269], e a quinta geração dessa tecnologia já se avizinha com velocidades ainda maiores. Toda a dinâmica tecnológica narrada adiciona complexidade às decisões regulatórias no setor das telecomunicações, sendo fundamental relevar essa variável de conteúdo.

---

265. Vide CISCO. *The zettabyte era: trends and analysis*. White Paper. June, 2014, p. 3-4. Disponível em: <http://www.cisco.com/c/en/us/solutions/collateral/service-provider/visual-networking-index-vni/VNI Hyperconnectivity WP.pdf>. Acesso em: 6 out. 2014.

266. Laguna de Paz (in COUTO, 2009, p. 51) cita as principais vantagens técnicas para o uso da fibra: proporcionar maior capacidade de banda; permitir o uso mais eficiente da rede (já que transmite os conteúdos digitais por uma mesma rede, sem a necessidade de comutar circuitos); aumentar a disponibilidade dos meios de transmissão; reduzir os custos operacionais provenientes do uso do protocolo IP.

267. Exemplo irlandês disponível em: <http://www.lightwaveonline.com/articles/2014/03/eircom-turns-on-vectoring-to-support-100-mbps-broadband-speeds.html>. Acesso em: 6 out. 2014.

268. Conforme visto para o caso inglês, em: <http://www.ispreview.co.uk/index.php/2014/05/bt-prepare-phase-2-vectoring-trials-boost-uk-fttc-broadband-speeds.html>. Acesso em: 6 out. 2014.

269. Disponível em: <http://ee.co.uk/help/mobile-and-home-connections/checking-and-improving-your-network-coverage/our-network/4g-speed---what-you-can-expect>. Acesso em: 6 out. 2014.

3.2. REGULAÇÃO DAS TELECOMUNICAÇÕES

Descritas certas especificidades do setor, que acredito serem determinantes de objetivos de universalização e competição e das respectivas estratégias regulatórias, esse tópico pretende apresentar um panorama geral da regulação das telecomunicações a partir da delimitação e confronto existente entre esses dois principais objetivos. É o que faço a partir de agora.

Tradicionalmente os Estados têm assumido funções regulatórias que lhes permitem intervir no ambiente econômico das indústrias de infraestrutura para corrigir falhas de mercado e garantir a eficiência em seu funcionamento, mas também para promover justiça distributiva[270]. No primeiro caso trata-se de objetivos econômicos, pautados pela eficiência como valor a ser perseguido para o desenvolvimento do setor. Já no segundo trata-se de objetivos sociais, vinculados a valores de equidade.

No setor das telecomunicações essa divisão entre objetivos e valores perseguidos pela regulação pode ser evidenciada a partir da análise da tabela a seguir, encontrado em David Coen e Chris Doyle[271] (1999, p. 5):

Tabela 2 – Regulação em Telecomunicações: Argumentos de Equidade e Eficiência

Regulação em Telecomunicações Argumentos de Equidade	**Regulação em Telecomunicações Argumentos de Eficiência**
– Necessidade de universalização do serviço	– Existência de monopólio natural em segmentos da rede local (a depender do tamanho da demanda e da densidade populacional)
– Necessidade de uniformidade geográfica da prestação do serviço	– Existência de recursos escassos (i.e. espectro radioelétrico)
– Direito de o usuário acessar a informação	– Dominação por operadora incumbente
	– Economias de rede

Fonte: COEN e DOYLE, 1999, p. 5.

270. Conforme Economides (Public policy in network industries. In: BUCCIROSSI, P. (org.). *Handbook of antitrust economics*, Chicago: The MIT Press, 2008, p. 471), a ação reguladora pelo Estado normalmente se dá: (i) quando a concorrência não pode ser obtida por meio de forças de mercado; (ii) em mercados onde objetivos sociais específicos superam objetivos relacionados à eficiência econômica; e (iii) em mercados onde os benefícios sociais e privados não convergem. No mesmo sentido: VELJANOVSKI, Cento. Economic aproaches to regulation. In: BALDWIN, R.; CAVE M.; LODGE, *The Oxford handbook of regulation*. New York: Oxford University Press, 2010, p. 19. Para informações sobre o caráter redistributivista da regulação, ver: COUTINHO, Diogo R. *Regulação e redistribuição:* a experiência brasileira de universalização das telecomunicações. Tese de Doutorado. São Paulo: Faculdade de Direito da Universidade de São Paulo, 2003, p. 72-75, 161-167, 223-231 e 237-241.

271. COEN, David; DOYLE, Chris. *Designing economic regulatory institutions for European network industries*. Draft 3.0, October 1999. Disponível em: <http://www.london.edu/facultyandresearch/research/docs paper33.pdf>. Acesso em: 8 set. 2012. Tal paralelo também pode ser encontrado em: BALDWIN, CAVE e LODGE, 2010, p. 502-504.

No quadrante relacionado à equidade, esta se refere à instituição do direito de todos os usuários se comunicarem e acessarem informações, em vista a evitar que apenas alguns, moradores de áreas mais nobres e com maior poder aquisitivo, possam usufruir de serviço cada vez mais importante para o desenvolvimento das pessoas e dos países. Dado o objetivo de equalizar o acesso ao serviço, o regulador então institui obrigações para expansão da oferta do serviço básico de telecomunicações até esses usuários (universalização), oferta que precisará respeitar as mesmas condições oferecidas aos usuários de regiões mais nobres e com maior adensamento populacional (uniformidade).

Por outro lado, no quadrante referente à eficiência, esta é entendida como veículo para evitar que consumidores sejam prejudicados pelos exageros de operadores que não estejam sujeitos à competição nos mercados de telecomunicações. Segmentos de rede com características de monopólio natural, meios escassos acessados por poucos e que demandam coordenação para seu uso, existência de operador pioneiro com relativas vantagens competitivas, plantas de rede com tamanhos e utilidades muito diferentes são falhas estruturais que limitam a alocação eficiente de recursos nos mercados de telecomunicações. Dado o objetivo de corrigir tais falhas para alcançar um funcionamento eficiente dos mercados, o regulador, então, impõe obrigações que tratem tais falhas, de modo a fomentar a competição e impedir abusos contra o consumidor.

Seria mais fácil para o regulador se esses dois objetivos não colidissem. Baldwin, Cave e Lodge (2012, p. 474-475) explicam que os competidores entrantes no setor normalmente não se interessam em atender os usuários das áreas de menor atratividade econômica e focam sua operação nas áreas em que o incumbente, responsável pela universalização dos serviços básicos, opera com boas margens de lucro – lucro este que é utilizado para compensar a operação deficitária nas áreas menos populosas, dadas as obrigações de oferta dos serviços via tarifas, com valores acessíveis e uniformes, apesar das diferenças existentes nos custos[272]. O resultado é que, com a evolução da competição[273] nas áreas nobres, o custo associado à prestação dos serviços para o incumbente aumenta e leva, necessariamente, ao aumento da tarifa.

A tensão existente entre os objetivos de equidade e eficiência acima descritos constitui um desafio e tanto para o regulador. Ele precisa fazer escolhas precisas para minimizar os riscos de tais objetivos não serem atingidos. Sempre visando expandir o horizonte de possibilidades para atuação do regulador, a seguir descrevo caminho mapeado para solução desse problema.

272. Essa é a lógica de funcionamento dos subsídios cruzados.

273. Alexiades e Cave (in BALDWIN, CAVE e LODGE, 2010, p. 504) ressaltam que com o advento da competição nenhum operador pretenderá atender os usuários das áreas onde o custo é mais alto se só puderem cobrar um preço médio (entre áreas rentáveis e não rentáveis). Nesse caso, todos os operadores escolherão a cereja do bolo, ou seja, as áreas com menores custos envolvidos na prestação do serviço.

Conforme visto em Alexiades e Cave (in BALDWIN, CAVE e LODGE, 2010, p. 504-505), para tratar a tensão entre objetivos de universalização e competição, o regulador das telecomunicações costuma seguir uma cronologia marcada por três estágios, cada um deles associado a uma estrutura de mercado distinta. A tabela a seguir apresenta isso de forma resumida.

Tabela 3 – Estágios da Regulação em Telecomunicações

Stages of Regulation			
	Monopoly	**Transition**	**Normalisation**
Retail price control	Price controls on all services	Relaxation of controls	No controls
Access pricing	Not relevant, or arbitrary pricing of small range of services	Introduction of cost-based prices for disaggregated services; other prices deregulated	Controls limited to some local access and call termination
Universal service obligations	Borne by incumbent	Costed and shared (or ignored if not material)	As in "transition", with the possibility of a contest to be the universal supplier

Fonte: Alexiades e Cave (in BALDWIN, CAVE e LODGE, 2010, p. 504-505.

No primeiro estágio a regulação lida com um mercado monopolizado. Justamente por não existirem competidores nos mercados varejistas do setor há controles regulatórios sobre os preços dos serviços de varejo. Essa ausência de competidores no varejo implica também não haver demanda por insumos de rede do operador incumbente, motivo pelo qual, nessa etapa, não há controle de preços sobre tais insumos atacadistas. Nesse primeiro estágio as obrigações de universalização dos serviços básicos ficam, exclusivamente, a cargo do incumbente.

O segundo estágio contempla todo o período entre a estrutura de monopólio e a estrutura efetivamente liberalizada. Nessa etapa há um relaxamento nos controles de preços varejistas, dado que a competição no varejo está avançando, especialmente a partir da contratação de redes do incumbente a preços orientados a custo – de modo a incrementar o potencial competitivo dos operadores entrantes. Não obstante, para que esse aumento da competição não prejudique o alcance do objetivo de universalização dos serviços, os custos relacionados à operação de universalização do incumbente são calculados e repartidos entre todos os operadores[274].

Apesar de representar um mundo ideal, pouco palpável até os dias de hoje[275], no último estágio, conhecido como normalização, a regulação precisa se adequar a um cenário em que a maioria dos mercados do setor já opera com competição normal, salvo alguns poucos casos onde gargalos estruturais permanecem. Os mercados varejistas, portanto, estão todos desregulados. A regulação nos mercados de atacado é residual, restrita a alguns controles no acesso a trechos locais da rede e na terminação de chamadas. As obrigações de universalização continuam compartilhadas entre os operadores, mas existe a possibilidade de promover um leilão em que os participantes fariam ofertas para assumirem a função de operador universal desses serviços.

A exposição feita nesse tópico adiciona complexidade à discussão sobre as escolhas e estratégias regulatórias circunscritas ao setor das telecomunicações. Apesar de serem dois os principais objetivos perseguidos pela regulação no setor, pelo fato de o objeto do estudo de caso a ser desenvolvido nesse trabalho estar centrado na regulação que visa garantir o funcionamento eficiente dos mercados, a seguir analisarei especificidades próprias à regulação da concorrência nas telecomunicações, explorando a complexidade relacionada a algumas das principais decisões a serem feitas pelo regulador no que tange ao desenho dos regimes pró-competição.

3.3. REGULAÇÃO DA CONCORRÊNCIA NOS MERCADOS DE TELECOMUNICAÇÕES

Antes de tratar diretamente da regulação da concorrência no setor, convém deixar claro ao leitor a associação existente entre concorrência, eficiência econômica e regulação, o que passo a fazer agora.

Conforme visto em John Vickers[276] (1995, p. 2), a palavra competição[277] pode tanto se referir a um comportamento dos agentes econômicos como a um

274. Baldwin, Cave e Lodge (p. 474-475) esmiuçam tal ponto relatando que uma forma de o regulador responder a essa tensão entre os objetivos de eficiência e equidade em um cenário de liberalização é manter a obrigação de universalização no incumbente, mas em compensação criar um regime que reparta entre alguns competidores expressivos – com quotas proporcionais a suas receitas – os custos líquidos envolvidos na prestação deficitária do serviço universal pelo incumbente. No modelo regulatório brasileiro, o tratamento dessa questão se deu com a instituição do FUST (Fundo de Universalização dos Serviços de Telecomunicações) via Lei 9.998/2000 e Decreto Presidencial 3.624/2000, que obrigou todos os prestadores a contribuírem mensalmente com o valor de 1% de sua receita bruta operacional, excluído ICMS, PIS e Cofins. Contudo, como visto em Alexiades e Cave (in BALDWIN, CAVE e LODGE, 2010, p. 505), esses fundos comumente estruturados em países em desenvolvimento foram subutilizados ou utilizados para outros propósitos.

275. Nas palavras de Alexiades e Cave (in BALDWIN, CAVE e LODGE, 2010, p. 504), "[...] the third stage has proved elusive to date, but it remains a useful target for the design of transitional regulation".

276. VICKERS, John. Concepts of competition. *Oxford Economic Papers* 47.1. 1995. Disponível em: <http://go.galegroup.com/ps/i.do?id=GALE%7CA16661070&v=2.1&u=capes58&it=r&p=AONE&sw=w&asid=825d573fce8ab419248b48a4872cd824>. Acesso em: 9 abr. 2014.

277. No presente trabalho concorrência e competição são termos usados de forma indiscriminada.

modelo analítico estático, representativo de uma certa estrutura de mercado – a concorrência perfeita.

No primeiro caso a competição é descrita como uma rivalidade entre indivíduos (grupos ou nações), que surge sempre que duas ou mais partes disputam alguma coisa que nem todos podem obter[278]. Vickers (1995, p. 2) ressalta que tal conceito é bastante abrangente, pois incorpora os diversos tipos de rivalidade (mercados, leilões, corridas, guerras etc.), os instrumentos usados para rivalizar (preços, propagandas, pesquisa e desenvolvimento etc.), os objetivos da rivalidade (lucros, participações em mercado, prêmios, sobrevivência etc.), bem como os já citados tipos de rivais (indivíduos, grupos, nações).

Como modelo analítico, a competição é idealizada na forma de uma estrutura de mercado que funciona em concorrência perfeita. Conforme visto em Jeffrey Church e Roger Ware (2000, p. 21), tal modelo pressupõe: (i) que as economias de escala são pequenas em comparação com o tamanho do mercado; (ii) que o produto é homogêneo; (iii) que a informação é perfeita; e (iv) que não existem barreiras à entrada ou à saída de ofertantes. As três primeiras características implicam que o preço é dado nesse mercado: que alterações nos volumes produzidos por um ofertante não são capazes de alterar o preço de equilíbrio; já o quarto pressuposto assegura que os ofertantes desse mercado sempre operarão com margens de lucro muito baixas, dada a presença constante de competição.

Ambas as explicações sobre concorrência estão associadas à ideia de eficiência econômica, e, por conseguinte, à de alocação eficiente de recursos na sociedade. No primeiro caso, focada no comportamento dos agentes, a competição pode servir como alavanca da eficiência produtiva, gerando incentivo para empresas operarem com maior produtividade, o que pode conduzir à seleção das mais eficientes em detrimento das ineficientes, repercutir positivamente na eficiência agregada do mercado e fomentar inovações que permitam ganhos ainda maiores de eficiência. No caso do modelo de concorrência perfeita, a competição representa o ponto ótimo entre oferta e demanda, onde o preço de equilíbrio indica que os recursos estão alocados de forma eficiente na sociedade, que ninguém consegue melhorar sua posição sem piorar a posição de outro[279].

São os ganhos de eficiência – nas trocas, na produção, na tecnologia – e seus reflexos positivos no bem-estar da coletividade os motivos da escolha geral por mercados competitivos *vis-à-vis* mercados concentrados. Como pressuposto dessa escolha temos a crença de que, sujeitas à competição, as empresas têm todos os incentivos para atender bem o consumidor – em termos de preço, quantidade,

278. Este conceito foi desenvolvido por George Stigler, conforme visto em: VICKERS, 1995, p. 2.

279. Esta seria uma alocação eficiente de Pareto, em que não haveria nenhuma outra alocação de recursos *capaz de aumentar a utilidade de pelo menos um indivíduo sem gerar a perda de utilidade por parte de um outro indivíduo qualquer* (FAGUNDES, 2003, p. 43). Fagundes (2003, p. 56) explica que esse conceito de eficiência de Pareto é somente um critério para a verificação da existência de eficiência social em uma determinada situação, mas lembra (2003, p. 58) que tal critério não assegura que a alocação dos bens produzidos entre os indivíduos da sociedade seja socialmente justa.

qualidade e inovação. Ou, ao revés, a ideia de que um monopólio opera com preços muito acima dos custos, o que gera ineficiências na alocação de recursos na economia, transferência indevida de renda do consumidor para o produtor, exclusão de parcela da população do consumo desse bem, além de diminuição dos níveis gerais de emprego, renda e crescimento econômico. E tudo isso porque na ausência de risco de perda de clientes para concorrentes, o monopolista não possui qualquer incentivo para operar com margens de lucro normais, para produzir em escala eficiente, para investir em qualidade ou inovar[280]. Não por acaso os reguladores das indústrias de infraestrutura estão atentos à competição nos mercados desses setores.

No caso das telecomunicações, certas características econômicas das atividades – como a existência de monopólios naturais em segmentos da rede local e a possível dominação dos mercados a partir de uma estrutura verticalizada – impactam negativamente o bem-estar do consumidor ao limitar o desenvolvimento da concorrência nessa indústria[281]. Entendendo tal limitação como obstáculo ao funcionamento eficiente dos mercados de telecomunicações, Alexandre Faraco explica que "a desregulação e a introdução de concorrência só se viabilizam, paradoxalmente, com o desenvolvimento de uma regulação voltada de modo específico à geração de condições concorrenciais onde elas não se verificam" (2005, p. 2), como regularmente acontece nos trechos locais da rede.

A regulação da concorrência nas telecomunicações se justifica, então, pela existência de monopólios naturais e pelos riscos de dominação nos mercados do setor, falhas estruturais[282] causadoras de ineficiências econômicas, limitadoras do bem-estar dos usuários dos serviços do setor.

No entanto, como de se imaginar (dado o confronto existente entre objetivos de competição e universalização), as escolhas que envolvem a regulação da concorrência em telecomunicações não são triviais. Outros exemplos reforçam essa percepção de complexidade.

Na prática, a concorrência é muito mais uma questão de grau do que uma questão sobre se está totalmente presente ou ausente em um mercado[283]. Entre o modelo de concorrência perfeita e o monopólio existe uma vasta área

---

280. FAGUNDES, 2003, p. 12.

281. FARACO, Alexandre Ditzel. Disciplina jurídica da concorrência e o acesso às redes de telecomunicações. *REDAE – Revista Eletrônica de Direito Administrativo Econômico*, Salvador, n. 3, ago./set./out. 2005, p. 2. Disponível em: <http://www.direitodoestado.com/revista/REDAE-3-AGOSTO-2005-ALEXANDRE%20DITZEL.pdf>. Acesso em: 8 set. 2012.

282. Alexiades e Cave (in BALDWIN, CAVE e LODGE, 2010, p. 502-504) detalham que essas falhas associadas a altos níveis de monopolização – pelos incumbentes – no setor derivam da existência: de economias de escala (os custos unitários caem quando a quantidade produzida aumenta); de economias de densidade (particularmente relacionadas aos trechos locais da rede, cujo investimento é mais barato em áreas densamente povoadas); de economias de escopo (dois serviços de telecomunicações são prestados de forma mais barata via uma única rede); e de externalidades de rede do lado da demanda (o bem-estar do usuário é maior quanto maior for a rede da qual participa).

283. Conforme visto em: BALDWIN, CAVE e LODGE, 2012, p. 452. Nesse sentido, vale destacar o trabalho de John Clark (*Toward a concept of workable competition*), que, percebendo a inexistência prática de mercados em concorrência perfeita, argumentou

em que normalmente se inserem os mercados da vida real, que funcionam em concorrência imperfeita, e onde a rivalidade pode existir, produzindo resultados positivos para o bem-estar coletivo, ou pode não existir, quando retorna resultados negativos, similares aos de uma estrutura de monopólio.

Não se pode presumir que mais competição nos mercados é necessariamente melhor do que menos competição ou que ela deva ser perseguida como um fim em si mesmo[284]. Vickers (1995, p. 2) sustenta que uma das principais questões a ser debatida diz respeito, justamente, ao desejo ou não pela competição em determinado mercado. Existem, pois, argumentos contrários à competição, como os que sustentam que estruturas concentradas de mercado são necessárias para o advento de eficiências dinâmicas, multiplicadoras de eficiências produtivas, dependentes de grandes volumes de investimentos em pesquisa e desenvolvimento que não se realizariam se sujeitos a pressão competitiva.

O regulador estatal precisa, pois, cuidar para não errar por excesso ou por omissão, dado que mercados muito competitivos podem restringir o advento de eficiências dinâmicas, e mercados muito concentrados podem produzir outras ineficiências alocativas. Em ambos os casos o bem-estar dos consumidores pode ser comprometido.

Vários outros exemplos de escolhas críticas podem ser citados aqui.

Para que exerça bem o seu papel de regulador da concorrência, antes de tudo o regulador precisa definir o que entende por concorrência, pois isso impactará os objetivos a serem perseguidos. Competição para o regulador pode, por exemplo, significar a repartição dos mercados entre o máximo de competidores possível ou o seu fatiamento entre um número ótimo de prestadores. Competição pode ser entendida como o desenvolvimento de rivalidade entre os maiores grupos econômicos do setor ou como a impossibilidade de abuso de poder econômico contra qualquer competidor.

Quanto a esse ponto, Baldwin, Cave e Lodge (2012, p. 453) comentam que, tanto na teoria como na prática da regulação, a descrição de competição mais aceita nos setores de infraestrutura é a que se refere ao termo *effective competition*. Explicam os autores que essa noção de competição efetiva deve ser compreendida como a ausência de dominação em determinado mercado, sendo essa dominação definida conforme o conceito de Richard Wish: uma empresa exerce posição de dominância em um mercado quando na prática consegue atuar com alto grau de independência de seus clientes e competidores.

Ressaltam Baldwin, Cave e Lodge (2012, p. 454) que nos casos em que a competição não é efetiva, como no setor das telecomunicações, isso se dá

---

que as políticas pró-competição não deveriam se basear nas teorias que fundamentavam essa estrutura de mercado como ideal social, mas deveriam se pautar por uma noção de competição funcional (*workable competition*).

284. VICKERS, 1995, p. 2. Baldwin, Cave e Lodge (2010, p. 453) ressaltam que a concorrência deve ser entendida como meio – e não como fim – para se alcançar bem-estar para o consumidor.

pela existência de uma empresa ou grupo de empresas com poder de mercado significativo (PMS)[285]. Adicionam que essa situação de dominância nas indústrias de infraestrutura surge normalmente em mercados recém-abertos à competição, quando o operador incumbente começa com uma participação de mercado de cem por cento e conhecimento completo da base de clientes, e seus rivais começam com zero clientes e nenhuma informação sobre eles.

Outra escolha difícil para o regulador está relacionada à customização dessa regulação da concorrência. Considerando que o processo de abertura dos mercados à competição tem três estágios gerais – monopólio, transição e normalização –, como apresentado anteriormente[286], certo é que cada um desses estágios demanda uma regulação da concorrência diferenciada. Esses diferentes cenários de estrutura de mercado parecem exigir decisões regulatórias distintas, que podem almejar a introdução, o fomento ou a manutenção do grau de competição nos mercados. Nesse sentido, é fundamental que a intensidade da regulação leve em consideração a situação fática da estrutura do setor, e não o tempo passado desde a liberalização ou desde a imposição de obrigações regulatórias; que se adeque em função de avaliação sistemática da (in)evolução do cenário competitivo, mas sem desconsiderar a noção de competição efetiva.

O grau de complexidade não muda quando se afunila o espectro de decisões ao desenho do regime regulatório pró-competição do setor. O regime pode assumir diferentes contornos, combinados de maneiras específicas. Ele pode, por exemplo[287], presumir ou não que as características de monopólio natural estão presentes em toda a cadeia produtiva do setor; pode proibir ou permitir a formação de operadores verticalmente integrados; pode-se valer de obrigações regulatórias que desestimulem antecipadamente comportamentos anticompetitivos (regulação *ex ante*) e/ou preferir apostar nas leis de defesa da concorrência, que imputarão obrigações somente após a prática de alguma conduta anticompetitiva. Essas não são escolhas simples, dado que podem ser mais ou menos adequadas a certas circunstâncias, agentes e objetivos públicos estabelecidos, sendo, entretanto, decisivas para os resultados práticos relativos ao grau de competição no setor.

Ao abordar a escolha relativa à presunção ou não de toda uma cadeia produtiva de telecomunicações com características de monopólio natural, Baldwin, Cave e Lodge (2012, p. 455-456) comentam que no passado a busca por eficiência nesses mercados se dava a partir da regulação direta do monopolista – operador único, verticalmente integrado –, mas que a abordagem regulatória moderna, voltada a controlar o poder dominante de operadores como esse, desagrega a cadeia produtiva separando-a em diferentes componentes e ava-

285. Comentam (2012, p. 454) também que a falta de competição efetiva pode se dar pela existência de uma limitação estrutural para prestação dos serviços por muitos operadores – como no caso do monopólio natural.

286. Tópico 3.2 acima.

287. Os exemplos listados aqui não são exaustivos.

liando quais deles são potencialmente competitivos e quais são monopolistas. A explicação para essa abordagem moderna reside no fato de que a prestação dos serviços de telecomunicações depende de diferentes atividades e componentes, com distintas economias de escala, escopo, custos imobilizados e, por conseguinte, diferentes possibilidades para a introdução da competição, o que demanda, então, avaliações separadas. Se se constata nessa avaliação que a entrada de competidores em determinada atividade é possível, então ela é liberalizada; mas se se constata a existência de gargalos de monopólio, como em trechos locais da rede, há a imposição de obrigações regulatórias. Apesar da aparente razoabilidade da escolha em não presumir de antemão que existem características de monopólio natural em toda a cadeia produtiva, não se pode esquecer que para o regulador essa escolha precisa ser feita tendo em vista a presença de restrições orçamentárias, de mão de obra qualificada e de tempo, por exemplo.

O desenho institucional do regime com a figura ou não de um grande operador verticalmente integrado parece uma decisão ainda mais difícil que a anterior. Analisando telecomunicações e outras indústrias de infraestrutura, Baldwin, Cave e Lodge (2012, p. 456-458) citam as variações nos posicionamentos de reguladores do Reino Unido ao longo do tempo acerca dessa decisão de separação ou integração vertical dos setores. Pontuam (2012, p. 456) que na escolha pela separação vertical, ainda no processo de privatização os componentes monopolistas e competitivos identificados são vendidos ou concedidos como unidades separadas, sendo os monopolistas passíveis de controles regulatórios específicos, e os competitivos livres desse ônus. O objetivo principal dessa separação prévia é eliminar a presença nos mercados de um operador verticalmente integrado, capaz – e com fortes incentivos econômicos – de usar sua condição de monopolista em determinada atividade da cadeia produtiva para estender esse poder a outros segmentos em que também atua e que dela dependem. Não obstante, sua principal desvantagem é impedir que as empresas se valham das economias de escopo que uma operação verticalmente integrada produziria, com benefícios internos e externos em termos de eficiência econômica.

Lodge e Wegrich (2012, p. 166-167) adicionam complexidade a essa escolha ao citar outros problemas e benefícios hipotéticos associados à separação vertical – aplicados ao setor ferroviário. Quanto aos problemas, eles argumentam que a separação exigirá que o regulador estipule regras para organizar o acesso à infraestrutura pelos diferentes competidores, que essa estrutura segregada pode gerar efeitos perversos para a continuidade da prestação dos serviços nas áreas menos atraentes economicamente, o que demandará capacidade adicional do regulador para estruturar leilões que incluam compromissos de abrangência e para avaliar os lances dados para a oferta de serviços nessas áreas combinadas – áreas rentáveis e não rentáveis. Acrescentam os autores que a separação vai de encontro com a própria natureza técnica do setor e que aumenta os custos transacionais de forma desnecessária (sendo menos custoso, se necessário, fazer uso de uma separação funcional entre infraestrutura e serviços). No que se refere aos benefícios, Lodge e Wegrich apontam que a separação vertical permite a concentração dos esforços de gestão em segmentos bastante distintos da cadeia produtiva, com atratividade de investimentos muito diferentes (dados os tempos diferentes para retorno do capital investido). Outro argumento em favor da separação se dá para os casos em que existe demanda espalhada e de difícil controle pelo regulador para a contratação de acessos à infraestrutura. Nessa hipótese os custos de contratação dos acessos serão reduzidos (eliminado o incentivo de discriminação) e, potencialmente, também os custos referentes à supervisão regulatória dessa relação contratual recorrente.

Se já não bastasse, uma outra decisão estatal difícil diz respeito à escolha entre a regulação *ex ante* e *ex post* da concorrência[288] no setor. No primeiro caso regras de comportamento são instituídas pelo regulador para prevenir a prática de condutas anticompetitivas, ou seja, ele impõe antecipadamente restrições ao comportamento dos agentes – por isso regulação *ex ante*. A regulação *ex post* diz respeito à intervenção posterior à prática de algum ilícito anticompetitivo expresso nas leis de defesa da concorrência. No âmbito restrito das telecomunicações, há países que apostaram e ainda apostam na regulação *ex post*, como são os casos da Nova Zelândia e dos Estados Unidos, respectivamente. Entretanto, a maioria dos países, conforme visto em Baldwin, Cave e Lodge (2012, p. 458), segue uma estratégia complementar entre estas duas vias, em que a regulação *ex ante* imposta é limitada aos mercados onde há risco significativo de abuso de posição dominante e reduzida à medida em que se percebe que sua retirada não afeta o funcionamento eficiente do mercado, momento em que a regulação da concorrência se fia especialmente nas intervenções *ex post*. Alexiades e Cave (in BALDWIN, CAVE e LODGE, 2010, p. 511-512) explicam que essas duas vias se complementam na regulação da concorrência, não existindo hierarquia de forças, devendo ser escolhidas em função das circunstâncias do caso concreto.

Apesar dessas possibilidades todas relativas à formatação de uma regulação da concorrência no setor, deve-se registrar aqui que o modelo adotado em 2003 pela Comunidade Europeia[289] parece servir como referência para a maior parte dos países que passaram pelas reformas liberalizantes das telecomunicações. Em resumo, tal modelo opta pelo conceito de *effective competition*, pondera a intensidade das obrigações regulatórias no tempo, pressupõe mercados integrados verticalmente, analisa a existência de dominância em segmentos específicos da cadeia produtiva e faz uso dessa lógica funcional entre regulação *ex ante* e *ex post*.

Pelo fato de o modelo europeu ser inspirador para a maioria dos países, inclusive o Brasil, e por criar a sistemática para a imposição de obrigações

288. Em Newberry (Regulation and competition policy: longer-term boundaries. *Utilities Policy 12*, 2004, p. 93-95) se encontram mais informações sobre esse processo de decisão.

289. Um resumo com as informações desse modelo pode ser encontrado em: BALDWIN, CAVE e LODGE, 2010, p. 507. Para histórico e dados específicos sobre a elaboração desse modelo, vide: MONTERO PASCUAL, J. J. *Derecho de las telecomunicaciones*. Valencia: Tirant lo Blanch, 2007, p. 43-81. Uma narrativa minha sobre tal processo em: COUTO, 2009, p. 12-16.

de acesso às redes de operadores dominantes de telecomunicações – objeto do próximo capítulo –, é importante descrevê-lo aqui com mais detalhes.

Conforme visto em Alexiades e Cave (in BALDWIN, CAVE e LODGE, 2010, p. 506), o modelo europeu para as comunicações eletrônicas idealizou uma estratégia de desregulação *ex ante* de mercados do setor e de aumento da confiança na regulação *ex post*. Objetiva-se com ele limitar a aplicação de obrigações *ex ante* só aos casos em que existam riscos significativos de abuso de posição dominante.

Decidiu-se, então, que para fazer uso de obrigações *ex ante*, o regulador precisa analisar antes se determinado mercado cumpre – conjuntamente – os três requisitos necessários a qualquer intervenção econômica nos mercados do setor: (i) presença não transitória de barreiras à entrada; (ii) baixa tendência de o mercado se desenvolver em direção à competição efetiva (consideradas as barreiras à entrada); (iii) insuficiência da legislação de defesa da concorrência para corrigir as falhas de mercado identificadas nas análises.

Esse processo de avaliação da necessidade de imposição de obrigações *ex ante* deve tomar como base o padrão de análise concorrencial pautado (a) pela definição do mercado relevante, (b) pela identificação da dominância, e (c) pela formulação dos remédios apropriados.

Seguindo Alexiades e Cave (in BALDWIN, CAVE e LODGE, 2010, p. 507-508), nesse processo primeiro são listados os mercados relevantes[290] do setor passíveis de intervenção *ex ante* – os quais são definidos de acordo com métodos padrões da análise antitruste[291]. Definidos, estes mercados são então

---

290. Conforme posto por Alexiades e Cave (in BALDWIN, CAVE e LODGE, 2010, p. 508), em 2003, no primeiro momento da implantação do modelo, foram definidos 18 mercados relevantes – passíveis de obrigações *ex ante*. Em 2007 esse número caiu para sete, sendo somente um mercado varejista, o de acesso à rede telefônica pública em local fixo para clientes residenciais e não residenciais. Todos os outros seis mercados eram atacadistas, que, sem a presença de obrigações *ex ante*, continuavam não apresentando condições suficientes para o desenvolvimento de uma competição efetiva, como eram os casos, por exemplo, dos mercados de segmentos terminais de linhas dedicadas, de acesso à infraestrutura de rede em um local fixo, de acesso em banda larga e dos de terminação de chamadas de voz em redes fixas e móveis. No dia 24 de janeiro de 2014 a Comissão Europeia publicou um rascunho com novas recomendações (Disponível em: <http://ec.europa.eu/digital-agenda/en/news/draft-revised-recommendation-relevant-markets>. Acesso em: 7 out. 2014) acerca dos mercados relevantes do setor. Dois mercados foram excluídos do rol de mercados sujeitos a obrigações *ex ante*: o mercado varejista de acesso a rede fixa e o mercado atacadista de originação de chamadas em rede fixa. As razões para essas exclusões baseiam-se principalmente na percepção de que as barreiras à entrada já não são tão altas, tendo os operadores móveis penetrado nesses mercados e se tornado alternativa de contratação aos serviços fixos. Os outros cinco mercados atacadistas foram mantidos, mas os mercados de acesso foram objeto de uma nova formatação, organizados agora em função (i) da constatação de diferenças entre as demandas de grandes corporações e as demandas de consumidores e pequenas e médias empresas e (ii) da funcionalidade do produto de acesso, com maior ou menor grau de controle sobre o serviço por parte do solicitante.

291. Alexiades e Cave (in BALDWIN, CAVE e LODGE, 2010, p. 508) ressaltam que esses métodos padrões envolvem a aplicação, em um nível conceitual, do teste do monopolista hipotético – com o qual o analista define o menor grupo de produtos ou serviços no qual um suposto monopolista poderia manter seu preço acima do nível competitivo – entre 5% e 10% – por um período significativo de tempo – mais ou menos um ano. O teste visa medir o poder econômico de um agente em um mercado relevante, então definido em sua dimensão de produto e geográfica. Entretanto, os autores destacam que a definição da dimensão geográfica dos mercados relevantes de atacado é um tópico controverso, sendo comum os reguladores definirem

analisados pelos reguladores de modo a identificar a existência de dominância – sendo que nessa etapa o regulador faz uma avaliação prospectiva do poder de mercado significativo (PMS)[292] que um ou mais operadores podem deter em cada um desses mercados. Onde não se encontra sinal de dominância, onde não existem operadores capazes de atuar de forma abusiva[293], independentemente de seus clientes e consumidores, nenhuma obrigação *ex ante* pode ser estabelecida. Onde a dominância estiver presente, onde a própria assimetria de poder entre os participantes do mercado exigir uma regulação assimétrica entre eles[294], o regulador deve escolher um remédio regulatório apropriado, pautando-se pelas melhores práticas. À medida que a competição efetiva vai se expandindo, começam a cair as obrigações *ex ante* nos diferentes mercados relevantes – daí o fato de esses remédios regulatórios serem pensados como *sunset clauses* –, e as condutas abusivas residuais são tratadas exclusivamente pela via *ex post*.

Peter Alexiades e Martin Cave (in BALDWIN, CAVE e LODGE, 2010, p. 512) explicam que a regulação *ex post* de poder econômico na Europa tem por base o artigo 82 do Tratado da Comunidade Europeia. Para que esse artigo seja violado é preciso verificar a presença cumulada de três elementos: (i) um agente com posição dominante em mercado relevante; (ii) abuso de posição dominante no mercado relevante em tela ou em outro relacionado, dada a possibilidade de extensão do poder econômico do primeiro para o segundo mercado; (iii) a produção de efeitos reais nas negociações entre Estados-membros da Comunidade. Adicionam os autores que o artigo 82 não prevê uma definição sobre abuso, mas esse termo tem sido entendido como o uso injustificável ou sem fins comerciais de meios para evitar ou inibir a competição no mercado. Ressaltam que esses abusos podem ser classificados como exclusionários ou exploratórios. No primeiro caso, típico de endereçamento pela via *ex ante*, visam deteriorar a posição competitiva de um concorrente ou buscam excluí-lo do mercado, materializando-se em recusas de negociações, discriminações baseadas em preço, subsídios cruzados, abusos derivados da estrutura do mercado. No segundo caso

esses mercados em âmbito nacional, mas havendo definições em nível subnacional, casos justificados pela evolução das condições competitivas em certas regiões dos países.

292. Sobre o conceito de posição dominante e o uso do critério de poder de mercado significativo (PMS) para definição de empresas capazes de abusar de sua condição e gerar danos à concorrência e ao consumidor, vide: AREZZO, Emanuela. Is there a role for market definition and dominance in an effects-based approach? In: MACKENRODT, O. D. et al. *Abuse of dominant position:* new interpretation, new enforcement mechanism? *Competition and Tax Law*, v. 5, 2007.

293. Na discussão sobre a punição à abusividade da conduta do operador dominante, é importante registrar a existência de argumentos que, ressaltando resultados positivos dessa conduta para o bem-estar do consumidor, tentam descaracterizar sua punibilidade. Argumenta-se, nesse caso, que o dominante está competindo no mérito (*competition on the merits*) e não para prejudicar um competidor específico. Mais informações sobre o tema em: OCDE. Competition on the merits. *Policy Roundtables*. 2005. Disponível em: <www.oecd.org/competition/abuse/35911017.pdf>. Acesso em: 17 maio 2012.

294. Cf. SALOMÃO FILHO, Calixto. *A naturalidade da regulação assimétrica*. Parecer contratado pela Associação Brasileira das Prestadoras de Serviços de Telecomunicações Competitivas – TelComp. São Paulo, 2011.

os abusos afetam diretamente os consumidores por meio da cobrança de preços excessivos, por exemplo.

Do exposto, parece claro que, apesar de representarem duas partes separadas da regulação da concorrência, as regulações *ex ante* e *ex post* se complementam e têm como objeto os abusos – potenciais ou fáticos – de uma posição dominante que normalmente deriva de falhas estruturais nos mercados de telecomunicações. Não é por acaso que os remédios *ex ante* utilizados pelo regulador visam, justamente, impedir que comportamentos previstos nas leis de defesa da concorrência – como são os casos de recusa a negociações injustificáveis, discriminações de competidores – sejam usados como estratégias anticompetitivas de operadores dominantes. Em vista a evitar tais comportamentos os remédios *ex ante* comumente utilizados pelos reguladores são as obrigações constitutivas do que se convencionou chamar na literatura de *regulação de acesso*, regras que disciplinam o acesso de outros competidores às redes de operadores dominantes – como é o caso das obrigações de não discriminação de competidores, das obrigações de acesso a facilidades de infraestrutura de rede, do controle de preços desse acesso, das obrigações de informações de custo para basilar esses preços de acesso, das obrigações de separação funcional (e contábil, acrescento) entre as operações de infraestrutura e de serviços[295]. O próximo capítulo abordará com mais detalhes a regulação de acesso às redes de telecomunicações, o que, nos dizeres de Faraco (2005, p. 2-3), é a própria tradução da regulação da concorrência no setor.

295. Visto em: BALDWIN, CAVE e LODGE, 2010, p. 510.

Capítulo 4

REGULAÇÃO DE ACESSO A REDES DE TELECOMUNICAÇÕES: PROBLEMAS DE NÃO *COMPLIANCE* E ESTRATÉGIAS REGULATÓRIAS

Como mencionado na introdução do trabalho, o Capítulo 4 segue a mesma linha do capítulo anterior de complexificação das escolhas referentes à regulação da concorrência nas telecomunicações, mas agora restringindo a discussão aos regimes de acesso a redes de operadores dominantes. Aqui as regras regulatórias, o direito econômico que almeja fomentar competição nos mercados de telecomunicações, precisam lidar com os desafios e as complexidades inerentes aos regimes de acesso a redes.

Ademais disso, o leitor precisa ter clara a importância deste capítulo para o desenvolvimento desta pesquisa. Primeiro, porque ele tem como objetivo situar o leitor no debate acerca da regulação de acesso a redes – e isso será fundamental para entendimento do estudo de caso Segundo, porque almeja estruturar o conceito de estratégias regulatórias de *compliance* com regras de acesso a redes de telecomunicações, instrumento necessário para a realização das análises jurídico-institucionais dos regimes de EILD no Brasil e dos regimes internacionais estudados de acesso a redes.

Para cumprir com o objetivo de contextualização do leitor ao tema, o capítulo apresenta as motivações teóricas, as definições e as condutas anticompetitivas que a regulação de acesso visa combater, bem como seus principais tipos, além de abordar as razões do comportamento comum de não *compliance* nesses regimes de acesso. Já para alcançar o segundo objetivo ele associa a ideia geral de estratégia regulatória (construída no Capítulo 2 deste trabalho) à realidade comum de regimes de acesso a redes de telecomunicações como forma de identificar os elementos-chaves do conceito criado.

4.1. REGULAÇÃO DE ACESSO A REDES

4.1.1. Base teórica

A regulação de acesso às redes – aí incluídas as redes de telecomunicações – pode ser estudada a partir de duas bases teóricas principais.

A primeira dessas bases trata das *essential facilities*. Mario Luiz Possas[296] (2002, p. 4) explica que tal teoria foi desenvolvida na tradição antitruste norte-americana no século XX[297] em contexto de interface entre a política antitruste e a regulação de serviços públicos como os de transporte ferroviário, de eletricidade e, posteriormente, de telecomunicações. Segundo Possas, a teoria joga luz sobre o uso de práticas anticompetitivas por empresas dominantes, controladoras de um ativo essencial, como estratégia para alavancar o poder de mercado oriundo desse controle para outro mercado verticalmente integrado. Citando Jean Laffont e Jean Tirole[298], adiciona o autor que essas práticas são mais frequentes em indústrias de infraestrutura, dada a existência de ativos essenciais – conhecidos também como *bottlenecks*[299] –, como é o caso da rede local de telecomunicações, da rede de transmissão em energia elétrica, da entrega de correspondências para serviços postais, da canalização para fornecimento de gás natural, das linhas e estações em transporte ferroviário.

Calixto Salomão Filho (2011, p. 2) esclarece que o conceito de *essential facility* foi desenvolvido no direito concorrencial para hipóteses de extrema concentração econômica, normalmente coincidentes com os casos de monopólio natural ou com outros casos de monopólio decorrentes de razões estruturais. Salienta (2011, p. 2 e 5), entretanto, que qualquer bem econômico pode, em princípio, ser considerado uma *essential facility*, basta para isso que caracterize uma situação de dependência extrema, consubstanciada na dependência do acesso a certos bens e na impossibilidade de superação dessa dependência a partir da construção ou aquisição de bens próprios – como foi fundamentado pela Suprema Corte norte-americana no caso que inaugurou a teoria das *essential facilities*, *United States v. Terminal Railroad Association of St. Louis*.

---

296. POSSAS, Mario Luiz. Regulação de acesso, integração vertical e práticas anticompetitivas: o caso das telecomunicações no Brasil. Versão Modificada de artigo publicado em *Economia*. Anpec, 3 (2), jul.-dez. 2002.

297. A primeira referência a essa teoria é de 1912, e o caso envolvia a impossibilidade prática de uma composição ferroviária (concorrente) passar ou entrar na cidade de St. Louis sem utilizar certas instalações terminais (detidas pelo dominante) que davam acesso à cidade a partir de pontes sobre o rio Mississipi [*United States v. Terminal Railroad Association of St. Louis*, 224 U.S. 383 (1912)]. Ao longo do século XX tal teoria foi aplicada em diversos outros casos, entre eles, *OtterTail Power Co. v. United States*, 410 US 366 (1973) e *Aspen Skiing Co. v. Aspens Highlands Skiing Corp.*, 472 U.S. 585, 587 (1985) (SPULBER, D.; YOO, C. Mandating access to Telecom and internet: the hidden side of Trinko. *Columbia Law Review*, v. 107, n. 8, p. 1829-1933, Dec. 2007).

298. LAFFONT, J.; TIROLE, J. *Competition in telecommunications*. Cambridge: The MIT Press, 2000, p. 97-98.

299. Vide: ECONOMIDES, Nicholas. Competition policy in network industries: an introduction. Net Institute. Working Paper #04-23, Revised June 2004, p. 17-20. Disponível em: <http://www.jftc.go.jp/cprc/english/cpdp-16-e.pdf>. Acesso em: 8 set. 2012.

O autor explica (2011, p. 3) que estes esses fundamentos para aplicação da teoria foram sistematizados em caso posterior, *MCI Communications Corp. vs. AT&T*, quando a Suprema Corte formulou quatro critérios para determinar se uma recusa de acesso a certos bens, tidos como essenciais, configuraria ou não uma prática anticompetitiva[300]. São eles: (i) existência do controle de um bem por um monopolista, sendo que outros agentes econômicos dependem daquele para exercerem suas atividades; (ii) impossibilidade prática e/ou econômica de duplicação do referido ativo; (iii) negativa de acesso a tal ativo; (iv) viabilidade de fornecimento desse acesso.

Calixto Salomão Filho (2011, p. 3) argumenta, então, que uma *essential facility* existe diante de situações de dependência de um agente econômico com relação a outro, no qual a oferta de certos produtos ou serviços não se viabilizaria, sem o acesso ou o fornecimento do essencial.

A teoria que trata das *essential facilities* serve de base, portanto, para sustentar a necessidade de garantia do acesso a ativos essenciais, geralmente controlados de forma monopolística, sem os quais competidores seriam privados de participar de mercados tidos como livres, e os consumidores teriam seu bem-estar minimizado – dado que na ausência de competição o operador monopolista abusaria de sua posição dominante, gerando ineficiências na alocação dos recursos na sociedade.

O outro fundamento da regulação de acesso pode ser explorado a partir da *teoria dos mercados contestáveis*[301], que promoveu a tese de que a competição poderia transformar estruturas de mercado reconhecidamente concentradas, bastando para isso criar condições favoráveis de entrada e saída que permitissem a competidores potenciais contestar o mercado do monopolista, forçando-o a operar de maneira eficiente, sem lucros monopolísticos que minassem o bem--estar dos consumidores.

Tal teoria tem origem no trabalho de Harold Demsetz (1968, p. 56-57), que critica o argumento de que os mercados com características de monopólio natural, dada sua sujeição a economias de escala, exigiriam preços de monopólio para alocarem eficientemente os recursos (uma competição pelo

300. Vale aqui destacar que para alguns autores o cumprimento desses quatro critérios tampouco é suficiente para justificar a aplicação da teoria das *essential facilities*. Em Areeda, Phillip. "Essential facilities: an epithet in need of limiting principles", in. *Antitrust Law Journal*, v. 58, p. 858), Areeda argumenta que tal teoria comporta exceção de não aplicação quando exista um propósito negocial legítimo. Sustenta, portanto, que o tratamento diferenciado de concorrentes, ou até mesmo a negativa de acesso dos concorrentes a certo ativo essencial, devem ser considerados lícitos se houver um propósito negocial legítimo envolvido. Hovenkamp (*Federal antitrust policy:* the law of competition and its practice. St. Paul (MN): West Publishing Co., 1994, p. § 7.7) assume posição contrária à referida teoria, chegando a sugerir o seu abandono, dados os confrontos que suscita, sua incoerência e a dificuldade de aplicação prática.

301. DEMSETZ, Harold. Why regulate utilities? *Journal of Law and Economics*, v. 1, n. 1, April 1968, p. 55-65. Disponível em: <http://www.sfu.ca/~wainwrig/Econ400/documents/demsetz68-JLE-utilities.pdf>. Acesso em: 7 out. 2014; BAUMOL, William J. Contestable markets: an uprising in the theory of industry structure. *The American Economic Review*, v. 72, n. 1, p. 1-15, Mar. 1982. Disponível em: <http://www.sfu.ca/~wainwrig/Econ400/Baumol-contestableMkts.pdf>. Acesso em: 8 set. 2012.

mercado em que aos competidores fossem garantidos meios de se disputar tal mercado, seria capaz de alocar os recursos em níveis de preço próximos ao custo unitário[302]). Derivando disso, ela foi sustentada posteriormente por meio de modelo econômico desenvolvido por William Baumol. A partir do exposto por Faraco (2001, p. 181-182), tal modelo pressupõe um mercado monopolizado mas perfeitamente contestável, onde a entrada de concorrentes é livre, e a saída não os obriga a arcar com nenhum custo. Por meio de simulações hipotéticas quanto ao comportamento dos agentes desse mercado, Baumol sustentou que com essas condições extremas de entrada e saída um monopolista não praticaria preços exorbitantes, dado que (i), se o fizesse, perderia participação de mercado para as empresas entrantes, que venderiam seus produtos a preços mais baixos, e (ii) se respondesse à entrada dos competidores baixando seus preços, estes sairiam do mercado sem qualquer dificuldade, perda, mas sempre poderiam regressar caso o monopolista reajustasse seu preço. Por isso o monopolista preferiria manter seu preço em níveis eficientes, por isso a necessidade de criar condições de entrada e saída – que se assemelhassem às do modelo[303] – para a aplicação prática da *teoria dos mercados contestáveis*.

Ao sugerir a possibilidade de controle do comportamento abusivo de um monopolista via pressão competitiva, tal teoria rompeu com a ideia dominante de que os monopólios deveriam ser regulados diretamente, via tarifas. Mas, deve-se ressaltar, isso não parece ser argumento suficiente para sustentar que a *teoria dos mercados contestáveis* sugere a eliminação – plena – da regulação[304], dado que, ao contrário, a atuação reguladora precisaria ainda se incumbir de formalizar e garantir as condições necessárias para o desenvolvimento da concorrência, mesmo que potencialmente[305], e o consequente funcionamento eficiente do mercado monopolizado (via entrada potencial). Sem o delineamento dessas condições pelo regulador a teoria não teria qualquer aplicação prática, e o monopolista agiria tal qual um monopolista, produzindo ineficiências na alocação de recursos na sociedade.

---

302. O custo unitário de um bem é obtido pela divisão do custo total de produção desse bem pela quantidade de bens produzidos.

303. Faraco (2001, p. 182) ressalta que o modelo dos mercados contestáveis é uma abstração cujas condições muito dificilmente serão replicadas no plano real. Afirma ser improvável que todos os custos possam ser recuperados se a saída do competidor do mercado acontecer em curto espaço de tempo, e que não pode ser ignorada a possibilidade de a empresa já estabelecida adotar comportamentos que impeçam a estratégia de entrada de competidores.

304. Lodge e Wegrich (2012, p. 164-165) parecem pensar de forma diferente ao indicar que essas condições requeridas no modelo dos mercados contestáveis para facilitar a entrada e saída de competidores potenciais poderiam se dar via regras *ex post* de defesa da concorrência – sem necessidade de regulação, portanto. Aparentemente, para os autores a *teoria dos mercados contestáveis* cria argumentos contrários à regulação estatal.

305. A manutenção dos preços do monopolista em níveis eficientes não depende da entrada efetiva de concorrentes, mas tão somente da possibilidade de entrada (FARACO, 2001, p. 182).

Parece lógico, então, pensar que a regulação de acesso às redes de monopolistas pode representar uma das formas constitutivas dessas condições de entrada e saída de competidores potenciais. Conforme dito por Faraco (2001, p. 184), as diferentes modalidades de acesso à rede podem estar associadas à garantia de condições de contestabilidade em determinado mercado. Daí a relação entre a *teoria dos mercados contestáveis* e a regulação de acesso a redes.

4.1.2. Definições

Direcionando a narrativa para o campo das telecomunicações, acredito que a expressão "regulação de acesso às redes de telecomunicações" pode ser mais bem entendida a partir de uma análise separada de seus três termos.

Começando pelas "redes de telecomunicações", como dito anteriormente[306], para serem prestados, os serviços de telecomunicações dependem, inevitavelmente, da estruturação de uma rede entre os usuários, a qual está suscetível a externalidades. A rede é o meio para se prestar e acessar o serviço. Dada a regra de que a utilidade de uma rede será maior quanto maior for a quantidade de pessoas a ela conectadas, idealmente as redes são integradas de modo a formar uma rede unificada[307] por meio da qual todos os usuários podem acessar uns aos outros. Entretanto, a composição dessa rede unificada é desigual, podendo os operadores ter maior ou menor dependência das redes de terceiros para acessar todos os usuários do sistema. Daí o fato de os operadores com redes maiores não terem interesse em integrá-las para facilitar o acesso de concorrentes a sua base de clientes. Para piorar, existem os gargalos de rede, trechos com características de monopólio natural, que, dadas as limitações existentes para sua replicação, representam o único meio para que qualquer prestador, detentor ou não daquela infraestrutura, acesse determinados usuários. Em suma, apesar da integração plena entre as redes e da possibilidade de contratar diferentes operadores para a prestação de serviços representar um benefício para o usuário final, para os operadores dominantes isso representa riscos, custos e menores lucros.

Com relação ao termo "acesso", Faraco (2005, p. 239) explica que em essência o acesso às redes de telecomunicações implica uma conexão à rede de um operador, de forma a possibilitar sua utilização econômica por quem se conecta, seja ele o usuário final ou outro operador de telecomunicações. Esse acesso pressupõe o pagamento de valores do demandante para o ofertante, e acordo sobre outras condições contratuais, como prazo para ativação, equipamentos envolvidos, disponibilidade etc. Pelo fato de possuir uma base muito maior de clientes do que seus concorrentes e de controlar

306. Tópico 3.1 deste trabalho.

307. A rede unificada representa o somatório de todas as redes constituintes do sistema integrado. Nesse sistema integrado de redes todos os usuários podem acessar uns aos outros, independentemente da propriedade dessas redes ou dos prestadores dos serviços de telecomunicações.

trechos exclusivos de rede para acesso a certos usuários, o operador dominante possui grande poder para impor ao demandante as condições de contratação do acesso. Atualmente esse acesso ao cabo pode se dar pela via física ou não, sendo muito demandado por operadores entrantes para a prestação de seus serviços de telecomunicação.

O termo "regulação", por sua vez, diz respeito à intervenção estatal que visa disciplinar a contratação e uso das redes de operadores dominantes, dadas as características estruturais existentes no setor que acabam por limitar o desenvolvimento da competição e o funcionamento eficiente dos mercados de telecomunicações. Nesse disciplinamento o regulador estabelece as regras que norteiam essas contratações das redes dos dominantes.

Destacados esses pontos relativos a cada um dos termos, acredito que a regulação de acesso às redes de telecomunicações deve ser entendida como meio de o Estado criar condições concorrenciais em mercados onde elas não existiriam ou se desenvolveriam, dada a sua estrutura naturalmente monopolizada em certos trechos da rede, e os incentivos que essa estrutura gera para o exercício de práticas abusivas pelo operador dominante. Em setor organizado a partir de uma rede unificada, a regulação de acesso é a forma de disciplinar o uso da rede para permitir a prestação dos serviços de telecomunicações por diferentes operadores em bases competitivas[308], tudo em vista do funcionamento eficiente dos mercados do setor.

Não obstante a apresentação dessa minha definição geral, é importante o leitor saber que existem outros entendimentos – e perceber que as decisões regulatórias podem variar em função das percepções que o regulador precisa formar sobre o tema.

David Rogerson[309] (2011, p. 2-4), por exemplo, destaca que a expressão "regulação de acesso"[310] é escorregadia, podendo se diferenciar em função da extensão do acesso às redes instituído. Nesse sentido o autor apresenta uma evolução com as diferentes definições adotadas ao longo de Simpósios Globais para Reguladores (GSR), promovidos pela União Internacional das Telecomunicações (ITU). Se até 2008 o entendimento era de que *open access* representava o meio de criar competição em todas as camadas da rede[311], permitindo uma ampla variedade de acessos a infraestruturas físicas e a aplicações para que a rede funcionasse como uma arquitetura aberta, a partir de 2008 a

308. FARACO, 2005, p. 2-3.

309. ROGERSON, David. Open acces regulation in the digital economy. *GSR 2011 Discussion Paper.* International Telecommunication Union, 2011. Disponível em: <http://www.itu.int/ITU-D/treg/Events/Seminars/GSR/GSR11/documents/02-Open%20Access-E.pdf>. Acesso em: 8 out. 2014.

310. *Open access* no original.

311. Conforme visto em Rogerson (2011, p. 3), são três as camadas da rede: a primeira diz respeito à infraestrutura, a segunda ao transporte e a terceira às aplicações e aos serviços.

ênfase tem sido no acesso restrito às redes físicas[312]. Especificamente nesse ano de 2008, a regulação de acesso foi definida como instrumento para promover o desenvolvimento de infraestruturas, especialmente as redes de dados, para transporte e acesso. Já em 2010 passou a ser entendida como a possibilidade de um terceiro utilizar uma infraestrutura já existente. O autor termina sua análise concluindo que a regulação de acesso é geralmente necessária nos trechos de rede onde existem ou podem existir gargalos econômicos que impeçam ofertas concorrentes – normalmente presentes na camada de infraestrutura –, e que sua importância é menor nas camadas de transporte e muito menor na de aplicações e serviços.

De outro ponto de vista, para Daniel Spulber e Christopher Hoo[313] (2002, p. 8-9) a regulação de acesso precisa ser pensada a partir da premissa de que o acesso a uma rede se refere ao uso dos serviços prestados por ela, dos seus produtos, portanto. Nesse sentido, o acesso não representa simplesmente uma conexão física a uma rede, mas sim uma oportunidade para usar os serviços daquela rede (na perspectiva do demandante do acesso) e um custo de oportunidade (na perspectiva do ofertante), dado que o acesso por terceiros implica uma redução do potencial de prestação dos serviços pelo proprietário da rede. Exatamente por isso, os autores sustentam que a regulação dos preços de acesso deveria depender do *quantum* que o ofertante da rede poderia ter ganhado ao prestar os serviços diretamente.

4.1.3. Condutas-alvo

A essa altura o leitor já deve ter percebido que, em geral, a regulação de acesso às redes de telecomunicações pretende alocar de forma eficiente os recursos do setor ao corrigir falhas no funcionamento de mercados caracterizados pela existência de monopólio natural em determinados trechos de rede, e marcados pela alta probabilidade de práticas abusivas que derivam do controle desses gargalos de infraestrutura por operadores dominantes integrados verticalmente.

Especificamente, a regulação de acesso às redes visa instituir regras *ex ante* que evitem práticas abusivas quando da requisição de acesso por terceiros operadores a gargalos de rede controlados pelos dominantes. Essas regras

312. Martin Cave (Encouraging infrastructure competition via the ladder of investment. *Telecommunications Policy 30*, 2006, p. 230-231) indica que normalmente a oferta de serviços de transmissão de dados por um entrante depende (i) do acesso ao cliente via cabo, (ii) dos servidores (DSLAMs) instalados nas centrais locais, (iii) do acesso ao ATM *backhaul*, (iv) do acesso à rede IP, (v) do acesso à nuvem via serviços de trânsito ou *peering*, e (vi) de funções varejistas (marketing, cobrança, atendimento). A rede física, nesse caso, estaria relacionada ao cabo que conecta o consumidor e ao espaço físico na central local do operador incumbente.

313. SPULBER, Daniel F.; YOO, Christopher S. Access to networks: economic and constitutional connections. *Public Law and Legal Theory Papers*. Northwestern University of Law, Paper 30, 2002. p. 1-9. Disponível em: <http://papers.ssrn.com/sol3/papers.cfm?abstract id=333460>. Acesso em: 8 out. 2014.

condicionam o comportamento do operador dominante em sua relação com terceiros solicitantes de rede ao criarem a obrigatoriedade de fornecimento do acesso pelo dominante, e ao prescreverem as formas e condições contratuais para esse acesso. Isso porque parece racional pensar que, na ausência da obrigação de fornecimento de acesso a esses gargalos de rede, o dominante sequer sentaria à mesa para negociar com um competidor um ativo que lhe dá acesso exclusivo ao usuário final. Seguindo a mesma máxima, na ausência das regras instituindo as formas e condições ao acesso obrigatório aos gargalos de rede, o dominante, então, imporia cláusulas abusivas que inviabilizariam a contratação do acesso, bloqueariam a entrada de seu concorrente e protegeriam o mercado varejista que explora exclusivamente.

Esse tratamento discriminatório dos concorrentes é o alvo das regras regulatórias de acesso. É esse comportamento de sabotagem[314], de imposição de restrições verticais[315] que o Estado busca evitar por meio da regulação de acesso às redes de operadores dominantes.

Mandy e Sappington (2000, p. 1) afirmam que essas atividades de sabotagem incluem: (i) a provisão de serviços inferiores aos concorrentes; (ii) o atraso nas tentativas dos concorrentes em implementar novos e melhores serviços; (iii) a apropriação de informação crucial dos competidores sobre como poderiam usar a rede de uma melhor forma para prestar serviços de maior valor para seus clientes; e (iv) a estruturação de serviços e padrões que favoreçam as operações de seus parceiros às custas de seus rivais.

Em trabalho desenvolvido pela consultoria *SPC Network*[316] (2009, p. 8) a pedido da *BT Global Services*, essas condutas-alvo da regulação de acesso estão organizadas em três classes básicas: (i) recusa de negociação; (ii) discriminação baseada em preço; e (iii) outros tipos de discriminação (discriminação não baseada em preço). No primeiro caso o operador dominante, integrado verticalmente, simplesmente recusa-se a fornecer o acesso a seus concorrentes, o que os impede de atuar nos mercados varejistas em que o dominante atua. No segundo, o dominante cobra de seus concorrentes preços maiores do que cobra internamente de suas operações que também contratam acesso à rede. Já no terceiro, ele atende seus concorrentes com serviços de acesso de qualidade inferior aos que atende em suas operações de varejo.

---

314. Conceito usado por Mandy, David M. e Sappington, David E. M. (*Incentives for sabotage in vertically-related industries*. Junho Jun. 2000, p. 01. Disponível em: Em <http://warrington.ufl.edu/centers/purc/purcdocs/papers/0026 Mandy Incentives for Sabotage.pdf>. Acesso em: 22 dez. 2014) para caracterizar essas práticas anticompetitivas.

315. Possas (2002, p. 4) prefere chamar essas práticas discriminatórias de concorrentes de restrições verticais de acesso.

316. SPC NETWORK. *Equivalence of input and functional separation:* a framework for analysis. 26th February 2009. Este trabalho está em boa medida sintetizado em: CADMAN, Richard. Means, not ends: deterring discrimination through equivalence and functional separation. *Telecommunications Policy 34*, 2010, p. 366-374. Disponível em: <http://www.sciencedirect.com/science/article/pii/S0308596110000583>. Acesso em: 8 out. 2014.

Malcolm Webb[317] (2008, p. 5) adiciona que na discriminação baseada em preço o operador integrado verticalmente precifica o acesso aos gargalos de rede em um nível que torna inviável para um competidor eficiente concorrer com ele, e esclarece que nos outros tipos de discriminação o dominante implementa o acesso, mas fornece tal serviço de forma menos favorável do que faz para si mesmo.

Tentando detalhar exemplos do uso dessas práticas no setor de telecomunicações, Webb (2008, p. 5) cita que a discriminação baseada em preço pode assumir três formas.

A primeira dessas formas é a prática de subsídios cruzados entre produtos onde o operador incumbente possui poder de mercado e onde não possui. Nesses casos o dominante usa de sua condição monopolista em algum mercado atacadista de rede para ganhar artificialmente competitividade em algum mercado varejista que não domina. Possas (2002, p. 6)[318] explica que o uso dessas receitas gordas dos mercados monopolizados para subsidiar preços em mercados onde o operador integrado não é dominante não constitui, em princípio, prejuízo à concorrência. Isso só acontecerá se comprovado um objetivo de predação dos competidores, a ser materializado com evidências da prática de preços abaixo do custo marginal. Vale ressaltar aqui que a prática discriminatória conhecida como subsídios cruzados não se confunde com os subsídios cruzados utilizados pelo regulador para equacionar os problemas – já conhecidos – relativos à universalização de serviços básicos em indústrias de infraestrutura abertas à competição.

Uma segunda forma é conhecida como *price* ou *margin squeeze*. Nesse caso o operador integrado pode aumentar os preços de acesso cobrados de seus concorrentes, deteriorando artificialmente a condição competitiva desses operadores – em relação ao seu negócio varejista – ao pressionar os custos de atacado e os obrigar a aumentar os preços ao consumidor final, o que põe em risco a sustentabilidade daquela operação. A estratégia é predar o concorrente para que a operação de varejo do operador integrado ganhe mercado sem a necessidade de redução de seus preços e com a possível melhora dos seus resultados de atacado (considerando uma pequena variação do volume em função da dependência da contratação do insumo atacadista pelo solicitante, mesmo após o aumento de

317. WEBB, Malcolm. *Breaking up is hard to do: the emergence of functional separation as a regulatory remedy*. International Telecommunication Union, February 2008. Disponível em: <https://www.itu.int/ITU-D/treg/Events/Seminars/GSR/GSR08/discussion papers/Malcolm Webb session3.pdf>. Acesso em: 8 out. 2014.

318. Possas (2002, p. 6) adiciona que essa prática é comum na presença de um gargalo de rede, mas não está diretamente relacionada ao acesso a esse gargalo, o que também acontece com a venda casada (entendida por ele como outro tipo discriminatório), que obriga a contratação de um produto em que o operador não é dominante para que o usuário tenha acesso ao produto em que é dominante (cuja oferta pressupõe o uso do gargalo de rede). Interessante notar que essa figura da venda casada parece poder também se aplicar na contratação direta do acesso, quando o dominante condiciona a contratação da rede de acesso (produto regulado) à contratação da porta de internet (produto de atacado não regulado, mas ofertado pelo dominante).

preços). Mas Cento Veljanovski[319] (2012, p. 3) afirma que essa prática não se limita à cobrança de preços excessivos no atacado, podendo resultar também da redução de preços de varejo ou de uma combinação de ambas as estratégias. No caso da redução dos preços de varejo, o operador integrado faz uso de uma prática anticompetitiva no mercado de varejo[320]. Com essa estratégia o operador integrado força seus competidores de varejo a reduzirem seus preços, pressionando suas margens de lucro – dada a manutenção dos custos atacadistas – e colocando em risco a sustentabilidade do negócio. Mais uma vez quer-se melhorar artificialmente a competitividade de seus negócios varejistas ao custo de predar os competidores desses mercados.

Outra forma que o operador dominante tem para discriminar baseado em preço é a que calibra os valores dos diferentes tipos de acesso que oferta, de modo a enviesar a escolha do solicitante do acesso e condicionar o tipo de competição a que sua operação de varejo estará sujeita. Exemplificando, o operador integrado decide reduzir o preço de um determinado tipo de acesso em relação a outro porque acredita que aquele acesso representa menor risco ao seu negócio, por exemplo, porque limita as ações dos concorrentes para a inovação e melhoria dos serviços que presta, o que não o forçará a fazer investimentos na modernização de suas redes.

No que se refere às outras formas de discriminação – *non price discrimination* –, Webb (2008, p. 5) cita cinco exemplos.

O primeiro é o atraso injustificado do dominante para o processamento e ativação dos pedidos de acesso realizados pelos concorrentes. Tal conduta restringe a operação de seus concorrentes, seja impedindo a prestação do serviço, seja danificando sua imagem em face ao cliente (vendeu e não entregou). É uma estratégia baseada no tempo, que não é neutro e costuma favorecer o operador dominante – que detém a rede e já possui todas as condições para prestar o serviço ao cliente. Ademais, aumenta os custos transacionais relacionados à contratação de acesso pelo competidor. O objetivo maior é fechar os mercados varejistas à concorrência.

O segundo é o favorecimento da operação de varejo do operador integrado via fornecimento de melhores informações sobre os produtos de atacado à disposição (ou mesmo via melhor atendimento). Essa medida aumenta

319. VELJANOVSKI, Cento. Margin squeeze: an overview of EU and national case law. *e-Competitions: Competition Laws Bulletin n. 46442*, 2012. Disponível em: <http://papers.ssrn.com/sol3/papers.cfm?abstract id=2079117>. Acesso em: 9 jun. 2014.

320. Veljanovski (2012, p. 3) ressalta que a Comunidade Europeia entendia que a prática da *margin squeeze* se restringia ao exercício abusivo de posição dominante em mercados atacadistas, sendo vista como um tipo de recusa de negociação. Entretanto, a partir da decisão da Corte Europeia de Justiça no caso conhecido como TeliaSonera (C-52/09, *Konkurrensverket vs TeliaSonera*), em 2011, ampliou-se o escopo do conceito de *margin squeeze* para casos em que a prática anticompetitiva acontecia no mercado varejista, não se relacionando tão somente com estratégias de recusa de negociação de insumos atacadistas. Vale aqui registrar que essa decisão da Corte Europeia também foi muito comentada por ter firmado o entendimento de que a prática de *margin squeeze* é possível mesmo quando o acesso a algum tipo de insumo atacadista de rede é prestado de forma voluntária, sem a existência de imposições regulatórias que obriguem tal acesso.

os custos relativos dos concorrentes e também visa restringir a competição nos mercados a jusante. Diferentemente do primeiro tipo citado, cuja estratégia é piorar diretamente a condição do competidor, aqui há uma melhoria na condição do operador integrado, que piora indiretamente a condição de seus competidores.

O terceiro é quando o operador integrado dá preferência a sua operação de varejo para a contratação dos acessos à rede, que é um bem finito, sujeito à disponibilidade de capacidade. Essa preferência pode-se dar também nos casos em que houver necessidade de investimentos adicionais em rede para atendimento de um cliente específico.

Um quarto exemplo citado por Webb (2008, p. 5) diz respeito ao direcionamento ao departamento de varejo do incumbente de informação comercial confidencial provida pelo solicitante do acesso a sua – do incumbente – operação de atacado. Esse mapeamento dos planos comerciais do concorrente facilita ao operador integrado usar diferentes meios para bloquear essa expansão e garantir sua dominância nos mercados varejistas.

Por fim, temos os casos de discriminação por qualidade, em que o operador integrado entrega serviços de atacado de pior qualidade para os concorrentes do que entrega para a sua operação de varejo. Essa estratégia aumenta custos transacionais, impacta negativamente a eficiência do solicitante e prejudica sua imagem diante do cliente mal-atendido, o que compromete a perspectiva futura do negócio desse concorrente.

4.1.4. Variações da regulação de acesso

Apesar de a regulação de acesso a redes de telecomunicações traduzir uma ideia geral do estabelecimento de regras que assegurem o acesso de concorrentes aos gargalos de redes controlados por operadores dominantes, existem características específicas atinentes ao acesso em si que ensejam algumas classificações sobre a regulação de acesso. Essas variações precisam ser consideradas pelo regulador quando das decisões sobre a conformação de sua regulação de acesso – e isso será ilustrado pelo estudo de caso.

Inicialmente, o acesso pode ser classificado em *one way* e *two way access*. Mark Armstrong[321] (2002, p. 297-298) explica que no primeiro caso os operadores entrantes precisam comprar um insumo essencial do incumbente, mas o inverso não acontece, sendo clara, segundo o autor, a necessidade de intervenção regulatória – dada a probabilidade de exercício abusivo de poder por parte do incumbente com fins de fechar mercados de varejo, via imposição de barreiras artificiais ao desenvolvimento dos negócios de competidores. Canoy,

321. ARMSTRONG, Mark. The theory of access pricing and interconnection. In: CAVE, Martin et al. *Handbook of telecommunications economics*, v. 1, 2002, Chapter 8.

Bijl e Kemp[322] (2004, p. 136-137) detalham que essa situação normalmente se dá quando existe um operador incumbente verticalmente integrado – na maioria das vezes o antigo monopolista estatal – que controla o acesso a uma rede local, da qual operadores entrantes são dependentes[323] para prestarem serviços e concorrerem pelo consumidor final. Esse tipo de acesso é clássico nos setores integrados verticalmente, sendo o único existente em setores onde as redes não estão sujeitas a externalidades – gás e energia elétrica, por exemplo –, como posto por Armstrong (2002, p. 298). Um exemplo importante no setor das telecomunicações é o *unbundling local loop* (ULL), um tipo de acesso a elementos da rede local do incumbente a partir do qual o entrante contrata um par de cobre preexistente, cuja frequência pode ser utilizada para prover serviços de voz e de dados para os usuários conectados àquela infraestrutura.

Por outro lado, o segundo tipo de acesso, *two way access*, é frequente em setores afetados por externalidades de rede, como o de telecomunicações, o que pressupõe que todos os operadores do sistema necessitam contratar interconexão interconexões uns dos outros para conectar os seus clientes aos clientes baseados nas redes de seus concorrentes. Nesse caso existe um interesse comercial comum entre as duas partes, pois ambas precisam usar redes de terceiros[324] para, expandindo o alcance de seus serviços, garantir a seus clientes os maiores retornos possíveis em termos de possibilidade de comunicação. Canoy, Bijl e Kemp (2004, p. 142) ressaltam que é essa característica de interoperabilidade do sistema que suscita a existência de regras para esse tipo de acesso. A interconexão de redes para terminação de chamadas é o exemplo típico. Apesar da aparente desnecessidade de intervenção regulatória nesses casos envolvendo *two way access*, Mark Armstrong[325] (1998, p. 560-561) lembra que a regulação deve existir pelo menos no que se refere ao monitoramento dos agentes, isso porque a presença de assimetria de poder entre os agentes envolvidos pode ensejar abusos nessa relação, e mesmo a simetria pode facilitar uma colusão para coordenação

322. CANOY, Marcel; BIJL, Paul; KEMP, Ron. Access to telecommunications networks. In: BUIGUES, Pierre; REY, Patrick. *The economics of antitrust and regulation in telecommunications:* perspective for the new european regulatory framework. Cheltenham: Edward Elgar, 2004, Ch. 8. Disponível em: <http://books.google.com.br/books?id=cOcZJPKUEDIC&pg=PA135&lpg=PA135&dq=Access+to+telecommunications+networks+canoy&source=bl&ots=Z9il8YzIRz&sig=IpZ iYnjLHjEEDCfucYGIgLIBDk&hl=pt-BR&sa=X&ei=UFkIVITMO8zLggT8jIKYDw&ved=0CB0Q6AEwAA#v=onepage&q=Access%20to%20telecommunications%20networks%20canoy&f=false>. Acesso em: 8 out. 2014.

323. Haja vista a impossibilidade técnica e econômica de, na maioria das vezes, construírem sua própria rede local em curto espaço de tempo.

324. Concorrentes diretos em um mesmo mercado ou não, como classificado por Armstrong (1998, p. 547). No primeiro caso ele cita a necessidade de um incumbente local contratar interconexão de um concorrente que possui infraestrutura própria no acesso a seu consumidor, ; já no segundo ele ressalta o caso de um operador no Reino Unido contratando terminação de chamadas nas redes de um operador nos Estados Unidos, e vice-versa.

325. ARMSTRONG, Mark. Network interconnection in telecommunications. *The Economic Journal 108*. May 1998, p. 545-564. Disponível em: <http://www.jstor.org/stable/2565782>. Acesso em: 9 out 2014.

de preços de acesso em níveis acima do desejado socialmente (quando os altos preços de interconexão pactuados pressionariam os preços de varejo).

Derivando do exposto no parágrafo acima, as regras regulatórias que cuidam do acesso às redes também podem ser classificadas como simétricas ou assimétricas.

As primeiras pressupõem a interdependência na contratação de redes para alcance de usuários baseados em redes de terceiros, e como visto em Mark Schankerman[326] (1996), no em geral estabelecem para todos os operadores, incumbentes ou entrantes, as mesmas regras, seja no que se refere a incentivos, seja no que se refere a restrições e obrigações. As regras gerais que obrigam a interconexão de redes são o melhor exemplo. Não obstante, regras desse tipo têm sido aplicadas na Europa[327] para certos elementos da rede, como, por exemplo, dutos e estações radiobase (ERBs), mas podendo envolver a fibra no acesso local[328].

Por seu turno, e como já visto, as regras assimétricas levam em conta a assimetria de poder entre os contratantes, entrantes e incumbentes, estando associadas a casos envolvendo *one way access*. Entretanto, isso não significa que só se apliquem a esse tipo de acesso, sendo comum a existência de regras assimétricas para operadores dominantes em mercados de interconexão fixa e móvel, por exemplo.

A regulação de acesso a redes pode também se referir a elementos de infraestrutura passiva ou ativa.

De forma ampla[329], as infraestruturas passivas constituem o suporte físico para a prestação dos serviços de telecomunicações. Elas podem estar associadas a serviços básicos e ancilares[330]. Os primeiros referem-se à conectividade passiva do solicitante à rede do ofertante, com uso de elementos dessa rede, mas sem o envolvimento do ofertante na transmissão do sinal. A venda de fibra apagada é um exemplo, e mesmo a desagregação do par de cobre (*unbundling*). Os ancilares são os outros serviços necessários para que o serviço básico de conectividade passiva possa ser prestado, sendo exemplos a contratação de espaços

326. SCHANKERMAN, Mark. Symmetric regulation for competitive telecommunications. *Information Economics and Policy 8*. 1996, p. 3-23. Disponível em: < http://www.sciencedirect.com/science/article/pii/0167624595000100>. Acesso em: 9 out. 2014.

327. Disponível em: <http://www.wik.org/index.php?id=diskussionsbeitraegedetails&L=1&tx ttnews%5Btt news%5D=1267&tx ttnews%5BbackPid%5D=93&cHash=e61b9368de3b3f6155d5l114c85b697b>. Acesso em: 9 out. 2014.

328. EUROPEAN PARLIAMENT. *How to build a ubiquitous EU digital society*. Brussels, Nov. 2013, p. 78. Disponível em: <http://www.europarl.europa.eu/RegData/etudes/etudes/join/2013/518736/IPOL-ITRE ET(2013)518736 EN.pdf>. Acesso em: 9 out. 2014.

329. ANATEL. *Análise dos mercados relevantes tratados no Plano Geral de Metas de Competição – PGMC*, 2010, p. 157. Disponível em: <http://sistemas.anatel.gov.br/sacp/Parametros/ArquivosAnexos/25072011 165700 Analise%20dos%20Mercados%20Relevantes%20PGMC.pdf>. Acesso em: 12 out. 2011.

330. Disponível em: <http://www.ictqatar.qa/en/documents/document/passive-fixed-telecommunications-networks-and-services-license-qnbn>. Acesso em: 16 jun. 2014.

em dutos, valas, posições em postes ou torres, *co-location*[331] de equipamentos em áreas físicas. As regras regulatórias de acesso podem, portanto, se referir exclusivamente a esses elementos passivos de rede.

Mas elas podem também se destinar a elementos ativos da rede, assim chamados por pressupor a transmissão do sinal pelo ofertante e envolver o uso de equipamentos eletrônicos. Da mesma forma que acontece com a infraestrutura passiva, a contratação de infraestrutura ativa pode incorporar mais ou menos elementos de rede. São produtos típicos a revenda de serviços do ofertante ou o *wholesale broadband access (WBA)*, também conhecido como *bitstream*.

A figura a seguir, retirada de apresentação realizada por Philippe Defraigne[332], ajudará a visualizar esses diferentes produtos atacadistas regulados, ativos e passivos, na cadeia produtiva de serviços de dados.

Figura 8 – Produtos Atacadistas Ativos e Passivos

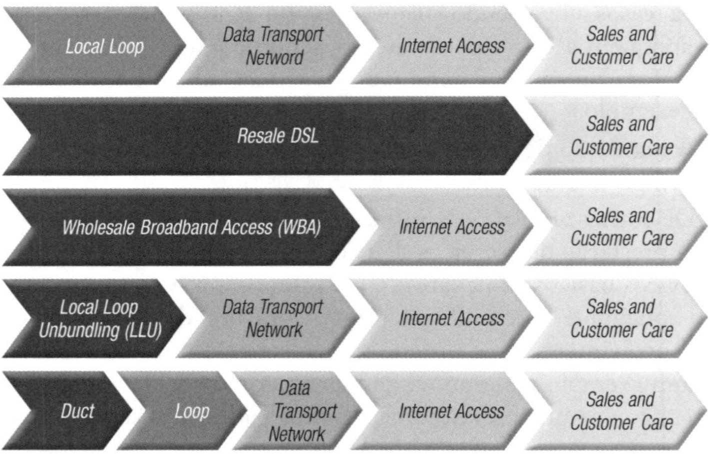

Fonte: CULLEN INTERNATIONAL,2012, p. 21.

A primeira linha da figura representa a cadeia desagregada para prestação de serviços de dados, portanto. Em cinza escuro, nas duas linhas subsequentes, os produtos atacadistas que derivam de uma regulação de acesso ativa (a EILD é um tipo). Também em cinza escuro, nas duas últimas linhas, os produtos relacionados a uma regulação passiva. Esses diferentes produtos visam atender às

331. Vide exemplo desse tipo de contrato em: <http://www.gvt.com.br/Portal%20GVT/Atendimento/Area%20Aberta/Documentos/Contratos/Contrato%20Colocation.pdf>. Acesso em: 16 jun. 2014.

332. CULLEN INTERNATIONAL. Build, buy or share. *3rd Latin America – EU Symposium on ICT Regulation*. Brasília, p. 21-22, Nov. 2012.

diferentes necessidades de contratação de redes por operadores entrantes, o que depende dos modelos de negócios que adotam.

Interessante notar que essa divisão entre regulação de acesso ativo e passivo à rede costuma estar associada à escolha do regulador por uma estratégia de fomento de competição no setor via concorrência intrarredes ou entre redes[333]. Na figura a seguir essa bilateralidade está expressa, respectivamente, como competição via serviços e competição via infraestrutura.

Figura 9 – Competição Via Serviços e Competição Via Infraestrutura

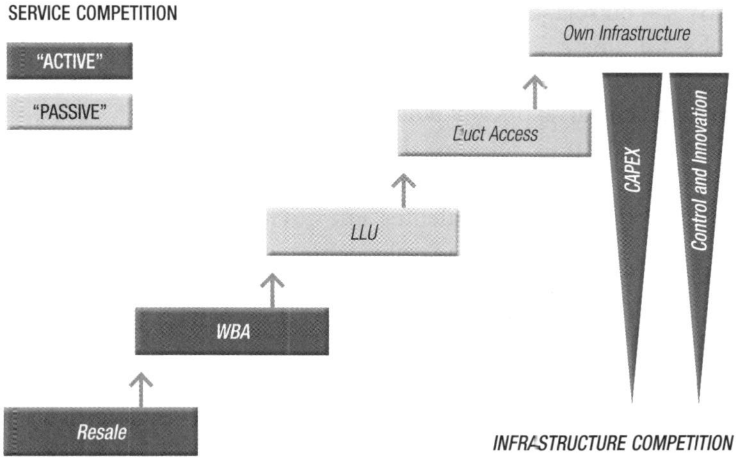

Fonte: CULLEN INTERNATIONAL, 2012, p. 22.

A partir da figura é possível perceber que uma opção (em maior grau) associada à competição via serviços depende da existência de produtos de acesso ativo, como a revenda e o *bitstream* (WBA, na figura). Por sua vez, a competição via infraestruturas pressupõe produtos de acesso passivo ou mesmo a construção de toda uma rede própria – *own infrastructure* na figura –, o que exige investimentos maiores por parte dos entrantes.

Bourreau e Dogan[334] (2003, p. 5-6) detalham a racionalidade relacionada a cada uma dessas opções regulatórias – não excludentes, é bom que se diga. No primeiro caso, relacionado à competição intrarrede, pressupõe-se a inviabilidade de replicabilidade do gargalo de rede, e por isso se outorga, via regulação, o direito ao operador entrante de acessar tal gargalo fazendo uso de

333. Essa diferenciação será mais bem explorada quando, no próximo tópico, for abordada a teoria conhecida como *ladder of investment*.

334. BOURREAU, Marc; DOGAN, Pinar. *Service-based vs Facility-based competition in local access networks*. June 11, 2003. Disponível em: <http://www.sciencedirect.com/science/article/pii/S0167624503000726>. Acesso em: 9 out. 2014.

determinados produtos regulatórios. Ao contrário, para fomentar a competição inter-redes o regulador impõe incentivos para que o operador entrante prefira construir sua própria infraestrutura (ainda que parcialmente) para competir com o incumbente. Nesse caso parece existir a presunção de viabilidade econômica e social de replicabilidade dos gargalos de rede em determinados locais e circunstâncias pelos operadores competitivos, e, portanto, de menor necessidade de regulação de acesso ativo ou mesmo passivo para serviços básicos – mantendo-se obrigações regulatórias apenas para a contratação de elementos ancilares da rede.

Por fim, a regulação de acesso às redes pode consistir em obrigações de não discriminação ou obrigações de equivalência de condições de contratação de insumos[335] – ou seja, de isonomia –, conforme visto em *SPC Network* (2009, p. 9-10). Essa é uma separação importante para o estudo de caso. Ambas pretendem evitar as condutas-alvo já citadas no tópico anterior, mas elas possuem uma diferença central, explicada adiante.

O artigo 10 da Diretiva de Acesso da Comunidade Europeia define que as obrigações de não discriminação devem garantir que o operador dominante aplique condições equivalentes em circunstâncias equivalentes àqueles que estejam contratando serviços equivalentes, e que preste o serviço e forneça informações aos solicitantes sob as mesmas condições e com a mesma qualidade que faz para si próprio, para suas subsidiárias e/ou para seus parceiros (SPC NETWORK, 2009, p. 9). A não discriminação admite diferenciações no tratamento dos solicitantes, mas desde que objetivamente justificáveis e que não caracterizem discriminação indevida[336]. Normalmente essa obrigação de não discriminação se materializa a partir de outra regra: a obrigação de publicação pelo operador dominante de uma oferta de referência de atacado com os termos (i.e., preços, prazos, tipos e condições de fornecimento do acesso) relativos à contratação dos insumos de rede. Na oferta o regulador pode predefinir os termos da venda do acesso à rede[337] ou pode tão somente indicar de forma geral que tais termos precisam respeitar o princípio de não discriminação, devendo ser razoáveis, capazes, portanto, de permitir aos solicitantes concorrer com os dominantes nos mercados varejistas. Nesse último caso o operador dominante possui maior

335. *Equivalence of Inputs*, no inglês.

336. Conforme visto em Cadman (2010, p. 368), até 2003 a obrigação de não discriminação era traduzida pelo regulador das telecomunicações no Reino Unido a partir do conceito de não discriminação indevida, sendo interpretadas como legais, portanto, as discriminações objetivamente justificáveis.

337. A definição dos preços de acesso a redes de telecomunicações pelo regulador é item de alta complexidade e importância, como comentado por Jaunice Hauge e David Sappington (in BALDWIN, CAVE e LODGE, 2010, p. 462 e 474-476). Há diferentes metodologias para seu cálculo, como se vê em Bourreau e Dogan (2003, p. 14). Apesar da grande variedade de nomenclaturas, os reguladores normalmente baseiam esses valores no cálculo dos custos realmente incorridos pelo dominante na prestação desse serviço, ou a partir de um método de replicabilidade conhecido como *retail minus*, em que se costuma definir o menor preço de varejo praticado pelo dominante em determinado mercado e dele se subtraem os custos administrativos – *marketing*, cobrança, atendimento – e outros custos operacionais que não tenham sido utilizados – quando isso for aplicável –, de modo a se ter um valor razoável para contratação de acesso pelos solicitantes, similar ao valor baseado em custos.

flexibilidade para desenvolver suas ofertas, mas do lado do regulador, os riscos de a oferta não respeitar o princípio de não discriminação costumam ser maiores.

As obrigações de equivalência são originárias do Reino Unido, derivaram de um processo de revisão da regulação de acesso na região entre 2004 e 2005 e, nas palavras de Cadman (2010, p. 370) representam uma forma mais robusta de não discriminação. O Ofcom, regulador das telecomunicações no Reino Unido, definiu a equivalência de condições para contratação de insumos assim: o operador dominante deve prestar, para um produto ou serviço específico, o mesmo produto ou serviço para todos os solicitantes (inclusive ele próprio) no mesmo prazo, termos e condições (incluindo preço e qualidade do serviço), por meio dos mesmos sistemas e processos, incluindo a provisão a todos os solicitantes da mesma informação comercial sobre esses produtos, serviços, sistemas e processos. Especificamente, isso significa que o próprio operador dominante deve usar esses sistemas e processos da mesma maneira e com o mesmo grau de segurança e *performance* experimentado pelos outros solicitantes (in CADMAN, 2010, p. 369).

De forma mais resumida (in SPC NETWORK, 2009, p. 9), a equivalência significa a prestação do mesmo produto sob os mesmos termos e usando os mesmos processos e sistemas usados para clientes internos e externos. O que também significa tratar informações, reclamações e solicitações recebidas de clientes internos e externos de forma igual.

É preciso dizer, entretanto, que existem dois tipos de regras de equivalência: *equivalence of inputs* (EOI) e *equivalence of outcomes* (EOO). O primeiro é exatamente esse explicado acima, que exige que o operador integrado verticalmente utilize os mesmos processos e sistemas que usa para suas divisões de varejo na interação com os solicitantes externos. Diferentemente, o outro tipo não obriga que o operador integrado verticalmente use os mesmos sistemas e processos que usa na relação com sua divisão de varejo para garantir a equivalência no tratamento dos solicitantes externos, bastando que os resultados para ambos sejam os mesmos[338].

Como as obrigações de não discriminação, as obrigações de equivalência podem se materializar a partir de ofertas públicas de referência, bem como podem estar sujeitas a discussões sobre as definições dos termos de contratação, não sendo essa a sua diferença central com relação às obrigações de não discriminação. Tal diferença consiste no fato de que esta última permite o tratamento diferenciado entre os solicitantes quando o tratamento for objetivamente justificável, enquanto no caso das regras de equivalência não é permitida qualquer relativização de condições de contratação entre qualquer solicitante de um mesmo insumo de rede. É uma regra que exige do operador dominante tratamento igual

338. ELLARE e OXERA. *Vertical functional separation in the electronic communications sector: what are its implications for the Portuguese market?* Prepared for ICP-ANACOM, July 2009, p. 29. Disponível em: <http://www.anacom.pt/streaming/final report oxera jul2009.pdf?contentId=968163&field=ATTACHED FILE>. Acesso em: 23 jul. 2014.

em relação a todos os solicitantes de um mesmo insumo de rede, não admitindo exceções nem no que se refere a descontos, por exemplo.

Feito esse mapeamento sobre a regulação de acesso a redes, no próximo tópico vou explorar os problemas de não *compliance,* comuns mundo afora quando o assunto é a contratação de redes de operadores dominantes por entrantes. Pretendo, com isso, deixar clara a importância da escolha das regras do regime de acesso a redes pelo regulador, para que, de fato, ele consiga evitar a prática de condutas anticompetitivas por operadores dominantes em mercados de telecomunicações verticalmente integrados. Esse é o passso que preciso dar para construir um conceito de estratégias regulatórias de *compliance* com regras de acesso.

4.2. ESTRATÉGIAS REGULATÓRIAS PARA *COMPLIANCE* DE OBRIGAÇÕES DE ACESSO

Neste tópico abordarei o problema de não *compliance* relativo às regras de acesso a redes, primeiramente apontando suas razões, depois delimitando meu entendimento sobre as estratégias regulatórias de *compliance* com regras de acesso. Assim, espero responder ao primeiro bloco de perguntas da presente pesquisa: *Como caracterizar as estratégias regulatórias de* compliance *com regras de acesso a redes de telecomunicações? Quais os seus principais elementos?*

4.2.1. Razões do problema de não *compliance* com a regulação de acesso a redes

Borreau e Dogan (2003, p. 12) pontuam a existência de estudos que, em geral, demonstram a resistência dos operadores dominantes ao cumprimento das regras de acesso a redes de telecomunicações. Os autores (2003, p. 13) destacam a ocorrência de diferentes estratégias de não *compliance* com tais regras mundo afora, especialmente no que se refere ao prazo e à qualidade na prestação dos serviços atacadistas objeto de regulação. Os confrontos entre operadores dominantes e entrantes envolvendo a contratação de acesso também são mencionados em Tropina, Whalley e Curwen[339] (2009, p. 231) e em Webb (2008, p. 5).

A existência desses comportamentos de não cumprimento das regras regulatórias que obrigam o acesso às redes de operadores dominantes parece estar associada a uma razão geral – aplicável a diferentes tipos de regulação – e a outra mais específica.

A razão geral para o não *compliance* diz respeito aos problemas de incentivos inerentes à relação entre regulador e regulado – conhecida na literatura como relação *Agente-Principal*[340]. Se para o regulador (Principal) a imposição

339. TROPINA, T.; WHALLEY, J.; CURWEN, P. Functional separation within the European Union: debates and challenges *Telematics and Informatics 27*. 2010, p. 231-240. Disponível em: <www.elsevier.com/locate/tele>. Acesso em: 2 dez. 2013.

340. A relação *Agente-Principal* é uma derivação da falha de mercado associada à assimetria de informações entre as partes. Informações assimétricas são falhas que podem provocar dois resultados indesejáveis em mercados livres: seleção

de regras de acesso tem como finalidade incrementar a competição no setor via correção de falhas no funcionamento dos mercados, no caso do regulado dominante (Agente) ela representa riscos ao seu negócio, dado que pode impactar seu resultado financeiro seja a partir do incremento de custos para cumprimento de tais obrigações regulatórias, seja por aumentar a probabilidade de redução de suas receitas de varejo ao incentivar a entrada de outros competidores nesses mercados varejistas. Esse descompasso entre os interesses das partes enseja comportamentos estratégicos que priorizem o alcance de seus objetivos particulares. Ocorre que nessa relação o regulador (Principal) possui informações limitadas sobre o comportamento do regulado (Agente), está sujeito a custos expressivos para obter tal informação e garantir que o comportamento esteja em linha com a regra que instituiu, e sabe que tal regra pode não surtir o efeito esperado[341]. Essa situação fática normalmente desincentiva o regulado a cumprir com a regra posta[342], dado que a probabilidade de ser detido e punido pelo descumprimento é baixa, e menor ainda se considerada sua habilidade de evitar essa detenção/punição. Nesse sentido, racional será assumir uma estratégia de não *compliance*.

Uma razão mais específica parece-me estar atrelada ao fato de o estudo da regulação de acesso não ser pacífico, envolvendo confrontos entre objetivos públicos importantes, bem como sinais controversos acerca de seus benefícios para o desenvolvimento do setor das telecomunicações. Apesar de possuir bases teóricas firmes e mesmo de existirem pesquisas empíricas sinalizando sua importância para o desenvolvimento do setor das telecomunicações[343], parte da literatura enxerga muitos problemas no uso da regulação de acesso.

Crandall et al. (2012, p. 6-7)[344] sustentam que garantir o acesso à infraestrutura de rede de operador incumbente reduz os incentivos para que operadores competitivos inovem e desenvolvam suas próprias redes. Para os autores, esse acesso à rede do incumbente não deveria ser garantido de forma geral, mas sim caso a caso, de modo a eliminar tais desincentivos. Ressaltam ainda que a regulação de acesso às redes enfrenta enormes desafios para sua aplicação prática pelo regulador, gerando custos desnecessários e não sendo eficiente do ponto de vista do interesse do consumidor. Dentre os desafios para a aplicação prática da regu-

---

adversa e risco moral (MACEDO e VIEGAS, 2010, p. 92). Os exemplos clássicos que ilustram os dois casos são o mercado de carros usados e o mercado de seguros, respectivamente. Aplicado ao contexto regulatório, Lodge e Wegrich (2012, p. 40) argumentam que esse problema informacional dificulta a supervisão dos regulados pelo regulador.

341. Conforme se viu em: CRANDALL, R.; EISENACH, J.; LITAN, R. Vertical separation of telecommunications networks: evidence from five countries. *Working Draft September 2009*. Disponível em: <http://ssrn.com/abstract=1471960>. Acesso em: 8 dez. 2013.

342. Especialmente se o regulado acredita que os termos impostos pelo regulador para o fornecimento do acesso sejam inadequados.

343. Vide: BERKMAN CENTER. *Next Generation Connectivity. A review of broadband transitions and policiy from around the world*. 2010, item 4. Disponível em: <http://cyber.law.harvard.edu/newsroom/broadband review final>. Acesso em: 9 out. 2014.

344. CRANDALL, Robert W. et al. *The long-run effects of cooper unbundling and the implications for fiber*. March, 2012, p. 6-7. Disponível em: <http://papers.ssrn.com/sol3/papers.cfm?abstract id=2018929>. Acesso em: 9 set. 2012.

lação de acesso, Crandall et al.[345] citam as dificuldades para definir qual segmento da rede do operador dominante tem características de monopólio natural, para descobrir o preço que promoveria eficiência e não produziria efeitos colaterais indesejáveis, para garantir o *enforcement* da regulação, haja vista a competência e os incentivos que os incumbentes possuem para discriminar competidores e não oferecer o acesso a suas redes, e para que a regulação se adeque às velozes e constantes alterações tecnológicas do setor das telecomunicações.

Na mesma linha de argumentos críticos, reconhecida na literatura como *cream skimming*, Spulber e Yoo (2007)[346] explicam não ser racional para os operadores competitivos construírem/expandirem redes, que demandam investimentos intensivos em capital, especialmente quando podem contratar insumos de rede diretamente do operador incumbente. Adicionam que a regulação de acesso desincentiva o próprio operador incumbente a investir em melhorias em sua infraestrutura, tendo em vista que seus competidores irão acessá-la a preços regulados, sem ter que realizar os mesmos investimentos vultosos. Argumentam, portanto, que nessa situação hipotética não existiria retorno adequado ao investimento realizado, e os agentes econômicos prefeririam não investir. A repercussão disso no interesse público seria a limitação dos investimentos em infraestruturas de rede, o que impactaria negativamente a evolução dos serviços e o bem-estar dos consumidores no longo prazo.

Numa tentativa de mensurar o desestímulo aos investimentos gerado por mecanismos de regulação de acesso, Grajek e Roller (2009, p. 1-6 e 12)[347] sustentam a partir de estudo empírico – com dados referentes a período de dez anos, envolvendo mais de 70 operadoras em 20 países da União Europeia – que a regulação de acesso foi responsável por limitar os investimentos totais da indústria de telecomunicações na Europa em € 16,4 bilhões entre 1997 e 2006.

Há também na literatura a teoria conhecida como *Ladder of Investment*[348], que tenta equacionar os benefícios e custos sociais atinentes ao uso da regulação de acesso. Tampouco pacífica[349], tal teoria trilha caminho intermediário entre a aversão e a propensão à regulação de acesso na medida em que limita no tempo o acesso de operadores às redes dos incumbentes e os força a investir no desenvolvimento de infraestrutura própria – quando identificada pelo regulador a

345. CRANDALL et al., 2012, p. 6-9.

346. SPULBER, D.; YOO, C. Mandating access to telecom and internet: the hidden side of Trinko. *Columbia Law Review*, v. 107, n. 8, p. 1845-1846, Dec. 2007.

347. GRAJEK, Michal; ROLLER, Lars-Hendrik. Regulation and investment in network industries: evidence from European telecoms. *SFB 649 discussion paper, n. 2009, 039*. Disponível em: <http://www.econstor.eu/handle/10419/39322>. Acesso em: 18 fev. 2013.

348. CAVE, Martin. Encouraging infrastructure competition via the ladder of investment. *Telecommunications Policy 30*, 2006, p. 223-237. Disponível em: <www.sciencedirect.com>. Acesso em: 18 fev. 2013.

349. BOURREAU, Marc; DOGAN, Pinar; MANANT, Matthieu. A critical review of the "ladder of investment" approach. *Telecommunications Policy 34*, 2010, p. 683-696. Disponível em: <www.sciencedirect.com>. Acesso em: 18 fev. 2013.

possibilidade de replicação da rede, inclusive no segmento local. Ou seja, conforme tal teoria, a regulação de acesso é relativizada em função da possibilidade real de replicação de redes por operadores concorrentes ao incumbente. Numa simulação desse processo de relativização a regulação de acesso poderia começar mais ampla, contemplando todos os trechos da rede do incumbente e formas distintas de contratação desse acesso, ativas e passivas, e ao longo do tempo iria se restringindo, indicando a eliminação de obrigações de acesso em determinados trechos de sua rede – o que indiretamente forçaria os operadores a investirem em infraestrutura de rede própria, minimizando a sua dependência para com a rede do incumbente, bem como promoveria competição via redes alternativas às dele[350].

O ponto é que toda essa complexidade científica – materializada nos confrontos de interesse público e nas dificuldades de aplicação prática da regulação de acesso – gera ainda mais instabilidade na relação entre operador dominante e regulador, o que, ao abrir espaço para discussões múltiplas, retroalimenta os incentivos do regulado em não cumprir com as regras de acesso, deixando ainda mais difícil a tarefa de disciplinar tal comportamento. Em suma, os sinais distintos emitidos por pesquisas científicas incendeiam as discussões sobre os custos e benefícios da regulação de acesso às redes de telecomunicações e com isso reforçam comportamentos estratégicos de não cumprimento com as regras regulatórias que almejam evitar condutas anticompetitivas no setor.

4.2.2. Estratégias regulatórias para o tratamento do problema de não *compliance*

Delimitado de forma geral o problema de não *compliance* nos regimes de acesso a redes (compatível com o caso da EILD no Brasil), nesse tópico apresentarei meu conceito de estratégias regulatórias de *compliance* em regimes de acesso a redes de telecomunicações.

Antes disso, para não parecer ao leitor que o regulador sempre precisará tratar esse tipo de problema em regimes pró-competição estabelecidos, e por isso sempre demandará uma estratégia de *compliance* específica, é necessário esclarecer que o problema de não *compliance* com as regras de acesso às redes está em grande medida associado à escolha institucional primária relativa à estrutura de mercado do setor. Tal esclarecimento será feito com a ajuda da figura[351] a seguir (in SPC NETWORK, 2009, p. 7-8), que ilustra quatro formas distintas de organização dos mercados de comunicação eletrônica, representadas pelas hipóteses A, B, C e D.

---

350. Para informações específicas sobre competição inter e intrarredes no setor de telecomunicações, vide: BOURREAU, Marc; DOGAN, Pinar. *Service-based vs. Facility-based competition in local access networks*. June 11, 2003. Disponível em: <http://ses.telecom-paristech.fr/bourreau/Recherche/policyLL.pdf>. Acesso em 19 maio 2013.

351. Na figura a linha pontilhada diz respeito à existência de integração vertical, a letra U se refere a *Upstream Market* (mercado atacadista) e a letra D a *Downstream Market* (mercado varejista), sendo UI a unidade de atacado do operador incumbente e DI sua unidade de varejo. DC ilustra a operação varejista de operadores competitivos.

Figura 10 - Variações de Organização de Mercados de Comunicação Eletrônica

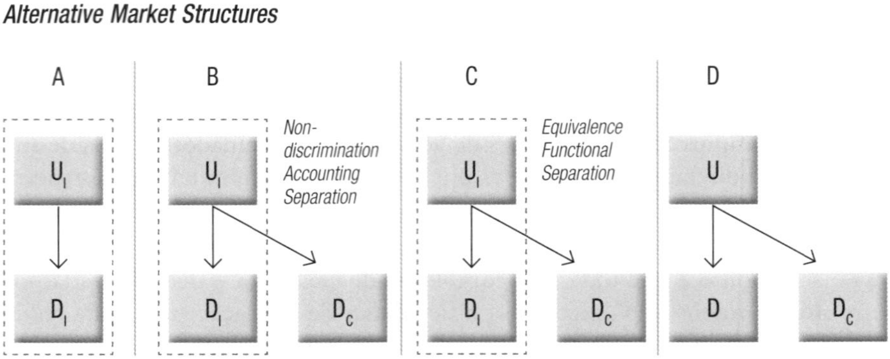

Fonte: SPC NETWORK, 2009, p. 8.

Na hipótese A, usual antes das reformas liberalizantes do setor, permite-se a existência de um monopólio verticalmente integrado e não existem obrigações de oferta de acesso a operações varejistas rivais. Nas hipóteses B e C também é permitida a presença de operador dominante integrado verticalmente, mas nesse caso, dada a percepção sobre a possibilidade de introdução de competição em nichos de mercado onde ela seja possível, há obrigação regulatória de oferta de acesso a operações varejistas concorrentes. Na hipótese D não é permitida a integração vertical no setor, não havendo incentivos para o operador atacadista, separado estruturalmente das operações de varejo, discriminar qualquer concorrente dependente da contratação da rede que controla.

Isso posto, é possível inferir, primeiro, que os regimes regulatórios que instituem regras de acesso a redes só são necessários em estruturas de mercado abertas à concorrência e admitem a existência de operador dominante verticalmente integrado. Segundo, que só há problemas de não *compliance* e consequente necessidade de estratégias para assegurar o cumprimento das regras de acesso a redes quando existe um regime regulatório específico sobre o tema. Isso implica que as estratégias regulatórias de *compliance* com obrigações de acesso a redes estão restritas às estruturas de mercado representadas pelas letras B e C. Ou que a escolha primária pela estrutura da hipótese da letra D poderia atender a objetivos de competição sem ter que lidar com problemas de não *compliance* com regras de acesso.

Para desenvolver o conceito de estratégias regulatórias de *compliance* nos regimes de acesso a redes continuarei me valendo da figura acima, mas já descartando os regimes A e D, pois, como se viu, não pressupõem problemas de incentivo a discriminar competidores. Nesse sentido, analisarei os regimes das letras B e C, que além de estruturas de mercado integradas verticalmente, representam simplificações dos regimes mais comuns de regulação de acesso a redes de telecomunicações.

Tendo em vista que esta análise tentará se pautar ao máximo pelos conceitos de ferramentas, abordagens e estratégias regulatórias – estudados na Parte I deste trabalho –, é conveniente, antes de sua realização, reforçar ao leitor que quaisquer regimes regulatórios pressupõem escolhas circunstanciais não só quanto às regras e racionalidades a serem utilizadas para direcionar o comportamento dos regulados (ferramentas), mas também quanto aos meios de monitoramento e *enforcement* dessas regras (abordagens); e que a combinação entre as diferentes escolhas feitas pelo regulador para desenho de um determinado regime consubstanciam a estratégia regulatória geral adotada para seu funcionamento.

Dito isso, a seguir seguem as análises dos regimes de acesso indicados na Figura 10.

No regime da letra B há obrigações de oferta do acesso a rede em condições não discriminatórias, acompanhadas de obrigações de transparência – via publicidade dessa oferta e separação contábil das operações de atacado e varejo do operador dominante – para facilitar o monitoramento e *enforcement* das regras pelo regulador.

Do ponto de vista das ferramentas regulatórias, é possível inferir que existem regras descritivas de padrões de comportamento que precisam ser respeitadas pelo regulado (obrigação de oferta pública; obrigação de não discriminação; obrigação de dar transparência a suas contas). Isso sugere o uso de uma racionalidade de comando e controle. Entretanto, essas regras parecem ter conteúdos distintos. Enquanto a obrigação de oferta em condições não discriminatórias denota a forma como o acesso a redes deve ser feito, as obrigações de publicidade da oferta e de separação de contas representam um meio para garantir o monitoramento e *enforcement* das regras de acesso que se instituem. Essas obrigações de transparência parecem fazer parte de uma abordagem regulatória que almeja produzir/organizar informações específicas que permitam o monitoramento e assegurem, basicamente via ameaça de punição, o comportamento de *compliance* com as regras de acesso. O regime idealizado pela letra B aposta, portanto, em uma estratégia regulatória geral de comando de comportamentos para fornecimento do acesso à rede em condições não discriminatórias e de controle desse comando via monitoramento das ofertas publicadas e das contas das atividades de atacado e varejo do operador integrado verticalmente, e via punições pelo não *compliance* das regras.

Na hipótese da letra C o regime regulatório faz uso de obrigações de acesso, mas dessa vez sob condições de equivalência de contratação de insumos. Ademais, existem diferenças quanto às obrigações de transparência, sendo que nesse regime exige-se, além da separação de contas, uma separação funcional[352] entre as operações de atacado e varejo do operador dominante integrado verticalmente.

352. A seguir detalharei os diferentes formatos que uma separação funcional pode ter.

Quanto à escolha das ferramentas regulatórias, também nesse regime há regras prescritivas de comportamento a serem respeitadas pelo regulado (obrigação de equivalência de tratamento; obrigação de transparência via separação contábil e funcional), o que, mais uma vez, indica o uso da racionalidade clássica de comando e controle. Da mesma forma que no regime anterior, aqui as regras podem ser separadas por seu conteúdo: regras que descrevem as formas de acesso à rede e regras delineadoras de uma abordagem regulatória que visa assegurar o monitoramento e o *enforcement* daquelas regras descritivas de acesso. O regime idealizado pela letra C faz uso de uma estratégia regulatória geral de comando de comportamentos para fornecimento de acesso à rede em condições de equivalência e de controle desse comando via monitoramento das contas separadas das atividades de atacado e varejo do operador integrado verticalmente e de outras informações-chaves – relativas à avaliação do cumprimento das regras de equivalência e de separação funcional – e via punições a comportamentos de não *compliance*.

As análises realizadas para esses dois regimes de acesso a redes, com posterior identificação de suas estratégias gerais de funcionamento, abrem caminho para se falar especificamente sobre estratégias regulatórias para *compliance* de obrigações de acesso.

As estratégias de *compliance* são parte integrante da estratégia geral de funcionamento de qualquer regime regulatório. O regulador que define uma regra para direcionar comportamentos não pode se eximir de monitorar tais comportamentos e de assegurar seu cumprimento. Existe uma associação direta, portanto, entre as estratégias de *compliance* e as funções de monitoramento e *enforcement* a serem exercidas pelo regulador em qualquer regime regulatório. Disso implica que as estratégias de *compliance* são estruturadas pelas regras que delineiam a abordagem regulatória escolhida por um regime regulatório específico, aquelas regras-meio que visam desincentivar o não *compliance* com as regras que foram instituídas para direcionar os comportamentos dos regulados.

No caso específico dos regimes de acesso a redes, as estratégias de *compliance* são muito importantes para o funcionamento do regime. Isso porque, como já citado neste trabalho[353], há incentivos significativos ao descumprimento das regras de acesso derivados da relação *Agente-Principal* e das limitações informacionais existentes para o monitoramento e *enforcement* dessas regras, bem como das incertezas científicas acerca do tema.

De forma ampla, as regras-meio[354] estruturantes de uma estratégia de *compliance* com obrigações de acesso estão associadas a mecanismos de monitoramento via transparência – como a publicidade das ofertas e os diferentes tipos de separação entre as atividades de atacado e varejo do operador integrado

353. Vide tópico anterior.

354. A partir de CADMAN (2010).

verticalmente –, mas também a medidas adstritas ao *enforcement* das regras. A seguir analisam-se mais detidamente os conteúdos dessas regras-meio comumente utilizadas nos regimes de acesso a redes.

Começando pelas medidas relativas à função de *enforcement*, a primeira e mais óbvia delas é a previsão de sanções. Percebe-se em Webb (2008, p. 10 e 20-21) que normalmente elas podem envolver punições pecuniárias de maior ou menor grau, a depender da reincidência do infrator, e até mesmo acarretar o cancelamento da licença do regulado para prestação de seus serviços. As multas podem também ser aplicadas aos dirigentes responsáveis pelos comportamentos de não *compliance*, sendo proibido à empresa recompensá-los financeiramente por tal prática infrativa. É possível, ademais, impor compensações financeiras aos infratores quando confirmados no processo os danos ocasionados aos operadores solicitantes de rede. Previsões de responsabilidade penal para esse tipo de infração não foram identificadas.

Os processos de resolução de disputas entre as partes constituem outro conteúdo típico das medidas de *enforcement* previstas nos regimes de acesso a redes. Normalmente se trata de processos administrativos, o que indica o uso de uma estrutura pública de *enforcement*, mas há casos[355] com previsão adicional de instâncias privadas para solução dessas disputas.

Baldwin, Cave e Lodge (2012, p. 467) notam, entretanto, que quando a ameaça de punição não for suficiente para evitar os comportamentos de não *compliance* com as obrigações de acesso entram em cena os remédios relacionados às possíveis separações das atividades de atacado das de varejo.

Segundo Cave[356] (2006, p. 89-90) a história dessas separações começa em 1984 com a quebra estrutural do monopólio da U.S. Bell em componentes locais e de longa distância, passa pelo uso generalizado da separação contábil entre os reguladores nos anos 1990 e busca alternativas melhores do que esta, porém menos radicais do que a separação estrutural, nos anos 2000 – quando emerge o conceito de separação funcional.

Baldwin, Cave e Lodge (2012, p. 467-468) caracterizam cada uma delas.

Segundo os autores a separação estrutural pressupõe a venda de uma das operações – de atacado ou varejo – a um terceiro, com o que se espera que a desintegração das operações entre acionistas diversos não crie incentivos a ações discriminatórias que favoreçam um ou outro.

No outro extremo existe a separação contábil, tida como a mais branda delas, que obriga o operador dominante integrado verticalmente a produzir balanços contábeis com informações de lucros e dívidas separadas por compo-

355. É o caso inglês, com a formação da OTA (*Office of the Telecommunications Adjudicator*) e o italiano, com a presença do *Organo de Vigilanza* (ELLARE e OXERA, 2009, p. 100-101 e 206).

356. CAVE, Martin. Six degrees of separation: operational separation as a remedy in European telecommunications regulation. *Communications and Strategies 64*. 4th quarter 2006, p. 89-103.

nentes do seu negócio – como a operação atacadista de sua rede local ou sua operação de varejo. Esses dados permitem ao regulador avaliar a lucratividade dos diferentes componentes do negócio e, de forma mais específica, identificar a existência de subsídio cruzado ou discriminação que favoreça as atividades do operador integrado. Entretanto, esses dados não são útes para identificar práticas discriminatórias não vinculadas a preço. Para casos em que os solicitantes de rede temem represália por denúncias de descumprimento das obrigações de acesso, acredito que a separação contábil também serve como meio para o regulador certificar se as ofertas de acesso publicadas pelo operador integrado estão sendo, de fato, respeitadas.

Para Baldwin, Cave e Lodge (2012, 468), a separação funcional – ou operacional – pressupõe a reestruturação de processos de negociação entre as atividades de atacado e varejo do operador integrado, bem como dos sistemas de incentivo dos gestores de cada uma dessas unidades do negócio, com vistas a forçá-las a operar de maneira mais independente. O redesenho dos processos busca facilitar a verificação de que a operação de varejo do operador integrado não está sendo favorecida em face de seus concorrentes, e a desvinculação dos bônus dos gestores dessas unidades específicas do resultado geral do negócio do operador integrado visa desincentivar os favorecimentos intragrupo – que minimizam a chance de o negócio como um todo ser afetado pela concorrência.

De forma mais direta Nicolas Curien (in TROPINA, WHALLEY e CURWEN, 2010, p. 233) argumenta que existem seis elementos gerais que, conjuntamente, definem separação funcional entre atacado e varejo: separação de funções, separação de empregados, separação de informação, separação financeira, separação de estratégias e monitoramento de *compliance*. Apesar da definição geral do autor, é prudente ressalvar que Cave (2006, p. 94-97) já percebia a possibilidade da separação operacional assumir diferentes graus[357]. Em Ellare e Oxera (2009, p. 26-28) fica nítido que ela pode se estruturar fazendo uso de diferentes elementos, organizacionais e de sistemas da informação, por exemplo, e com intensidades variadas entre eles. Nesse sentido, é possível que um regulador escolha obrigar a separação física das áreas de atacado e varejo da empresa, com exigência de incentivos financeiros opostos para cada uma delas, mas prefira não impor a necessidade de separação de sistemas ou impor o acesso restrito a essas informações somente aos funcionários das respectivas áreas. Ou seja, o regulador pode-se valer de diferentes combinações entre estes elementos organizacionais e de sistemas associadas à figura da separação funcional para tratar problemas de *compliance* com regras de acesso a redes.

---

357. São eles, numerados a partir das medidas menos para as mais intrusivas: 1. Criação de um Departamento de Atacado; 2. Separação virtual das unidades de negócio; 3. Separação física das unidades de negócio; 4. Separação física com sistema de incentivos localizados; 5. Separação física com governança estruturada de forma apartada; e 6. Separação legal das unidades de negócio.

O fato é que desde meados dos anos 2000 o interesse pelo uso da separação funcional como remédio regulatório tem-se espalhado entre reguladores das telecomunicações ao redor do mundo. Em 2008, quando da revisão dos remédios passíveis de aplicação a operadores dominantes, a Comissão Europeia permitiu a imposição de obrigação de separação funcional pelos reguladores dos países-membros como medida drástica, aplicável somente em casos excepcionais onde todas as outras alternativas regulatórias tenham falhado e quando se constata distúrbio sério no funcionamento do mercado[358].

Mesmo com esses requisitos, a mera previsão indicando a possibilidade da separação funcional como remédio regulatório é duramente criticada por alguns autores. Crandall, Eisenach e Litan (2009, p. 38) sustentam que a separação funcional reduziu eficiência econômica, desacelerou a inovação e a *performance* dos mercados onde foi introduzida (com queda no nível de investimentos em redes de nova geração e sem resultado positivo no incremento da penetração da banda larga entre os usuários), não sendo desejável, portanto.

Há também recomendações para o uso cauteloso dessa medida em países em desenvolvimento, como visto em Webb (2008, p. 17-20), especialmente porque o acesso aos gargalos de rede por operadores entrantes pode não ser um problema nesses locais, podem não existir condutas discriminatórias por parte dos dominantes, mas também porque nem todos os países em desenvolvimento possuem capacidade institucional para desenhar, implementar, monitorar e fazer cumprir as obrigações relativas à separação funcional. Para esses países o autor (2008, p. 20) indica a possibilidade de estruturar um regime regulatório mais robusto para controlar condutas discriminatórias, com regras mais claras e esforços mais intensos de monitoramento e *enforcement,* que envolveriam o uso de mecanismos de inversão do ônus da prova para o operador dominante – que seria obrigado a demonstrar que sua conduta suspeita não foi discriminatória – e de multas mais duras – para a empresa e seus gestores.

Vale, no entanto, ressaltar que a indicação de uso cauteloso da separação funcional não significa, conforme se vê no mesmo trabalho de Webb (2008, p. 20-22), que reguladores de países em desenvolvimento não possam estruturar um regime regulatório que faça uso de elementos da separação funcional, tais como: (i) obrigar o estabelecimento de um código de conduta para os empregados do operador integrado verticalmente; (ii) exigir declaração de deveres e responsabilidades de gestores; (iii) requisitar termo de comprometimento para o tratamento não discriminatório/equivalente dos clientes de atacado; (iv) obrigar a publicação de regras claras sobre a troca de informações entre as unidades de atacado e varejo, com criação de um *Chinese Wall* entre elas; (v) exigir a criação de programa de remuneração que incentive os gestores das vendas dos gargalos de rede a fazer uso de condutas não discriminatórias; (vi) obrigar o operador integrado a apresentar garantias ao regulador de que o lançamento de um novo produto de varejo em áreas

358. CRANDALL, EISENACH e LITAN, 2009, p. 3.

em que tenha dominância só acontecerá após a existência de oferta equivalente de atacado a seus concorrentes; e (vii) impor o uso de uma entidade supervisora independente que investigue e reporte práticas de não *compliance* com as regras regulatórias de não discriminação e com os códigos de conduta.

Nesse delineamento das estratégias de *compliance* de regimes regulatórios de acesso a redes de telecomunicações, ademais das regras-meio, acima detalhadas, existem as regras-fim, que se prestam a prescrever o próprio conteúdo das normas a serem cumpridas pelo regulado na relação direta com o solicitante de rede, tudo em vista a evitar discriminações baseadas em preço e não baseadas em preço. Elas consubstanciam a escolha do regime pelo uso de obrigações de não discriminação ou de equivalência, de regras assimétricas ou simétricas, pormenorizam qual segmento de rede está sujeito à comercialização regulada, estabelecem ou não controles de preço para o acesso, exceções ao fornecimento da rede, entre outros itens.

Ainda que em menor medida, tais regras também importam quando do desenho das estratégias de *compliance* dos regimes de acesso a redes. Isso porque as próprias regras-fim podem, em maior ou menor medida, incentivar comportamentos de não *compliance*. Podem, também, facilitar ou dificultar as funções de monitoramento e *enforcement* imprescindíveis ao funcionamento de qualquer regime regulatório.

Algumas simulações podem ajudar o leitor a perceber essa importância.

No que se refere à possibilidade de a escolha das regras de acesso dificultar o exercício das funções de monitoramento e *enforcement,* regras de acesso de não discriminação são mais difíceis de serem controladas pelo regulador do que as que exigem condições exatamente equivalentes de contratação. Normalmente a identificação de comportamentos discriminatórios depende de uma análise comparativa entre as negociações da rede de acesso que o operador integrado verticalmente têm com seu(s) braço(s) varejista(s) e as que têm com todos os outros solicitantes. Essa análise diz respeito a comportamentos de discriminação baseada em preço e não baseada em preço, para diferentes produtos regulados que contemplam essa rede de acesso. A possibilidade de descontos em função de diferentes critérios dificulta em muito o trabalho de identificação de condutas de discriminação baseada em preço a ser feito pelo regulador quando da análise dos extensos balanços contábeis do operador integrado. Apesar de esse aumento da dificuldade – *vis-à-vis* as regras de equivalência – não inviabilizar o monitoramento e *enforcement* da regra de acesso de não discriminação, essa relativização do tratamento aos solicitantes da rede de acesso incentiva comportamentos de não *compliance* porque o operador integrado sabe que a probabilidade de detecção de sua conduta infratora será tão menor quanto maior forem suas estratégias para relativização do tratamento dos contratantes de rede. Ou seja, se o regulador permite que ele relativize esse tratamento, é bem provável que ele o fará em um grau elevado, justamente para minimizar os riscos de ter seu comportamento discriminatório detectado.

Regras de acesso a redes exageradamente detalhadas são outro exemplo de fragilização da estratégia de *compliance*. A prescrição de comportamentos complexos para fornecimento de acesso a rede exige do regulador uma preparação também complexa – e custosa – para ser capaz de monitorar e assegurar o comportamento idealizado. Essa percepção do operador integrado verticalmente de incapacidade de detenção pelo regulador pode também abrir caminho para a recorrência de comportamentos discriminatórios.

O mesmo exemplo de regras complexas pode ser usado para retratar situação onde a escolha da regra-fim pelo regulador tem alta probabilidade de incentivar comportamentos de não *compliance*. Do ponto de vista do operador integrado, as regras complexas têm o condão de incrementar significativamente seus custos regulatórios, dado que exigem a implementação prática de novos processos e estruturas para cumprir com tais obrigações. Admitindo uma racionalidade econômica maximizadora por parte do regulado, é bem provável que nesses casos de custos de *compliance* muito altos o resultado da conta financeira envolvendo o não *compliance* com as regras (considerando o valor da sanção por descumprimento, a probabilidade de detecção desse descumprimento e a probabilidade de a sanção ser de fato aplicada) será menor, até porque, como visto acima, a detecção do descumprimento depende de uma preparação complexa do regulador.

Regras com fundamentação técnica pobre ou falha, como em casos de estipulação de preços de acesso a redes sem o devido modelo de custos ou teste de replicabilidade, ou de imputação de posição de dominância sem uma profícua análise concorrencial que justifique aquela decisão, possuem, por si sós, alta probabilidade de resistência por parte dos operadores integrados verticalmente.

Por outro lado, representando possível exemplo de incentivo aos comportamentos de *compliance*, o uso de regras-fim com racionalidades regulatórias acessórias às de comando e controle, como as de incentivo, consenso e arquitetura, podem facilitar a aceitação do regime regulatório de acesso pelo operador integrado verticalmente.

Não é difícil, portanto, admitir que, no desenho de um dado regime regulatório de acesso a redes, a escolha das regras-fim também deve ser pensada como parte integrante da estratégia de *compliance* do regime, haja vista sua capacidade, em alguma medida, de (des)incentivar o descumprimento das obrigações de acesso. Conforme visto em *SPC Network* (2009, p. 9), a estratégia de *compliance* do regime regulatório idealizado pela letra C (da figura acima, que ilustra diferentes regimes de acesso) faz uso não só da separação funcional, mas também de regras de equivalência como forma de facilitar o acompanhamento do comportamento do operador integrado verticalmente pelo regulador.

De todo exposto, e em vista a responder objetivamente ao primeiro bloco de questões[359] do trabalho, acredito que o conceito de estratégias de *compliance* de um dado regime de acesso a redes deve ser estruturado a partir da identificação de suas regras-meio (regras descritivas das funções de monitoramento e *enforcement* previstas no regime, relacionadas ao conceito de abordagem regulatória) e regras-fim (regras descritivas das condições do acesso a redes previstas no regime, associadas à definição do padrão desejado, portanto à ideia de ferramenta regulatória), sendo estas regras seus principais elementos.

359. *Como caracterizar as estratégias regulatórias de* compliance *com regras de acesso a redes de telecomunicações? Quais os seus principais elementos?.*

PARTE III

ESTRATÉGIAS REGULATÓRIAS PARA *COMPLIANCE* COM REGRAS DE ACESSO A REDES DE TELECOMUNICAÇÕES NO BRASIL

Capítulo 5

A REGULAMENTAÇÃO DA EILD NO BRASIL

Como dito na Introdução deste estudo, a primeira e segunda partes foram desenvolvidas para destacar não só a complexidade envolvida nas escolhas regulatórias e a importância das estratégias do regulador para alcance dos objetivos que persegue, mas também para estruturar um conceito de estratégias de *compliance* em regimes de acesso a redes.

Construído esse conceito, o quinto e último capítulo tem como objetivo aplicá-lo aos casos concretos estudados, como forma de facilitar a realização das análises jurídico-institucionais, e especialmente para defender a tese de que o conceito elaborado de estratégias regulatórias de *compliance* é relevante na análise dos regimes estudados, uma vez que joga luz sobre o problema de não *compliance* com regras de acesso de EILD, proporcionando um ganho analítico que facilita decisões por vir do regulador relacionadas à revisão ou ao desenho de novos regimes de acesso, o que contribui para o alcance de objetivos de competição nos mercados do setor.

São duas as análises jurídico-institucionais a serem realizadas nessa etapa para responder ao segundo e terceiro bloco de questões do trabalho.

A primeira tem como objeto as quatro últimas regulamentações estruturantes dos regimes de EILD no País (*Norma 30/96*, *Resolução 402*, *Resolução 590* e *Resolução 600*), e, valendo-se do conceito elaborado, procura identificar as estratégias de *compliance* desenhadas em cada um desses regimes e suas possíveis limitações. Outra finalidade dessa análise é realizar um balanço sobre a evolução jurídico-institucional dessas estratégias de *compliance* dos regimes nacionais, o que será feito a partir do mapeamento e comparação das escolhas de suas ferramentas e abordagens regulatórias gerais.

A segunda análise jurídico-institucional compara a estratégia de *compliance* do atual regime brasileiro de acesso a redes de telecomunicações, representado pela *Resolução 600*, com as estratégias de *compliance* de seis regimes de acesso, instituídos em quatro jurisdições internacionais diferentes: Reino Unido,

Suécia, Itália e Austrália. Seu objetivo é permitir a identificação das especificidades e a realização de uma avaliação crítica do regime do *PGMC* (em função dessas experiências internacionais).

Ademais, ambas as análises possuem o objetivo comum de facilitar indicações de rumos para a regulação de acesso a redes de telecomunicações no Brasil.

Antes, entretanto, de apresentar os resultados dessas análises jurídico-institucionais, acredito ser importante fazer alguns esclarecimentos ao leitor sobre a EILD. Quero com isso registrar os motivos de minha escolha pela EILD como objeto de pesquisa sobre regulação de acesso a redes no Brasil, caracterizar de forma geral o termo e reforçar a existência dos problemas de não *compliance* nesses regimes (a partir de uma narrativa histórica sobre sua regulamentação – que já inclui alguns fatos posteriores à publicação do *PGMC*). Esse é o conteúdo do tópico que começa a seguir.

5.1. A EXPLORAÇÃO INDUSTRIAL DE LINHAS DEDICADAS (EILD)

Existem algumas razões para a escolha da EILD como objeto de pesquisa.

A primeira delas é óbvia: a EILD representa um tipo de regulação de acesso a redes. O setor das telecomunicações no Brasil foi privatizado e liberalizado admitindo a presença de operador incumbente integrado verticalmente, detentor dos direitos de exploração, inclusive das redes de acesso aos usuários. Como já visto, o controle dessa infraestrutura com características de monopólio natural em setor liberalizado e integrado verticalmente cria incentivos para discriminar concorrentes, baseado em preço ou não baseado em preço. Diante da existência de assimetrias de poder entre o operador integrado verticalmente e os outros operadores, solicitantes de sua rede de acesso, a ANATEL impôs regras obrigando a abertura dessas redes e especificando os termos dessas contratações, de modo a evitar condutas anticompetitivas que impedissem o funcionamento eficiente dos mercados do setor. As diferentes regulamentações da EILD institucionalizaram uma modalidade regulada de contratação de insumos de rede, no atacado, para introdução do objetivo público de competição em mercados varejistas do setor.

Uma segunda razão é prática: a EILD está regulamentada desde a privatização do setor no Brasil na década de 1990, havendo quatro textos normativos passíveis de análise.

Outra razão: a EILD possui características próprias que multiplicam as disputas relacionadas a sua contratação pelos agentes e acrescentam complexidade na atuação do regulador para garantia de *compliance* com estas regras. Entre essas características, temos o fato de que ela é classificada como uma regulação de acesso do tipo *one-way*, o que significa que não há um interesse comercial comum entre as partes. Enquanto o solicitante do insumo de rede depende de sua contratação para prestar serviços a seus clientes, o fornecedor dessa rede não depende das redes desses solicitantes para prestar seus serviços e, pior, vê esse fornecimento atacadista como séria ameaça a seus negócios varejistas. Outra característica é o fato de ser um tipo de regulação assimétrica, com alto grau de intervenção, já que imputa regras ao fornecedor do insumo de rede de modo a equalizar a assimetria de poder que possui em relação aos solicitantes de sua rede, seus concorrentes nos mercados varejistas. Por fim, a EILD é normalmente utilizada para a prestação de serviços varejistas em um nicho muito rentável do setor, por isso muito alvejado pelos operadores: os mercados corporativos.

No que diz respeito à caracterização geral do termo, a EILD deve ser entendida como um produto de atacado do setor[360]. Na verdade, um "produto de transporte que pressupõe a oferta atacadista de infraestrutura de rede fixa de transporte local e de longa distância para transmissão de dados em taxas de transmissão iguais ou inferiores a 34 Mbps"[361].

Vinicius Marques de Carvalho e Ricardo Castro (2011, p. 22) enxergam a EILD como uma modalidade de exploração industrial – atacadista – em que uma prestadora de serviços de telecomunicações fornece a outra prestadora de serviços de telecomunicações, mediante remuneração preestabelecida, linha dedicada com características técnicas definidas para constituição da rede de serviços desta última. Explicam, usando a regulamentação específica da ANATEL[362], que esta linha dedicada refere-se

> "[...] à oferta de capacidade de transmissão de sinais analógicos, telegráficos ou digitais entre dois pontos fixos, em âmbito nacional e internacional, utilizando quaisquer meios dentro de uma área de prestação de serviço" (CARVALHO e CASTRO, 2011, p. 22).

Para que o leitor firme uma impressão geral sobre a EILD, esta é uma modalidade regulada de contratação atacadista de rede de operadores dominantes, muitas vezes envolvendo o trecho de acesso ao cliente final. Por pressupor a oferta de capacidade dedicada de transmissão de sinais ponto a ponto, essa modalidade inclui elementos passivos e ativos da rede do operador dominante, conecta o cliente final (normalmente corporativo) e a rede da operadora solicitante ou a rede da operadora solicitante e a rede da operadora dominante (função de interligação), e dedica a capacidade contratada sem compartilhamentos que

360. Conforme visto no Anexo I, art. 2, inciso X, da *Resolução 600* da ANATEL.

361. De acordo com o art. 3, inciso II, alínea b, 2, da *Resolução 600* da ANATEL. Não obstante, é preciso registrar que acórdão do Conselho Diretor da ANATEL (ACÓRDÃO 288/2014-CD) isentou a operadora PMS Telefônica da prestação de serviços atacadistas de EILD com velocidades superiores a 2 Mbps em áreas de 23 municípios do estado de São Paulo. Isso significa que nessas áreas excepcionais a EILD deve ser entendida como uma modalidade regulada de contratação de redes de transporte local e de longa distância para transmissão de dados em taxas iguais ou inferiores a 2 Mbps – e não mais 34 Mbps.

362. Os autores citam a *Resolução 402* da ANATEL, de 2005, sendo que a *Resolução 590*, publicada em 2012 e hoje vigente, manteve a mesma definição de EILD.

possam criar oscilações nessa transmissão de sinal, sendo por isso um produto de qualidade mais alta.

Dito isso, agora descreverei o histórico relacionado à normatização da EILD no Brasil, detalhando alguns fatos e dados que delinearam esse processo regulatório truncado, marcado por dificuldades de disciplinamento pelo regulador da relação entre operadores dominantes e entrantes.

No Brasil, os primeiros instrumentos normativos prevendo regras gerais à contratação de rede via EILD partiram do Ministério das Comunicações à época do impulso de liberalização e privatização dos mercados do setor – iniciado com o envio ao Congresso Federal de Anteprojeto de Lei geral em 1995[363], após a aprovação da EC 08. Apesar da existência de normas anteriores tratando do tema, a *Norma 30/1996*[364], publicada pela Portaria 2.506/1996 do Ministério das Comunicações, em 23 de dezembro de 1996, parece ter condensado a maior parte dessas regras em instrumento normativo único, consubstanciador de um primeiro regime institucional para a contratação de EILD no Brasil.

Conforme se vê no item 1 da *Norma 30/1996*[365], ela tinha como objetivo "estabelecer os critérios, procedimentos e os valores de remuneração de Exploração Industrial de Linha Dedicada entre as entidades exploradoras de serviço de telecomunicações".

Em seu item 3.1 tal norma deixa expresso que as regras ali postas são aplicáveis às entidades fornecedoras – concessionárias de serviço telefônico público – e às entidades solicitantes de EILD – exploradoras de serviço de telecomunicações. Existiam, portanto, obrigações específicas destinadas às duas partes, não havendo previsões de assimetrias em função de PMS. As regras de contratação impostas nessa norma eram muito gerais, destacando-se para o fornecedor a regra que impunha valores máximos para a prestação dos serviços, o que não incluía a contratação do modem (que poderia ser instalado pelo próprio solicitante), e a regra que facultava a concessão de descontos, desde que não discriminatórios, vedando os descontos sem razões objetivas. Para o solicitante havia previsão de sanções para os casos de não pagamento, sendo passíveis de rescisão os contratos cujo pagamento alcançasse atraso superior a 90 dias da data de vencimento da mensalidade.

363. Aprovado em 1996, esse anteprojeto deu origem à Lei Mínima das Telecomunicações (Lei n. 9.295, de 19 de julho de 1996), posteriormente substituída (em grande parte) pela LGT.

364. Antes da *Norma 30/1996*, a EILD era chamada de serviço por linha dedicada, para sinais analógicos (SLDA) ou digitais (SLDD), e já existiam regras para sua contratação estabelecidas em normas específicas – Norma 9, 10, 11, 12, 13, 14 e 15 – editadas e publicadas pelo Ministério das Comunicações em 1995, como se vê em: MINISTÉRIO DAS COMUNICAÇÕES. *Relatório de Atividades 1995/1996*. Brasília, p. 21 e 38. Disponível em: <http://telecomunicacoes.ifhc.org.br/acervo/index.php?module=xml&event=download&id=240>. Acesso em: 14 out. 2014. E também em: <http://www.wisetel.com.br/acoes de regulacao/normas/n 95 15.html>. Acesso em: 14 out. 2014.

365. MINISTÉRIO DAS COMUNICAÇÕES. *Norma 30/1996*. Portaria n. 2.506/96, de 23 de dezembro de 1996. Disponível em: <http://www.lex.com.br/doc 1100603 PORTARIA N 2506 DE 20 DE DEZEMBRO DE 1996.aspx>. Acesso em: 3 nov. 2014.

Não há nessa normativa qualquer previsão de sanções ao operador fornecedor, integrado verticalmente, nem qualquer medida de monitoramento e *enforcement* dessas regras gerais sobre acesso a redes.

Quanto aos resultados dessa primeira normativa sobre EILD, à época houve reclamações de concorrentes das concessionárias locais sobre condutas discriminatórias. Há relatos de que os preços de varejo cobrados por estas eram menores do que os preços de atacado que as concorrentes pagavam pela contratação da EILD. Outras reclamações estavam fundadas na possível utilização de critérios de descontos discriminatórios pelas concessionárias locais, favorecendo empresas de seus grupos econômicos[366]. Marcante no período a condenação e multa do Conselho Administrativo de Defesa Econômica (CADE)[367] à Telefônica – concessionária integrada verticalmente no estado de São Paulo – pela discriminação baseada em preço no provimento de EILD, prática anticompetitiva evidenciada na oferta apresentada por ela em licitação da Prodam. Na ocasião restou confirmado que os preços da Telefônica (varejo) eram 17% menores do que os da empresa denunciante, Embratel, porque a primeira, dominante no mercado atacadista de EILD, contratava esse insumo de seu braço atacadista a preço muito inferior ao que ele estava vendendo à Embratel, sua rival no leilão, o que gerava distorção competitiva em favor da Telefônica (varejo) naquele certame.

Entre 2004 e 2006, sob o argumento de eliminar falhas no funcionamento do mercado de contratação de EILD, a ANATEL trabalhou em sua primeira regulamentação sobre o tema. Em abril de 2005, então, seu Conselho Diretor aprovou o *Regulamento de EILD* primeira normativa da agência em que constou expresso o conceito de PMS[368]. Nela foi reservado capítulo[369] com uma série de obrigações específicas que somente os grupos com PMS precisariam cumprir, mas não os grupos sem PMS. Entre elas, obrigações *ex ante* relacionadas (i) ao cumprimento de prazos para atendimento dos pedidos dos solicitantes e para ativação de circuitos, (ii) à impossibilidade de descontos por volume, prazo de contratação e valor total do contrato, (iii) à oferta pública obrigatória para fornecimento de EILD padrão (fornecimento dependente de

366. Em ANATEL. *Apresentação do Regulamento de EILD*. 2004, p. 3.

367. Processo Administrativo n. 53500.005770, onde a Embratel era a representante e a Telesp (Telefônica) a representada da prática anticompetitiva. Disponível em: <http://www.sbdp.org.br/arquivos/material/349 Caso%20Embratel%20v.%20Incumbents%20Locais%20-%20Cleveland%20Prates.pdf>. Acesso em: 18 out. 2011.

368. MATTOS, Paulo Todescan Lessa. O marco regulatório do setor de telecomunicações no Brasil e as condições de legalidade da regulação assimétrica de serviços com fundamento na aplicação do conceito de poder de mercado significativo. *Revista de Direito Público da Economia*, Belo Horizonte, v. 6, n. 22, abr. 2008, p. 5-6. Disponível em: <http://bdjur.stj.jus.br/dspace/handle/2011/28460>. Acesso em: 20 nov. 2012. Vale aqui destacar que antes disso já existia regulação assimétrica no setor liberalizado das telecomunicações brasileiras, mas as obrigações específicas não eram fundadas no conceito de PMS, e sim em função de ser uma empresa incumbente ou operadora espelho (entrante), como se depreende de: MATTOS, César. Políticas de assistência à entrada no setor de telecomunicações no Brasil: uma abordagem teórica. *Pesquisa e Planejamento Econômico*, v. 32, n. 1, p. 115-116, abr. 2002.

369. ANATEL, *Regulamento de EILD*, Cap. II.

redes já existentes), (iv) ao fornecimento de EILD especial (dependente da realização de novos investimentos em rede), (v) ao envio de documento de separação e alocação de contas.

No dia seguinte à publicação do *Regulamento de EILD*, o Superintendente de Serviços Privados da ANATEL publicou o *Ato 50.065*, que referenciou os valores de instalação e de aluguel mensal da infraestrutura que deveriam ser cobrados pela contratação de EILD padrão. Esses valores serviriam de referência para o regulador na resolução dos conflitos instaurados pelas partes na ANATEL[370], direito previsto no próprio *Regulamento de EILD*[371].

Além do *Ato 50.065*, o *Regulamento de EILD* também era dependente da publicação de regulamento que definisse os grupos detentores de PMS, sob pena de não produzir qualquer efeito. Apesar de haver previsão no próprio regulamento de EILD no sentido de que suas regras deveriam entrar em vigor em 120 dias[372], em termos práticos essa vigência só foi possível em junho de 2006, quando o Conselho Diretor da Anatel publicou a *Resolução 437* definindo, então, os grupos PMS no mercado de EILD.

Os primeiros resultados desse segundo regime regulatório instituído para a contratação de EILD não foram animadores. Logo após a definição dos grupos com PMS, alguns deles[373] acionaram a ANATEL e solicitaram a revisão de sua condição de dominante, sustentando, entre outras razões: que a resolução afrontava os princípios de razoabilidade e de proporcionalidade que norteiam os atos da Administração Pública; que a referida norma fazia uso do conceito de PMS de maneira inadequada e muito mais restritiva do que era feito pela Comissão Europeia, não tendo seguido a metodologia antitruste indispensável para análise de poder de mercado[374]; que eles haviam patrocinado estudos de campo que concluíram que suas empresas sofriam competição e que, portanto, não era razoável instituí-las como PMS sem ter sido feita a devida análise de mercado. Na oportunidade o próprio CADE[375], por requerimento da Telefônica, enviou ofício à ANATEL alertando dos riscos concorrenciais da *Resolução 437*, que adotou critério geral para a definição de PMS na oferta de EILD. Tudo isso parecia ser um claro indício de que aquelas regras não seriam cumpridas.

---

370. ANATEL, *Regulamento de EILD*, art. 37, parágrafo único.

371. Idem, ibidem, art. 30.

372. O art. 39 do *Regulamento de EILD* previa a necessidade de em 120 dias os contratos preexistentes serem atualizados com as novas regras do Regulamento. Como a resolução foi publicada em 27 de abril de 2005, tal regra deveria valer a partir do fim de agosto de 2005. Mas nessa data ainda não havia qualquer previsão regulamentar sobre quais seriam os grupos com PMS para a prestação de EILD.

373. Para referências, vide nota de rodapé 26 deste trabalho.

374. Tais fundamentos foram levantados pelo Grupo da Concessionária local Telesp e Telemar. Essas informações podem ser acessadas nos documentos citados na nota anterior.

375. CADE, *Despacho Presidência n. 175*, de 13 de dezembro de 2006.

Por outro lado, também à época vários operadores sem PMS, demandantes de rede de acesso, requereram à ANATEL a resolução de conflitos[376] com os operadores PMS, alegando justamente o descumprimento das regras do *Regulamento de EILD* e dos valores instituídos pelo *Ato 50.065* pelos dominantes. Ocorre que a ausência de decisões administrativas desses conflitos ou a demora excessiva dessas decisões pela ANATEL dificultaram ainda mais a afirmação do novo regime regulatório como disciplinador da relação entre fornecedores dominantes e solicitantes de EILD.

Em meio a esses embates com os regulados e à sensação de impotência do regime regulatório vigente, em 2008, via *PGR*, a ANATEL incluiu como meta a atualização do *Regulamento de EILD* e a elaboração do *PGMC*. Um dos sete princípios fundamentais do *PGR* era propiciar a competição e garantir a liberdade de escolha dos usuários dos serviços de telecomunicações.

Não obstante essas intenções de atualização regulatória, em 2010, admitindo a permanência de problemas concorrenciais na contratação de EILD, o CADE[377] condicionou a aprovação do ato de concentração entre Oi e Brasil Telecom à assinatura de TCD no mercado de contratação de EILD, onde tais prestadores eram tidos como dominantes. Esse TCD[378] visava melhorar as obrigações já impostas pela ANATEL em sede de Anuência Prévia[379], como forma de garantir o monitoramento de possíveis condutas anticompetitivas da Oi em mercados de atacado.

Todos esses fatos e dados, bem como as pesquisas apresentadas na introdução deste trabalho sobre o descumprimento das regras regulamentares relativas a preço e atendimento de pedidos de EILD, parecem ter pressionado a ANATEL a iniciar processo de revisão da regulamentação de EILD, que teve seu ápice com a publicação do *Novo Regulamento de EILD*, em maio de 2012, seguida pela publicação em novembro do mesmo ano do *PGMC*.

Depois de mais de dois anos da estruturação de um grupo técnico especializado[380], e de quase um ano e meio desde a consulta pública em dezembro

376. Processo Administrativo n. 53.500.031769/2006, em que a Intelig era a requerente e a Telefônica a requerida. Processo Administrativo n. 53.500.005123/2007, em que a Americel e a BCP, hoje Claro, eram as requerentes e a Brasil Telecom era a requerida. Processo Administrativo n. 53.500.028400/2009, com a Embratel como requerente e a Telemar Norte Leste, do Grupo Oi, como requerida. Nesse último caso, a reclamação da requerente era de que a operadora PMS estava classificando vários dos pedidos de EILD feitos em localidade em que ela já prestava serviços de telecomunicações, como EILD especial – modalidade de prestação em que os preços não estavam referenciados pelo *Ato 50.065*, e em que os prazos de atendimento eram mais longos.

377. CADE. *Voto Oi/BrT*, p. 127-145.

378. CARVALHO e CASTRO, 2011, p. 42-46. O TCD assinado também contemplava obrigações para correção de falhas no mercado de interconexão.

379. Essas obrigações estão expressas no item II do Ato da ANATEL que concedeu a Anuência Prévia à operação entre Oi e Brasil Telecom.

380. Para melhor trabalhar os problemas relacionados à regulamentação da EILD, em 5 de março de 2010 a ANATEL publicou a Portaria n. 510 criando o GT-EILD, composto de técnicos da Superintendência de Serviços Privados (SPV) e da Superintendência de Serviços Públicos (SPB).

de 2010, em 15 de maio de 2012 foi, então, publicado o *Novo Regulamento de EILD*. A maioria das obrigações assimétricas da *Resolução 402* foi mantida nesse terceiro regime de contratação, sendo que algumas delas foram aperfeiçoadas com o objetivo de não deixar margens a diversas interpretações, como aconteceu com o art. 19, que melhor definiu os casos em que seria obrigatória a oferta de EILD padrão pelo grupo com PMS, e com o art. 20, que determinou novas especificações e controles para a oferta de EILD especial. As novidades ficaram por conta de quatro itens principais. Primeiro, os descontos[381], que passaram a ser permitidos por volume e duração da contratação, inclusive para empresas do mesmo grupo econômico que contratassem EILD, mas desde que houvesse uma política transparente, precisa e coerente. Segundo, a inversão do ônus da prova[382] em sede de resolução de conflitos, cabendo ao grupo com PMS provar no processo administrativo que a alegação de discriminação e descumprimento das regras de acesso não procedia. Terceiro, o uso dos valores da tabela de referência nos casos de impasse nesses conflitos, inclusive quando da adoção de medidas acautelatórias. E quarto, a obrigação de os ofertantes de EILD pertencentes aos grupos detentores de PMS – conforme *Resolução 437* – participarem de Entidade Supervisora de Ofertas de Atacado, nos termos de regulamentação a ser definida pela ANATEL – o *PGMC*, no caso.

Na mesma sessão de aprovação do *Novo Regulamento de EILD*, a ANATEL aprovou o *Ato 2.716*[383], com novos valores de EILD padrão, em média 30% mais baratos[384] do que os do *Ato 50.065*.

Antes mesmo da sessão de maio de aprovação do *Novo Regulamento de EILD*, em janeiro de 2012 a Telefônica[385] solicitou a revisão da *Resolução 437*, alegando, em geral, não possuir PMS em alguns bairros e cidades de maior atratividade econômica no estado de São Paulo. Além disso, pouco depois de sua aprovação pelo Conselho Diretor da ANATEL, em junho de 2012, foi protocolizado na agência pedido de anulação do *Novo Regulamento de EILD* pelas PMS Oi e Telefônica[386], o que culminou com a realização de uma nova

---

381. ANATEL, *Novo Regulamento de EILD*, art. 18.

382. Idem, ibidem, art. 36, § 3.º.

383. ANATEL, Ato n. 2.716 do Conselho Diretor, de 15 de maio de 2012. Disponível em: <http://www.anatel.gov.br/Portal/verificaDocumentos/documento.asp?numeroPublicacao=278266&assuntoPublicacao=null&caminhoRel=In%EDcio-Biblioteca-Apresenta%E7%E3o&filtro=1&documentoPath=278266.pdf>. Acesso em: 24 nov. 2014.

384. Disponível em: <http://www.teleco.com.br/eild.asp>. Acesso em: 24 nov. 2012.

385. A manifestação da Telefônica está disponível em: <http://sistemas.anatel.gov.br/sacp/Parametros/ArquivosAnexos/12092012 092222 4%20-%20Processo%2053500014524012%20-%20Anexo%2011%20-%20Telefonica.pdf>. Acesso em: 14 out. 2014.

386. Disponível em: <http://www.telesintese.com.br/pedidos-de-anulacao-de-itens-do-regulamento-de-eild-vao-a-consulta-publica/>. Acesso em: 14 out. 2014. Dentre os fundamentos apresentados por elas, destaque-se a ilegalidade de retroatividade das novas regras de EILD aos contratos vigentes, a intervenção demasiada em detrimento da livre-iniciativa, a ilegalidade de fornecimento obrigatório de EILD, a ofensa ao devido processo normativo dada a alteração relevante do texto apresentado pela agência em sede de consulta pública, a existência de processo de revisão da condição de PMS e a ilegalidade de regulação

consulta para comentários públicos acerca dos fundamentos apresentados pelas PMS antes de a ANATEL denegar o pedido. Vale registrar o pedido de tutela antecipada requerido pela Telefônica em processo judicial de anulação do mesmo regulamento[387].

Outro episódio que derivou da aprovação desse novo regulamento sobre EILD foi a obtenção pela Oi de liminares judiciais na justiça federal que restringiram o campo de atuação da ANATEL em audiências referentes a dois processos de resolução de conflitos sobre EILD, um entre a Oi e a operadora Tim, e o outro entre a primeira e a Embratel. Nesses casos a agência ficou proibida de realizar as audiências para composição de conflitos e aplicar os valores de referência previstos na nova regulamentação até que se decidisse, no Judiciário, o mérito do pedido de anulação sobre o *Novo Regulamento de EILD*[388].

Não se pode deixar de mencionar, no entanto, que apesar de todo esse embate acerca da legalidade da nova norma sobre EILD, as operadoras consideradas PMS[389] renegociaram os contratos de EILD com a maioria de seus clientes[390] – ainda que essa renegociação bilateral parecesse ser uma estratégia para obter o consentimento deles e fortalecer seu posicionamento quanto à ingerência da ANATEL em relações contratuais privadas.

No meio de toda essa turbulência, em novembro de 2012, dez anos passados desde sua primeira menção como regulamento necessário para viabilizar o objetivo de introdução de competição no setor – na revisão dos contratos de concessão em 2002 –, o *PGMC* foi aprovado pela ANATEL.

O *PGMC* instituiu um regime amplo de contratação de acesso a redes, para além da contratação atacadista do produto de EILD, mas complementar ao regime estabelecido pelo *Novo Regulamento de EILD*, que permaneceu vigente[391].

Esse novo regulamento criou critérios claros para a definição de mercado relevante, para a avaliação de PMS, para o uso de medidas assimétricas, e os aplicou em processo transparente de análise concorrencial – com vistas à

---

de preços, via uso dos valores de referência em sede de resolução de conflitos. Disponível em: <http://www.anatel.gov.br/Portal/exibirPortalNoticias.do?acao=carregaNoticia&codigo=26646>. Acesso em: 14 out. 2014.

387. Disponível em: <http://www.teletime.com.br/20/08/2012/justica-nega-pedido-de-liminar-da-telefonica-contra-novo-regulamento-de-eild/tt/294865/news.aspx>. Acesso em: 14 out. 2014.

388. Notícias sobre esses processos estão disponíveis em: <http://www.teletime.com.br/29/05/2013/anatel-derruba-liminar-da-oi-e-agora-pode-arbitrar-precos-de-eild/tt/342615/news.aspx>. Acesso em: 14 out. 2014. E em: <http://www.telesintese.com.br/justica-do-rio-mantem-liminar-contra-arbitragem-da-anatel-em-conflito-entre-oi-e-tim-por-eild/>. Acesso em: 14 out. 2014.

389. No caso da Oi, a empresa se manifestou publicamente indicando sua disposição em atender aos operadores menores – mas não os grandes grupos econômicos. Disponível em: <http://www.telesintese.com.br/oi-aceita-compartilhar-eild-com-pequenos-provedores-mas-nao-com-grandes-operadores/>. Acesso em: 14 out. 2014.

390. Disponível em: <http://www.teletime.com.br/14/06/2013/anatel-e-telcomp-divergem-sobre-resultados-do-regulamento-de-eild/tt/344157/news.aspx>. Acesso em: 14 out. 2014.

391. O *PGMC* não revogou nenhum item do *Novo Regulamento de EILD*.

identificação de falhas de mercado e da verificação da suficiência da legislação antitruste para corrigi-las.

A partir desse modelo analítico – alinhado com a experiência europeia, que já lhe servia de referência –, a ANATEL analisou diferentes mercados varejistas do setor e encontrou falhas em seu funcionamento. Por conta disso a agência procedeu à análise dos mercados atacadistas a montante desses mercados varejistas, tendo identificado problemas concorrenciais em cinco deles[392], com o consequente apontamento dos grupos com PMS e de suas respectivas obrigações assimétricas.

Os grupos detentores de PMS para cada mercado relevante atacadista foram designados a partir de atos[393] do Conselho Diretor, à parte do regulamento, como forma de dar maior flexibilidade às mudanças de condições de poder dos operadores que poderiam surgir com os efeitos das medidas regulatórias ao longo do tempo. Outra medida de flexibilidade da norma, com fins de acompanhar o dinamismo do mercado e permitir mudanças exclusivas das medidas assimétricas que estavam sendo utilizadas, foi separá-las em anexo que acompanhou o regulamento.

O *PGMC* replicou, ainda que com alguma variação ou aperfeiçoamento, obrigações a operadores PMS estabelecidas no *Novo Regulamento de EILD*, destacando-se entre elas a inversão do ônus da prova para os PMS[394] e a aplicação dos valores de referência[395] pela ANATEL em sede de resolução de conflitos[396]; e a

392. ANATEL, *Análise dos mercados relevantes*, 2010.

393. Atos do Conselho Diretor da ANATEL n. 6.617, 6.619, 6.620, 6.621 e 6.622, todos de 8 de novembro de 2012. Disponível em: <http://www.anatel.gov.br/Portal/exibirPortalNivelDois.do?codItemCanal=1811&nomeVisao=Informa%E7%F5es%20T%E9cnicas&nomeCanal=PGMC&nomeItemCanal=Grupos%20detentores%20de%20PMS>. Acesso em: 14 out. 2014.

394. ANATEL, *Novo Regulamento de EILD*, art. 36, § 3.º: "Art. 36. Os processos de Resolução de Conflitos entre Prestadoras de Serviços de Telecomunicações, envolvendo oferta de EILD por Entidade Fornecedora pertencente a Grupo detentor de PMS na oferta de EILD, regem-se pelo disposto neste artigo, sem prejuízo da aplicação do disposto no art. 31. [...] § 3.º Não obtida a conciliação, cabe à Entidade Fornecedora o ônus de demonstrar que o caso em exame trata-se de EILD Especial, devendo a decisão ser a favor da Entidade Solicitante sempre que não houver demonstração cabal do alegado pela Entidade Fornecedora". ANATEL, *PGMC*, Art. 18, § 3.º: "Art. 18.Compete à autoridade julgadora de primeira instância decidir sobre a admissibilidade da petição inicial. [...] § 3.º O ônus da prova cabe à prestadora com PMS, exceto quando restar comprovado, no caso concreto, que a parte demandante tem melhores condições de produzi-la".

395. Diferentemente da regra anterior, que estabelecia que nas resoluções de conflitos a ANATEL usaria como referência os valores do ato de preços vigente, dessa vez o *Novo Regulamento de EILD* deixou expresso que a ANATEL usaria os valores de referência do ato vigente nas resoluções de conflitos. Entretanto, no *PGMC*, o dispositivo que tratou a questão foi publicado com redação mais próxima à do regulamento anterior sobre EILD.

396. ANATEL, *Novo Regulamento de EILD*, art. 36, § 7.º: "Art. 36. [...] § 7.º Os valores de referência mencionados no art. 44 serão utilizados pela Anatel nos Processos de Resolução de Conflitos entre Prestadoras de Serviços de Telecomunicações envolvendo oferta de EILD, inclusive nos casos de adoção de medidas acautelatórias".

ANATEL, *Novo Regulamento de EILD*, art. 44: "Art. 44. No período que antecede a data referida no art. 15, os valores de referência de EILD Padrão a serem utilizados pelas Entidades Fornecedoras pertencentes a Grupo detentor de PMS na oferta de EILD serão estabelecidos pela Anatel, por meio de ato do Conselho Diretor [...]".

ANATEL, *PGMC*, Anexo I, art. 27: "Art. 27. Enquanto não forem homologadas as ofertas de referência de EILD [...] a Anatel utilizará como referência os valores estabelecidos pelo Ato n. 2.716, de 15 de maio de 2012, ou por outro que venha substituí-lo".

constituição de Entidade Supervisora e de implantação de base de dados e sistema de negociações de atacado (SNOA)[397]. Isso significava que os grupos detentores de PMS estariam, portanto, sujeitos à inversão do ônus da prova nas resoluções de conflitos envolvendo os insumos de atacado que controlavam, e teriam que participar de Entidade Supervisora de Ofertas de Atacado, a ser contratada por eles, mas que permitisse a participação de operadores sem PMS e respeitasse requisitos de governança postos no regulamento para minimizar riscos de captura. Como estipulado pelo *PGMC*, a Entidade deveria fazer uso de um sistema para negociação e armazenamento de todas as negociações envolvendo insumos de atacado vendidos por operadores dominantes, o que daria transparência a informações antes não controladas, criaria um banco de dados de atacado e minimizaria a possibilidade de descumprimento das obrigações assimétricas pelos operadores com PMS.

Novas obrigações a operadores PMS também foram instituídas, como é o caso da criação de diretoria estatutária de atacado[398] e da necessidade de apresentação prévia das ofertas de referência de atacado para homologação pela ANATEL[399]. No primeiro caso, objetivando separar funcionalmente as atividades de varejo das de atacado nesses grupos PMS, e assim reduzir estímulos à discriminação, a ANATEL impôs uma obrigação ampla, sem quaisquer outras especificações, determinando essa criação estatutária de uma unidade ou departamento de atacado. O objetivo da segunda obrigação era evitar ofertas de referência dos insumos de atacado regulados a preços ou condições que não permitissem a competidores contestar o poder de mercado dos dominantes. Para serem aprovadas pela ANATEL as ofertas precisariam respeitar as especificações técnicas postas pela agência e o princípio de que ofertas de atacado nunca poderiam ser mais caras do que ofertas de varejo que desse insumo atacadista regulado dependessem.

Ademais, chama a atenção a regra prevista no art. 44 do *PGMC* obrigando a criação do GIESB – Grupo de Implementação da Entidade Supervisora de Ofertas de Atacado e das Bases de Dados de Atacado (BDA) – o qual seria responsável por implementar a Entidade, as bases de dados e o sistema de negociações das ofertas atacadistas.

---

397. ANATEL, *Novo Regulamento de EILD*, art. 39: "Art. 39. As Entidades Fornecedoras pertencentes a Grupos detentores de PMS na oferta de EILD deverão participar de Entidade Supervisora de Ofertas de Atacado, nos termos a serem definidos em regulamentação da Agência. Parágrafo único. As Entidades Solicitantes poderão participar de Entidade Supervisora de Ofertas de Atacado mencionada no *caput* deste artigo".

ANATEL, *PGMC*, art. 36: "Art. 36. Os Grupos com PMS em Mercados Relevantes de Atacado devem contratar Entidade Supervisora de Ofertas de Atacado para a implantação e operacionalização do Sistema de Negociação das Ofertas de Atacado com o objetivo de intermediar o processo, de forma isonômica e não discriminatória, relativo à contratação de produtos no atacado ofertados pelos Grupos detentores de PMS".

398. ANATEL, *PGMC*, Anexo I, art. 13: "Art. 13. Os Grupos com PMS em Mercado Relevante de Atacado deverão criar unidade ou departamento, com *status* de diretoria estabelecida em estatuto ou contrato social, responsável, exclusivamente por todos os processos de atendimento, comercialização e entrega dos produtos referentes às Ofertas de Referência dos Produtos no Mercado de Atacado a que se refere o *caput* do art. 5.º".

399. ANATEL, *PGMC*, Anexo I, art. 5.º: "Art. 5.º Os Grupos com PMS nos Mercados Relevantes de Atacado deverão elaborar Ofertas de Referência dos Produtos no Mercado de Atacado para homologação pela Superintendência responsável".

Resultante desse novo regime de contratação de insumos atacadistas – incluindo a EILD –, em 10 de dezembro de 2012, menos de um mês após a publicação do *PGMC*, a ANATEL publicou o *Ato 7.420*[400] constituindo o GIESB. Tal grupo era formado por membros da agência, das operadoras PMS e das não PMS – representadas ou não por suas Associações –, e em geral serviria como fórum permanente para discussões e composições relacionadas à implementação das regras previstas, mas também para garantir a implementação destas[401]. Havia, inclusive, previsão no sentido de que nos casos de impasse entre os operadores PMS e os não PMS a ANATEL decidiria a questão[402].

Ato contínuo, em março de 2013 a ABR Telecom já havia sido escolhida pelo GIESB como Entidade Supervisora, e a proposta da fornecedora *Cleartech* tinha sido selecionada pelo grupo e contratada pela ABR Telecom para desenvolvimento do sistema de negociações e das bases de atacado[403]. Em setembro de 2013, no prazo previsto, entrou em operação o SNOA[404], mas tal evento quase foi comprometido pelo atraso na apresentação e homologação das ofertas de referência[405] informadas pelas PMS. Eram documentos bastante grandes e complexos, e que muitas vezes não estavam alinhados com as diretrizes previstas no Anexo I do *PGMC*, o que, inclusive, ensejou uma mudança específica no regulamento para dilação do prazo para apresentação das ofertas de referência[406].

No que se refere aos resultados práticos do *PGMC* para a contratação da EILD, as ofertas dos grupos PMS foram homologadas pela ANATEL em condições menos atrativas do ponto de vista de preços do que os contratos[407] que a maioria das solicitantes já havia renovado com eles. O argumento apresentado pela ANATEL para tal decisão foi que o foco do *PGMC* eram os mercados

400. ANATEL. Ato n. 7.420 da Superintendência Executiva da Anatel, de 10 de dezembro de 2012. Disponível em: <http://www.lex.com.br/legis 24049959 ATO N 7420 DE 10 DE DEZEMBRO DE 2012.aspx>. Acesso em: 14 out. 2014.

401. Uma das responsabilidades do GIESB citada no art. 5.º do *Ato 7420* e no art. 45 do *PGMC* é "a coordenação, a definição, a elaboração de cronograma detalhado de atividades e o acompanhamento da implantação da Base de Dados de Atacado (BDA), do Sistema de Negociação de Ofertas de Atacado e da Entidade Supervisora". As outras responsabilidades específicas de tal grupo também podem ser encontradas nesses mesmos artigos dessas mesmas normativas.

402. ANATEL, *PGMC*, art. 44, § 4º.

403. Disponível em: <http://www.anatel.gov.br/Portal/exibirPortalNoticias.do?acao=carregaNoticia&codigo=28059>. Acesso em: 14 out. 2014.

404. Por decisão da ANATEL, em impasse existente entre PMS e não PMS no âmbito do GIESB, nesse primeiro momento o SNOA não incorporou os dados dos contratos antigos de EILD, o que, a meu ver, compromete as análises de discriminação entre os contratos antigos assinados pelas PMS com os diferentes operadores – inclusive seus braços varejistas –, e também entre os contratos antigos e as novas solicitações de EILD.

405. Disponível em: <http://www.telesintese.com.br/anatel-homologa-ofertas-de-produtos-no-atacado-previstas-no-pgmc/>. Acesso em: 14 out. 2014.

406. Disponível em: <http://www.anatel.gov.br/Portal/exibirPortalNoticias.do?acao=carregaNoticia&codigo=27858>. Acesso em: 14 out. 2014.

407. Esses são contratos do tipo guarda-chuva, que permitem novas solicitações de circuitos de EILD à PMS respeitadas as condições gerais pré-acordadas entre as partes.

varejistas residenciais, o consumidor amplo dos serviços de telecomunicações, e não os clientes corporativos.

Não obstante essa menor atratividade para contratação de EILD via sistema de negociações, em apresentação[408] realizada em evento em Brasília, o Superintendente de Competição da ANATEL afirmou que, desde outubro de 2013 até junho de 2014, existiam mais de 7.000 circuitos de EILD solicitados via SNOA, sendo que 84% deles foram pedidos pelos grandes grupos econômicos do setor, América Móvil, TIM, Telefônica e Oi. Apresentou também números indicando uma tendência de decréscimo no percentual de EILD especial em face do total geral de EILDs contratados, e sustentando que a maioria dessas contratações (73,5%) tinha como finalidade atender a clientes corporativos finais, e que 17% objetivavam interligar a rede da solicitante com a da operadora PMS.

Quanto aos conflitos administrativos envolvendo PMS e não PMS, na mesma ocasião o Superintendente de Competição da ANATEL afirmou que existem mais de 200 casos em discussão, mas não assinalou quantos deles se referem à contratação de EILD.

Os relatórios produzidos pela ABR Telecom sobre o cumprimento das regras de acesso do *PGMC* pelos grupos com PMS não são públicos, mas tive acesso a relatório referente ao mês de julho de 2014 e constatei que apesar de tentarem espelhar as negociações atacadistas no sistema provendo informações importantes para avaliar a existência ou não de formas de discriminação baseada em preço, prazo de atendimento, uso de EILD especial, por exemplo, os indicadores criados não são capazes de avaliar se as PMS discriminam em favor de suas operações de varejo. O próprio SNOA não consegue captar comportamentos discriminatórios em função da qualidade do serviço contratado pelas subsidiárias de PMS e por suas concorrentes. Outro ponto sensível ao funcionamento do regime imposto pelo *PGMC* é a existência de um mercado de contratação de EILD à margem do SNOA, e que respeita outras condições de preço em lugar daquelas homologadas pela ANATEL. Isso significa que o regulador ainda enfrenta assimetrias informacionais relativas à contratação desse produto de atacado.

A descrição do histórico relacionado à regulamentação da EILD no Brasil deixa claro que o tratamento do problema de não *compliance* com regras de acesso no País não é trivial, exigindo do regulador ajustes de rotas nas diferentes estratégias utilizadas para desincentivar condutas discriminatórias e com isso evitar ineficiências no funcionamento dos mercados do setor.

Focando, então, na realidade das estratégias de *compliance* dos regimes de EILD no Brasil, o tópico a seguir procura responder ao segundo bloco de questões do presente trabalho de pesquisa: *Quais as estratégias de compliance dos*

408. ANATEL. Competição e compartilhamento: avaliação do mercado de atacado. *Apresentação Telesíntese 38*. Brasília, Jul. 2014, p. 7-8. Disponível em: <http://momentoeditorial.com.br/eventos/38-apresentacao/CarlosBaigorri.pdf>. Acesso em: 14 out. 2014.

diferentes regimes regulatórios de EILD instituídos no Brasil? Quais as suas limitações? Para tanto ele realiza uma análise jurídico-institucional que aponta as estratégias de *compliance* idealizadas no Brasil pelas diferentes normativas sobre EILD, identifica limitações institucionais que tenham prejudicado, ou ainda prejudiquem, o cumprimento dessas regras de acesso a redes, e desenha a evolução jurídico-institucional dessas estratégias nesses regimes.

5.2. ESTRUTURA E LIMITAÇÕES DAS ESTRATÉGIAS DE *COMPLIANCE* INSTITUÍDAS PELAS DIFERENTES NORMATIVAS DE EILD NO BRASIL

Como este tópico apresenta os resultados do processo de análise que realizei para identificar as estruturas e limitações das estratégias de *compliance* pensadas em cada regime de EILD já vigente no Brasil, faz-se necessária uma nota metodológica para esclarecimento de tal processo.

O banco de dados analisado é composto pelas quatro normativas principais constituintes dos diferentes regimes regulatórios de EILD: a *Norma 30/96*, do Ministério das Comunicações, a *Resolução 402*, a *Resolução 590* e a *Resolução 600* (*PGMC*), todas elas da ANATEL. Por não inovarem na criação de regras de acesso ou de regras para seu controle, as outras normas infralegais[409] componentes desses regimes regulatórios, bem como atos administrativos conexos ao tema, não foram analisados.

O processo analítico das estratégias de *compliance* em regimes de acesso a redes se restringe à análise das regras-fim e regras-meio, não contemplando a avaliação das organizações[410] que aplicam as regras, os reguladores. Nesse sentido, foram identificados nos textos normativos de EILD os artigos que poderiam ser classificados como: (i) regras-fim (aquelas que prescreviam comportamentos relacionados ao fornecimento do acesso a redes com fins de evitar condutas discriminatórias, as quais poderiam ser subclassificadas em regras sobre preço, sobre serviço e sobre atendimento); (ii) regras-meio (aquelas que definiam os meios para monitorar e assegurar o cumprimento das regras-fim); outras regras (todos os outros casos).

Uma análise geral desse compilado das regras-fim e das regras-meio de cada normativa de EILD permitiu visualizar as características marcantes desses regimes regulatórios de acesso, seja em termos de ferramentas, seja de abordagens e estratégias gerais de funcionamento. Uma análise crítica das regras-meio e das regras-fim desses textos normativos foi fundamental para delinear as estruturas e limitações das estratégias de *compliance* instituídas.

---

409. Por exemplo, Resolução 437/2006 (Definição de PMS), Resolução 516/2008 (PGR), Atos 50.065/2005 (Preços de Referência), 2.716/2012 (Preços de Referência) e 7.420/2012 (GIESB).

410. NORTH, Douglass. An introduction to institutions and institutional change. *Institutions, Institutional change, and economic performance*, 1990, p .4-5.

Os resultados desse esforço analítico estão condensados a seguir, norma a norma.

5.2.1. Norma 30/1996

De forma geral o regime de acesso instituído via *Norma 30/96* fazia uso de uma racionalidade de comando e controle, com a presença de regras prescritivas de comportamentos a serem cumpridas tanto pelo fornecedor da EILD quanto pelo solicitante, sugerindo que, minimamente, o regime faria uso de uma abordagem de detenção/punição, via imposição de sanções, para desincentivar comportamentos de não *compliance* por ambas as partes envolvidas na contratação da rede.

No que tange às regras-fim, adotou-se (poucas) regras de não discriminação, que deveriam respeitar preços-teto para as diferentes velocidades de conexão das EILDs, mas que permitiriam a concessão de descontos, desde que justificados a partir de critérios objetivos. Quanto a possíveis discriminações não preço, havia previsão de prazo de 10 dias para a fornecedora avisar à solicitante, após a assinatura do contrato, quando o serviço estaria disponível, bem como previsão de justificativa pela fornecedora nos casos de descumprimento desse prazo, com indicação de um novo prazo para ativação do serviço. Além desses, também havia menção a prazo de 30 dias para que a fornecedora avisasse com antecedência a solicitante sobre a necessidade de ajustes nas redes e equipamentos objeto da contratação. Havia exceção de aplicação dessas regras-fim para as EILDs solicitadas fora da área de tarifa básica (ATB), sendo livre, nesse caso, a negociação entre as partes.

A *Norma 30/1996* era carente de regras-meio estruturantes de uma estratégia de *compliance* com obrigações de acesso a redes. No que se refere a medidas de *enforcement*, não havia sanções expressas para descumprimentos relativos às regras de preço impostas, e quanto às regras contra discriminação não baseada em preço, existia apenas uma previsão de descontos compulsórios para os casos em que a fornecedora não avisasse à solicitante, com no mínimo 30 dias de antecedência, sobre a necessidade de ajustes nas redes e alterações de equipamentos, ou quando as especificações contratuais e regulamentares (não existentes) sobre níveis de qualidade do serviço não fossem alcançadas. Interessante notar que esse mecanismo parece incorporar uma racionalidade de desincentivo econômico, o que pode sugerir que o regime da *Norma 30/1996* era misto, adotando ferramentas de comando e controle, mas também ferramentas de incentivos negativos. Quanto aos mecanismos de transparência para monitoramento do comportamento das fornecedoras, a *Norma 30/1996* não previu nenhum item.

A inexistência, insuficiência ou desarticulação de regras-meios em um regime de acesso a redes de telecomunicações parece ser uma falha importante para seu funcionamento, tendo em vista os conhecidos incentivos à discriminação de competidores que afetam o operador integrado verticalmente. No caso da *Norma 30/1996*, tem-se a sensação de que o regime pressupunha que a simples imposição de regras-fim pelo Estado (ainda que muito gerais, sem a devida profundidade para desincentivar as inúmeras estratégias possíveis de não *compliance*) seria suficiente para incentivar seu cumprimento pelos operadores integrados, mesmo que sem a previsão de sanções para comportamentos oportunistas, o que, se não sugere uma ingenuidade do Estado, pode indicar um desconhecimento da autoridade pública sobre a complexidade do fenômeno que precisava regular. A quase inexistência de regras-meio, seja em termos de medidas de *enforcement* e de monitoramento, demonstrava, a meu ver, a inexistência de uma estratégia institucional de *compliance* com regras de acesso e, por conseguinte, uma baixa probabilidade de as regras de acesso serem respeitadas pelo operador integrado verticalmente.

Na tabela a seguir é possível ver o resumo dessas informações sobre a *Norma 30/96*:

Tabela 4 - Resumo da Norma 30/1996

Norma 30			
Estratégia Geral do Regime	Ferramentas: Comando e Controle		
	Abordagem: Detenção/Punição		
Regras-fim	Não discriminação	Preço	Preço-teto (tarifas máximas: item 4.2.1)
			Descontos (item 6.1)
		Não Preço	Prazo de ativação (itens 9.3.1 e 9.3.2)
			Prazo de aviso sobre manutenção (item 9.4.1)
		Exceções	EILD fora da ATB (item 9.2.1)
Regras-meio	Monitoramento	Transparência	Inexistentes
	Enforcement	Desincentivos Econômicos	Descontos compulsórios (item 7.2.1)
Crítica	Ausência de regras-meio focadas no monitoramento dos comportamentos		
	Limitação das regras-meio de *enforcement*: desincentivo econômico mínimo relacionado a descontos compulsórios em casos de discriminação via qualidade, mas nenhuma medida de desincentivo a discriminação baseada em preço. Ausência de sanções regulamentares por descumprimentos de todas as regras-fim.		

Fonte: Elaboração própria.

5.2.2. A Resolução 402/2005

O primeiro regime de EILD instituído pela ANATEL mantinha a aposta geral em uma racionalidade de comando e controle para direcionar o comportamento das entidades ofertantes, mas nesse caso existiam normas específicas prescrevendo formas de acesso, seja em termos de preço e não preço, destinadas somente às fornecedoras pertencentes a grupos econômicos com PMS, as quais deveriam respeitá-las, haja vista a ameaça de detenção e punição dos comportamentos de não *compliance* pelo regulador.

Concernente às regras-fim, o regime adotava um modelo livre de precificação pelas ofertantes PMS. Havia previsão de necessidade de respeito a preços de referência publicados pelo regulador[411], mas isso só se daria, se fosse o caso, em sede de processos administrativos para resolução de conflitos entre as partes contratantes de EILD – futuramente tais preços seriam calculados a partir de modelo de custos. Apesar da liberdade de precificação pelas PMS, o regime as proibia de conceder descontos, exigindo tratamento isonômico para com os demandantes de EILDs de mesma velocidade, distância e que fossem prestadas por um mesmo sinal de transmissão (digital, analógico ou telegráfico). Quanto a regras-fim contra discriminação não baseada em preço, o regime obrigava o fornecimento de EILD pelos PMS, seja pela via padrão ou pela especial, não havendo exceções regulamentares quanto a esse fornecimento, apenas algumas variações na forma de contratação e prestação de cada uma das modalidades. Além disso, o regime obrigava as PMS ao cumprimento de prazos para resposta aos pedidos, para contratação e ativação de serviços ordenados pelas solicitantes. Condutas de discriminação da qualidade do serviço de EILD não foram objeto de regras-fim na *Resolução 402*, havendo tão somente uma previsão geral, para fornecedores PMS e não PMS, de que os níveis de qualidade acordados entre as partes não poderiam ser menores do que os níveis que as fornecedoras ofereciam diretamente a seus usuários finais.

Esse primeiro regime de EILD estabelecido pela ANATEL fazia uso de diferentes regras-meio para estruturar sua estratégia de *compliance* com as regras-fim. No que se refere a medidas de *enforcement*, existia menção às sanções gerais previstas na Lei Geral de Telecomunicações (LGT), que seriam aplicadas aos casos de não *compliance*. Estava também expressa na *Resolução 402* a possibilidade de processos administrativos na ANATEL para resolução de conflitos entre as partes, mas não estava previsto um rito específico para tanto, que seria regulamentado posteriormente. Mais, o *Regulamento de EILD* fazia uso de prazos para o cumprimento de regras-fim como as que exigiam publicidade das ofertas e contratos de EILD padrão. Do ponto de

411. Via Ato do Superintendente de Serviços Privados da ANATEL. No caso, foi publicado o *Ato 50.065*.

vista do monitoramento, havia obrigação de separação contábil das atividades de varejo e de oferta atacadista de EILD de PMS.

Apesar de aparentemente estruturar uma estratégia de *compliance* em linha com o padrão utilizado em diversas partes do mundo (regras de tratamento isonômico de preços, conjugadas com medidas de publicidade das ofertas e separação contábil), a ausência de um controle de preços para a oferta de EILD, seja padrão ou especial, diminuía a atratividade da contratação da EILD, colocando em questão a própria existência do regime de contratação. Independentemente disso, no que se refere ao funcionamento do regime, a possibilidade de flexibilização de preços em função dos diferentes sinais de transmissão dificultava o monitoramento de condutas discriminatórias baseadas em preço pelo regulador, uma vez que o operador integrado poderia prestar uma EILD via transmissão analógica (mais barata) e cobrar como se fosse uma transmissão digital (mais cara) – e o regulador não tinha como verificar isso. Ademais, a estratégia de *compliance* era dependente de e não previu prazos para a publicação de regulamentações complementares não existentes, como a que definiu os fornecedores pertencentes a grupos com PMS ou a que iria estabelecer o rito para as resoluções de conflitos entre os regulados. Tampouco foi precisa na previsão das sanções a serem aplicadas aos casos de não *compliance* com as regras-fim, havendo referência a regulamentação específica que à época também não existia. Apesar de prever a obrigação de separação contábil para as PMS ofertantes de EILD e de à época existir regulamento específico apontando como essa separação de contas deveria se dar na prática, nem a obtenção de tais informações nem sua análise pela ANATEL eram tarefas fáceis. Essa limitação do regulador para a gestão desse complexo elemento do regime significava, no mundo real, que ainda não existiam meios de checar se as regras-fim, pelo menos as relacionadas a preço, estavam sendo cumpridas pelas PMS. O monitoramento de discriminações não baseadas em preço não foi objeto de regras-meio no regime estabelecido pela *Resolução 402*, o que sugeria que as obrigações de fornecimento e de prazos para contratação e ativação previstas em regulamentação não tinham como ser comprovadas e asseguradas pelo regulador.

Para facilitar a visualização do regime instituído pela *Resolução 402*, veja a seguir uma tabela com essas informações resumidas:

Tabela 5 – Resumo da Resolução 402/2005

<table>
<tr><th colspan="2">Res. 402</th></tr>
<tr><td rowspan="2">Estratégia Geral do Regime</td><td>Ferramentas: Comando e Controle (Regras Assimétricas)</td></tr>
<tr><td>Abordagem: Detenção/Punição</td></tr>
</table>

<table>
<tr><td rowspan="9">Regras-fim</td><td rowspan="9">Isonomia</td><td rowspan="3">Preço</td><td>Preço de referência (Arts. 14,15 e 37)</td></tr>
<tr><td>Sem descontos (Art. 18)</td></tr>
<tr><td>Flexibilização em função da transmissão (Art. 21, § 7.º)</td></tr>
<tr><td rowspan="4">Não Preço</td><td>Obrigação de fornecimento padrão ou especial (Arts. 19 e 20)</td></tr>
<tr><td>Prazo para identificação se EILD padrão ou especial (Art. 20, § 2.º)</td></tr>
<tr><td>Prazo para celebração do contrato (Art. 25)</td></tr>
<tr><td>Prazo para ativação dos serviços (Art. 26)</td></tr>
<tr><td>Exceções</td><td>Inexistentes</td></tr>
<tr><td rowspan="6">Regras-meio</td><td rowspan="3">Monitoramento</td><td rowspan="3">Transparência</td><td>Separação contábil (Art. 17)</td></tr>
<tr><td>Publicidade contrato EILD padrão (Art. 23)</td></tr>
<tr><td>Publicidade oferta EILD padrão (Art. 24)</td></tr>
<tr><td rowspan="3">Enforcement</td><td>Sanção</td><td>Sanções gerais (Art. 29)</td></tr>
<tr><td>Resolução de Conflitos</td><td>Arbitramento pela ANATEL (Art. 20, § 3.º, e 30)</td></tr>
<tr><td>Prazos para cumprimento de regras</td><td>(Arts. 23, § 2.º, 24, 37 e 39)</td></tr>
</table>

<table>
<tr><td rowspan="3">Crítica</td><td>Limitação das regras-meio de monitoramento: ausência de monitoramento sobre o cumprimento das regras-fim contra discriminação não baseada em preço.Dificuldade prática de o regulador monitorar o cumprimento das regras-fim contra discriminação baseada em preços via separação contábil</td></tr>
<tr><td>Limitação das regras-meio de enforcement: previsão geral para as sanções por descumprimento de regras do regulamento. Ausência de prazos para regulamentações futuras importantes para o funcionamento do regime</td></tr>
<tr><td>Limitação das regras-fim: flexibilização de preços em função de tipos de sinais transmitidos</td></tr>
</table>

Fonte: Elaboração própria.

5.2.3. A Resolução 590/2012

O segundo regulamento de EILD da ANATEL manteve a lógica geral de comando e controle de obrigações de acesso para fornecedoras pertencentes a grupos econômicos com PMS. No entanto, tal regime também fazia uso de ferramentas de incentivo, consenso e publicidade de informações, além de estruturar uma abordagem mista, parte pública e parte privada, para o monitoramento e *enforcement* das regras de acesso, mas ainda baseada na ameaça de detenção e punição de comportamentos de não *compliance*.

Com relação às regras-fim destinadas a evitar condutas discriminatórias baseadas em preço, o regime da *Resolução 590* manteve o modelo anterior de preços de referência, havendo certa liberdade para as PMS definirem os valores cobrados, mas nesse caso facultou a elas a possibilidade de concessão de descontos, com critérios objetivos, em função dos volumes e prazos da contratação, inclusive para as empresas do grupo econômico de PMS. Voltaram, portanto, as regras de não discriminação em lugar das de isonomia de preços. Outra mudança em relação ao regime anterior é que as diferenciações de preços quanto ao meio utilizado para a transmissão (telegráfico, analógico e digital) não eram mais possíveis. Quanto às regras-fim contra condutas discriminatórias não baseadas em preço, o regime também obrigava o cumprimento de prazos para resposta a pedidos, celebração e ativação das EILDs, tanto padrão como especial, mas, como o regime anterior, também não fez qualquer previsão específica de regras para PMS que tratassem de discriminações via qualidade da transmissão do serviço.

Comparativamente à *Resolução 402*, o *Novo Regulamento de EILD* estruturou sua estratégia de *compliance* a partir de um número bem maior de regras-meio: 27 contra 10 do regime anterior. No que tange às medidas de *enforcement*, expressou que as infrações por descumprimento das regras do Regulamento seriam consideradas graves, o que implicava que estariam sujeitas a punições previstas no Regulamento de Sanções, recém-aprovado pela ANATEL[412]. A *Resolução 590* previu um rito processual para as resoluções de conflitos apresentadas ao regulador, tendo inclusive invertido o ônus da prova para as PMS nesses processos, dada a assimetria de informações existente em desfavor das operadoras solicitantes e da própria ANATEL, e sinalizando o uso dos preços de referência do *Ato 2.716* nas resoluções de conflitos. Outra medida de *enforcement* foi indicar a publicação pela agência dessas decisões administrativas sobre os conflitos, o que, ao criar um banco de dados acessível com os entendimentos do regulador sobre questões conflitivas, facilitaria a aplicação prática das regras. Prazos para cumprimento dessas regras-meio também foram usados como forma de pressão. Diferentes desincentivos econômicos almejavam direcionar o comportamento de PMS para o cumprimento das regras-fim. Por exemplo, se descumprissem o prazo de ativação da EILD con-

412. O regulamento de Aplicação de Sanções Administrativas da ANATEL foi publicado uma semana antes do *Novo Regulamento de EILD*. Ele está disponível em: <http://legislacao.anatel.gov.br/resolucoes/2012/191-resolucao-589>. Acesso em: 14 out. 2014.

tratada pela solicitante, além de se sujeitarem às sanções regulamentares cabíveis, poderiam ser obrigadas a conceder às solicitantes descontos (proporcionais) três vezes maiores do que os valores das mensalidades contratadas pelo serviço. E se o atraso para a ativação da EILD fosse superior a 30 dias, a solicitante poderia requerer a execução específica da obrigação, indenizações pelos danos sofridos, bem como a rescisão do contrato ou cancelamento do pedido, com a consequente cobrança de multa rescisória – obrigatória no contrato – em valor não inferior a dez vezes o valor da instalação do circuito.

Houve também novidades quanto aos mecanismos de transparência previstos no *Novo Regulamento de EILD*. Além da exigência de separação contábil e da publicidade das ofertas e dos contratos de EILD padrão, as fornecedoras pertencentes a grupos com PMS deveriam também publicar em seu *site* a tabela com os critérios de descontos definidos, informar a ANATEL sobre a localização dos seus centros de fios – elemento-chave para definir se um determinado pedido deveria ser atendido via EILD padrão ou especial –, bem como disponibilizar à agência dados dos contratos de EILD por elas celebrados. Talvez a principal novidade entre as regras-meio ficou a cargo da obrigatoriedade de participação de PMS em uma entidade supervisora de ofertas de atacado, o que sugeria um caminho para uma abordagem mais cooperativa, consensual, do ponto de vista das ferramentas, em que muitas das decisões seriam tomadas pelos privados, sob a supervisão do regulador. Ainda que à época o Regulamento não previsse a forma de participação desse novo ente no regime estabelecido pela *Resolução 590*, com ele a ANATEL visava melhorar o monitoramento sobre o cumprimento ou não das regras de acesso instituídas, inclusive as que obrigavam o fornecimento de EILD padrão e especial, e exigiam prazos para atendimento do operador solicitante.

O próprio crescimento do número de regras-meio nesse novo regime de EILD indica maior preocupação do regulador com os problemas de não *compliance* com as regras-fim. Mecanismos distintos foram pensados para evitar o comportamento discriminatório das fornecedoras pertencentes a grupos com PMS, o que sinaliza a existência de uma estratégia de *compliance* mais robusta na *Resolução 590*. Não obstante, no que se refere ao monitoramento do cumprimento das regras-fim, a simples menção em regulamento da existência de uma Entidade Supervisora de Ofertas de Atacado não assegurava que o monitoramento dos comportamentos aconteceria nem indicava a forma como ele se daria, tanto para as condutas discriminatórias baseadas em preço quanto para as não baseadas em preço. No que tange ao monitoramento das condutas discriminatórias baseadas em preço, mesmo com a situação de inatividade da agência em relação à análise das informações derivadas da separação contábil de PMS, o regulamento não previu nenhuma regra-meio que obrigasse a publicação de relatórios com as análises que, em tese, deveriam estar sendo feitas pela ANATEL. Em relação às medidas de *enforcement*, as sanções para os comportamentos de não *compliance* com o *Novo Regulamento de EILD* estavam amarradas ao incipiente regulamento de aplicação de sanções administrativas, ainda pendente de metodologia para o cálculo das multas pecuniárias, e no qual foram classificadas como infrações de grau médio, o que enfraquecia a abordagem fundada na detenção e sanção, pois sinalizava às PMS que as sanções pelo descumprimento de regras poderiam ser brandas, inexistentes, ou facilmente combatidas judicialmente. Por fim, o retorno do uso de regras-fim baseadas em pressupostos de não discriminação em vez de isonomia só comprometia ainda mais o monitoramento, já complicado, dos comportamentos de discriminação baseada em preço.

A seguir as informações resumidas sobre esse novo regime de EILD instituído pela ANATEL:

Tabela 6 - Resumo da Resolução 590/2012

Res. 590	
Estratégia Geral do Regime	Ferramentas: Comando e Controle (Regras Assimétricas), mas com presença de ferramentas de desincentivo econômico, consenso e publicação de informações
	Abordagem: Detenção/Punição, com monitoramento privado e *enforcement* público

Regras-fim	Não discriminação	Preço	Preço de Referência (Arts. 14, 36, § 7º, e 44)
			Descontos (Art. 18)
		Não Preço	Obrigação de fornecimento padrão ou especial (Arts. 19 e 20)
			Prazo para identificação se EILD padrão ou especial (Art. 20, § 1.º)
			Prazo para apresentação de proposta técnica de EILD especial (Art. 20, § 2.º)
			Prazo para celebração do contrato de EILD padrão (Art. 26)
			Prazo para ativação do contrato de EILD padrão (Art. 27)
			Prazo para celebração do contrato de EILD especial (Art. 29)
			Prazo para ativação do contrato de EILD especial (Art. 30)
		Exceções	Inexistentes
Regras-meio	Monitoramento	Transparência	Separação contábil (Art. 17)
			Publicidade dos critérios objetivos de desconto (Art. 18, § 2.º)
			Publicidade do contrato de EILD padrão (Art. 23)
			Publicidade da oferta de EILD padrão (Art. 24)
			Informação para ANATEL sobre centro de fios (Art. 25)
			Informação para ANATEL sobre contratos celebrados (Art. 33)
			Participação em Entidade Supervisora de Ofertas de Atacado (Art. 39)

Regras-meio	*Enforcement*	Sanção	Sanções gerais (Arts. 28, 30, § 2.º, e 38)
			Sanções específicas (Arts. 26, § 3.º, 29, § 3º, e 38, parágrafo único)
		Resolução de Conflitos	Arbitramento pela ANATEL (Art. 20, § 5.º)
			Rito processual (Art. 36)
			Inversão do ônus da prova para PMS (Art. 36, § 3.º)
			Uso do preço de referência (Art. 36, § 7.º)
		Desincentivos Econômicos	Descumprimento de prazo gerando descontos com valores três vezes superiores ao valor da mensalidade contratada (Art. 27, § 2.º, 30, § 2.º)
			Descumprimento de prazo gerando direito de a solicitante cobrar obrigação de fazer, indenizações e multa rescisória com valor mínimo de dez vezes o valor da instalação do circuito (Arts. 26, § 4.º, 27, § 3.º, 29, § 4.º, e 30, § 3.º)
		Publicação de Informação	Publicações pela ANATEL de suas decisões sobre resoluções de conflitos (Art. 37)
		Prazos para Cumprimento de Regras	(Art. 23, § 2.º, 24, 25, e 45)

Críticas / Estratégia de *Compliance*	Limitação das regras-meio de monitoramento: indefinições quanto à forma de monitoramento sobre o cumprimento das regras-fim contra discriminação não baseada em preço. Dificuldade prática de o regulador monitorar o cumprimento das regras-fim contra discriminação baseada em preço via separação contábil
	Limitação das regras-meio de *enforcement*: inexistência de regulamento aprovado sobre sanção sem definição sobre metodologia para cálculo de multas
	Limitação das regras-fim: possibilidade de descontos em preço dificulta monitoramento de condutas discriminatórias baseadas em preço

Fonte: Elaboração própria.

5.2.4. A Resolução 600/2012

Apesar de ser um regulamento amplo, envolvendo diferentes formas de contratação das redes de entidades pertencentes a grupos econômicos com PMS, o *PGMC* complementou a regulamentação da EILD na medida em que criou novas regras para o regime instituído pela *Resolução 590* e em que não revogou regras vigentes.

Por complementar esse regime de acesso – e até me arriscaria a dizer, por se espelhar no regime da *Resolução 590* –, o *PGMC* também estruturou seu funcionamento macro a partir de ferramentas de comando e controle que prescrevessem o comportamento de operadores com PMS, e de uma abordagem de monitoramento privado e *enforcement* público que contava, na retaguarda, com a previsão de sanções para estratégias de não *compliance* com as obrigações impostas. A complementação se deu, especialmente, no aperfeiçoamento de regras-fim e regras-meio que deveriam ser cumpridas pelos grupos com PMS na oferta regulada de EILD.

No que se refere às regras-fim, fez-se menção expressa de que as PMS deveriam dispensar tratamento isonômico e não discriminatório a todas as solicitantes dos seus produtos regulados de atacado. Apesar dessa confusão redacional[413], o fato de o modelo permitir a concessão de descontos com critérios objetivos ou a prestação de níveis de qualidade não exatamente iguais para solicitantes pertencentes ou não ao grupo econômico de PMS parece indicar que o *PGMC* adotou o princípio de não discriminação (e não o de isonomia) baseada em preço e não baseada em preço das ofertas reguladas de rede. Exigiu que essas ofertas reguladas de PMS, não discriminatórias em termos de preço e outras condições, fossem homologadas pela ANATEL e obrigatoriamente utilizadas pelas PMS no mercado de atacado. Antecipou que nesse processo de homologação a ANATEL levaria em conta a possibilidade dos grupos não PMS replicarem as ofertas de varejo dos grupos com PMS, a tendência de precificação a custo dos produtos de atacado, o incentivo à modernização das redes de telecomunicações e o cumprimento das outras disposições sobre as ofertas de referência previstas no *PGMC*. Ademais, prescreveu as variáveis mínimas que deveriam constar obrigatoriamente nessas ofertas de referência de PMS – preços, prazos, itens técnicos para prestação do serviço etc. Obrigou que essas ofertas de referência fossem submetidas a revisão pela ANATEL a pelo menos cada 6 meses, firmou que as ofertas de EILD deveriam também respeitar o previsto na regulamentação específica vigente, além de exigir detalhamentos sobre itens como, por exemplo, co-localização e acesso dos funcionários das solicitantes.

Especificamente quanto às regras contra discriminações baseadas em preço, o *PGMC* indicou que as ofertas de referência deveriam ser apresentadas com preços que variassem em função da maior ou menor necessidade do solicitante na contratação de elementos de rede e de equipamentos para a prestação do serviço. Os descontos seriam permitidos, mas deveriam respeitar critérios objetivos e ser aplicados de forma isonômica e não discriminatória[414].

No que concerne às regras contra discriminações não baseadas em preço, o *PGMC* tratou de detalhar comandos para evitar justificativas de PMS para tardar ou não prestar o serviço de acesso a suas redes, como as que argumentavam que somente a rede de cobre (concedida pela União) estaria sujeita a regras de acesso, que não havia disponibilidade de capacidade de rede para

413. Ofertas isonômicas, por serem iguais – ainda que iguais em função de faixas de velocidade de transmissão ou de distâncias entre os pontos a serem conectados – serão sempre não discriminatórias, mas o inverso não necessariamente é verdadeiro: ofertas podem não ser discriminatórias por serem iguais ou por, apesar de serem diferentes, não serem discriminatórias por adotarem critérios objetivos de variação de suas condições. Não por menos, normalmente os regimes de acesso optam por ofertas que respeitem princípios de não discriminação ou de equivalência/isonomia, como visto em *SPC Network* (2009, p. 9-10). Essa confusão redacional esteve presente também na *Resolução 402* e na *Resolução 590*, ambas no *caput* dos respectivos art. 7.º.

414. De novo me parece haver aqui uma confusão redacional.

atender à demanda das não PMS, ou a que explorava a falta de procedimentos claros para a contratação da EILD para dificultar tal contratação. Outras regras contra discriminações não baseadas em preço exigiam o detalhamento na oferta de itens técnicos que seriam usados pela PMS para prestação do serviço, de prazos de entrega e de reparação, e mesmo do período mínimo possível para contratação. A oferta precisaria também mencionar os níveis de qualidade da transmissão contratada, que deveriam ser semelhantes aos que a PMS ofertava para as solicitantes pertencentes a seu grupo econômico, e os parâmetros para sua aferição. Regras para evitar tratamento favorecido no atendimento das solicitantes pertencentes ao grupo econômico de PMS também foram especificadas, como no caso da obrigação de ordenamento cronológico de todos os pedidos na base de dados de atacado.

As regras-meio também foram aperfeiçoadas no *PGMC*. Do ponto de vista das medidas de *enforcement*, um extenso rito processual, apesar de sumaríssimo, foi pormenorizado para as composições de conflitos entre operadoras com e sem PMS no que se refere às contratações de produtos atacadistas – inclusive EILD – nos mercados relevantes do *PGMC*, havendo previsões de prazos para os diferentes momentos do processo, bem como a possibilidade de pedido de medida cautelar. Como no *Novo Regulamento de EILD*, havia previsão da inversão do ônus da prova para a PMS nessas disputas na ANATEL, e do uso como referência[415] dos valores estabelecidos no *Ato 2.716* para solucionar as disputas entre operadores PMS e não PMS, bem como a menção de que o regulador publicaria suas decisões em seu *site* na internet, como forma de criar um banco de dados com seus entendimentos sobre os diferentes tipos de conflitos. E mais, o *PGMC* previu que enquanto as ofertas de referência de EILD não fossem homologadas a PMS deveria assegurar o atendimento das solicitações das não PMS que correspondessem a 20% de sua capacidade física de rede. Ou seja, as PMS precisariam destinar pelo menos 20% de sua capacidade de rede, se houvesse demanda superior a isso, para solicitantes não PMS. O regulamento também previu sanções gerais pelo descumprimento das regras postas e instituiu vários prazos para o cumprimento de obrigações pelas PMS, como a de contratação de entidade supervisora, a de funcionamento da base de dados de atacado e do sistema de negociações, a de apresentação de ofertas de referência para homologação pelas PMS e a de criação de diretoria estatutária de atacado. Para minimizar as chances de descumprimento do prazo de apresentação das ofertas de referência instituiu-se também mecanismo de desincentivo econômico, prevendo a possibilidade de a ANATEL arbitrar as condições dessa oferta em sede de composições de conflitos quando o prazo não houvesse sido respeitado pela PMS. Interessante notar que alguns prazos também foram previstos para

415. Vale aqui mencionar, entretanto, que a redação dada pelo *PGMC* a esse item não é exatamente igual à expressa pelo art. 36, § 7.º do *Novo Regulamento de EILD*. Se nesta normativa está claro que em sede de resolução de conflitos a ANATEL aplicará os preços de referência da tabela, no *PGMC* a menção é que os preços da tabela serão usados como referência na composição dos conflitos.

assegurar o comprometimento da própria ANATEL no cumprimento de suas funções, como são os casos das regras prevendo prazos para criação do GIESB e para homologação das ofertas de referência.

No que tange ao monitoramento das condutas de PMS, o *PGMC* delineou com detalhes o modelo de abordagem privada, baseado na figura de uma entidade supervisora, previamente indicado no *Novo Regulamento de EILD*. As PMS eram obrigadas a contratar a suas custas essa entidade supervisora de ofertas de atacado, a qual deveria fazer uso de um sistema de negociações dos produtos regulados de atacado que seria usado por fornecedores e solicitantes, o qual por sua vez permitiria registrar dados dessas transações e constituir um repositório de informações fundamentais para a análise pela entidade supervisora e pela ANATEL da existência de comportamentos discriminatórios pelas PMS.

Para que essa nova estrutura fosse possível, o *PGMC* detalhou comandos em relação à entidade supervisora, ao sistema de negociações, à base de dados de atacado, e apostou no uso de ferramenta de consenso – a criação do GIESB – para, a partir da cooperação entre os agentes interessados, viabilizar na prática o idealizado pelo regulamento. Quanto às obrigações voltadas para a entidade supervisora, ela deveria ter governança neutra – blindada contra o domínio de PMS –, cumprir alguns requisitos básicos, como não restringir a participação de prestadores de serviços de telecomunicações de interesse coletivo, e seguir as regras dispostas para o seu funcionamento. Em relação ao sistema de negociações, o *PGMC* esclareceu que deveria permitir a contratação dos produtos de atacado, o controle dos prazos para encerramento das negociações entre as partes, o acompanhamento e controle da fila de atendimento às prestadoras solicitantes, e que deveria, além disso, estar integrado às bases de dados de atacado dos grupos com PMS. As negociações das operadoras PMS com empresas do mesmo grupo e também com sua própria divisão de varejo deveriam ser registradas no sistema, sendo vedada qualquer negociação de produtos regulados de atacado de PMS fora dele. Por sua vez, no que se refere às bases de dados de atacado, deveriam conter informações mínimas como identificação do produto de atacado, nomes do solicitante e do fornecedor, se eles eram participantes do mesmo grupo econômico, preço praticado, data de solicitação e entrega do produto e posição sequencial do pedido na fila para atendimento da demanda. Deveriam também ser atualizadas em tempo real. Tais bases de dados de atacado deveriam ser publicadas nos *sites* da internet de PMS. Já quanto ao GIESB, o regulamento previu a criação desse grupo coordenado pela ANATEL e composto por membros da própria agência, de PMS e de não PMS. Nesse grupo seriam debatidas todas as necessidades para a estruturação desse modelo de monitoramento e atestadas sua conformidade com o idealizado pelo *PGMC*. Os casos de impasse no grupo seriam sempre decididos pelo regulador.

O *PGMC* também inovou ao obrigar os grupos com PMS a criar unidade ou departamento de atacado, com *status* de diretoria estatutária, avançando em direção a uma forma simples de separação funcional das atividades de atacado e varejo dos operadores integrados verticalmente. Item mais comum mantido no regulamento foi a exigência de publicidade das ofertas de referência nos *sites* de PMS e agora também nas bases de dados de atacado.

Se a *Resolução 590* já havia avançado em muito na estruturação de uma estratégia institucional para *compliance* com as regras de acesso via EILD, o *PGMC* tratou de minimizar ainda mais a probabilidade dos comportamentos de descumprimentos por parte de PMS. Várias regras-meio foram previstas para garantia de monitoramento e *enforcement* de sucesso das regras aplicáveis à EILD e a outros produtos regulados de atacado. Parece não haver dúvidas de que nessa terceira tentativa de regulamentação a ANATEL levou a sério a presunção de que os operadores PMS enfrentam altos incentivos para discriminar competidores quando ofertam a eles suas redes de acesso. Apesar de todo o esforço, existem pontos falhos na estratégia de *compliance* instituída que precisam ser destacados.

O primeiro deles se refere à sobreposição de regras entre os regimes do *PGMC* e do *Novo Regulamento de EILD*. Ainda que a ANATEL tenha cuidado para evitar inconsistências entre os dois regulamentos, um exemplo demonstra que elas ocorreram. Enquanto o *Novo Regulamento de EILD* previu que na resolução de disputas administrativas entre as partes o regulador usaria os preços de referência do *Ato 2.716*, o *PGMC* dispôs que em sede de composição de conflitos a ANATEL usaria como referência os preços do *Ato 2.716*. Essa possibilidade de interpretação diversa sobre a questão limita a capacidade de *enforcement* das regras de acesso pela própria agência. A mera previsão geral de sanções para o descumprimento das regras do *PGMC* também parece ser um ponto fraco relacionado às medidas de *enforcement* do regime, especialmente por sinalizar que os comportamentos de não *compliance* com as novas regras postas poderiam não ser, de fato, punidos pela ANATEL, ou mesmo ser facilmente discutidos judicialmente pelas PMS.

Concernente às regras-fim contra discriminação baseada em preço e não baseda em preço, a vigência paralela (não sobreposta) desses regimes complementares parece ser outra fraqueza, especialmente quando se percebe que as PMS mantiveram dois tipos de ofertas reguladas de EILD, uma que se baseava em condições acordadas via contratos antigos (anteriores ao *PGMC*) e que não estavam disponíveis no sistema de negociações de atacado (e por isso não eram monitoradas de forma efetiva), e outra que foi homologada pela ANATEL nos termos do *PGMC* – mas com preços maiores do que a dos contratos anteriores – e que só poderia ser comercializada via sistema de negociações de atacado. Apesar de prevista no *PGMC* a proibição de comercialização de EILD regulada fora do sistema de negociações, a vigência desses dois regimes regulatórios parece dificultar a tarefa da ANATEL de fazer cumprir tal regra. Também é negativa para o funcionamento do regime do *PGMC* a válvula de escape prevista no regulamento[416] de que a ANATEL pode flexibilizar alguns itens da oferta de referência a ser apresentada pelo grupo PMS para homologação, desde que solicitados por eles e devidamente justificado.

Mais uma vez a existência de regras-fim permitindo descontos também torna mais complexa a tarefa de monitorar as discriminações baseadas em preço, ainda mais no caso desses preços serem apresentados de forma desagregada, ora incorporando alguns elementos de rede e equipamentos, ora não. Quanto às regras-fim contra discriminação não baseada em preço da oferta regulada de EILD, o uso do princípio de não discriminação para níveis de qualidade na transmissão do serviço parece ser uma opção limitada. Disponibilizar produtos de melhor qualidade somente para as empresas pertencentes ao grupo de PMS ou garantir melhor qualidade (por menor que seja) na transmissão a elas de serviços equivalentes também disponíveis a solicitantes não pertencentes ao grupo de PMS parece ser, por si só, uma discriminação não baseada em preço, a não ser que se apresentem justificativas de cunho não competitivo para esse tratamento diferenciado. Isso significa que o regime do *PGMC,* apesar de pela primeira vez exigir informações na oferta de PMS quanto à qualidade na transmissão dos serviços, de alguma forma referendou um comportamento diferenciado, favorável aos solicitantes de EILD pertencentes ao grupo de PMS. Talvez esse seja mais um indicativo da confusão redacional vista nas *Resoluções 402, 590* e *600* no uso das palavras isonomia e não discriminação.

Entretanto, ainda que a ANATEL quisesse assegurar a equivalência de condições quanto à qualidade da transmissão, o *PGMC* apenas indicou a forma de isso ser feito – via obrigação de separação funcional –, não especificando meios de monitoramento desses comportamentos discriminatórios via qualidade. Se a obrigação para os grupos PMS de criação de uma unidade ou departamento atacadista separado de suas atividades de varejo é um passo necessário para a ANATEL pensar a estrutura de monitoramento das discriminações não baseadas em preço, isso precisa ser mais bem detalhado. Até o momento, tendo em vista que a separação contábil, em tese, já permitiria o controle das condutas anticompetitivas via preço, a separação funcional prevista no *PGMC,* ainda que no menor grau idealizado pela teoria, só me parece ter a intenção de avançar essa separação das atividades de atacado e varejo de PMS, e tentar minimizar as condutas – especialmente não baseadas em preço – que derivam da integração vertical.

A seguir o compilado das informações gerais apresentadas sobre o regime do *PGMC*:

416. ANATEL, *PGMC*, Anexo I, art. 7, § 8.º. Interessante que a própria redação do item deixa em dúvida se a solicitação do grupo PMS é que deve ser justificada ou se a decisão de flexibilização pela ANATEL é que precisa ser justificada.

Tabela 7 – Resumo da Resolução 600/2012

	Res. 600
Estratégia Geral do Regime	Ferramentas: Comando e Controle (Regras Assimétricas), mas com presença de ferramentas de desincentivo econômico, consenso e publicação de informações. Detalhamento dos comandos (inclusive quanto ao método para definição dos grupos com PMS)
	Abordagem: Detenção/Punição, com monitoramento privado e *enforcement* público

Regras-fim	Não discriminação	Preço	Preços homologados (Anexo I, Arts. 5.°, 6.°, 7.° e 9.°)
			Preços desagregados (Anexo I, Arts. 7.°, §§ 1.° e 2.°, e 26)
			Descontos (Anexo I, Art. 7.°, § 5.°)
			Revisão dos preços a cada seis meses (Anexo I, Art. 11)
			Novas velocidades e respeito a disposições do Novo Regulamento de EILD (Anexo I, Art. 25)
		Não Preço	Condições não baseadas em preço homologadas (Anexo I, Arts. 5.°, 6.°, 7.° e 9.°)
			Obrigação de oferta de EILD por diferentes meios (Anexo I, Art. 7.°, § 1.°)
			Informação sobre capacidade disponível e detalhamento das etapas de contratação (Anexo I, Art. 7.°, § 3.°)
			Informação sobre recursos técnicos necessários (Anexo I, Art. 7.°, § 4.°)
			Informação sobre prazos (Anexo I, Art. 7.°, § 6.°)
			Informação sobre qualidade (Anexo I, Arts. 7.°, § § 7.° e 8.°, IV)
			Revisão das condições não baseadas em preço a cada seis meses (Anexo I, Art. 11)
			Obrigações de não favorecimento no atendimento (Anexo I, Arts. 12, 14, § 3.°, e 26)
			Obrigação de garantia de 20% capacidade de rede para não PMS (Anexo I, Art. 29)
		Exceções	Inexistentes
Regras-meio	Monitoramento	Transparência	Obrigação de contratação de entidade supervisora, sistema de negociação e base de dados de atacado (Art. 36)
			Detalhamentos entidade supervisora (Arts. 37, 38, e 39)
			Detalhamentos sistema de negociação (Art. 40)
			Detalhamentos Base de dados de atacado (Anexo I, Art. 14, §§ 1.°, § 4°, § 6°, e Art. 15)
			Detalhamentos GIESB (Arts. 44 e 45)
			Publicidade das ofertas de referência no *site* e na base de dados de atacado (Anexo I, Art. 7.°, *caput*)
			Separação funcional: criação de unidade ou departamento de atacado (Anexo I, Art 13)

<table>
<tr><td rowspan="7">Regras-meio</td><td rowspan="7">Enforcement</td><td>Sanção</td><td>Sanções gerais (Art. 48)</td></tr>
<tr><td rowspan="3">Resolução de Conflitos</td><td>Rito sumaríssimo detalhado (Art. 15 a 35)</td></tr>
<tr><td>Inversão do ônus da prova para PMS (Art. 18, § 3.º)</td></tr>
<tr><td>Uso dos preços do Ato 2.716 como referência (Anexo I, Art. 27)</td></tr>
<tr><td>Desincentivos Econômicos</td><td>Descumprimento de prazo de apresentação de oferta de referência permite à ANATEL definir condições da oferta em sede de resolução de conflitos (Anexo I, Art. 5, § 2.º)</td></tr>
<tr><td>Publicação de Informação</td><td>Publicações pela ANATEL de suas decisões sobre resoluções de conflitos (Art. 34)</td></tr>
<tr><td>Prazos para Cumprimento de Regras</td><td>(Arts. 41, 44, 47, Anexo I, 5, § 1.º, 10, 13, § 2.º, 14, § 7.º)</td></tr>
</table>

<table>
<tr><td rowspan="3">Críticas / Estratégia de Compliance</td><td>Limitação de regras-meio de monitoramento: indefinições quanto ao monitoramento das regras-fim contra discriminação não baseada em preço, especialmente as relacionadas à qualidade da transmissão do serviço de EILD. Indefinições quanto à estrutura da separação funcional requerida. Dificuldade prática de o regulador monitorar o cumprimento das regras-fim contra discriminação baseadas em preço via separação contábil</td></tr>
<tr><td>Limitação das regras-meio de enforcement: inconsistências quanto ao preço a ser aplicado pela ANATEL na resolução de conflitos. Sanções gerais</td></tr>
<tr><td>Limitação das regras-fim: duplo regime para oferta regulada de EILD. Possibilidade de flexibilização pela ANATEL dos itens requeridos nas ofertas de referência. Inadequação do princípio de não discriminação não baseada em preço. Possibilidade de descontos dificultando monitoramento de condutas discriminatórias baseadas em preço</td></tr>
</table>

Fonte: Elaboração própria.

5.3. UM BALANÇO DA EVOLUÇÃO JURÍDICO-INSTITUCIONAL RELATIVA ÀS ESTRATÉGIAS DE *COMPLIANCE* NOS REGIMES DE EILD

Finda a análise jurídico-institucional para mapeamento das estruturas e limitações das estratégias de *compliance* dos diferentes regimes de EILD no Brasil, oportuno realizar um balanço desse processo evolutivo destacando as escolhas no tempo das ferramentas e abordagens regulatórias. Isso ajudará o leitor a visualizar as mudanças e avanços ocorridos no desenho desses regimes, podendo facilitar a percepção de lições e ensejar reflexões sobre o uso de novas estratégias.

Partindo das informações compiladas no item anterior e tendo em vista as ferramentas regulatórias citadas na primeira parte deste trabalho, é possível perceber que todos os regimes de EILD já vigentes no Brasil se fiaram, preponderantemente, na racionalidade de comando e controle para desestimularem comportamentos abusivos de operadores dominantes. Ferramentas de incentivos negativos aparecem pontualmente, só não se fazendo presentes na *Resolução 402*, acontecendo a mesma situação para a publicidade de informações, não existente somente na *Norma 30/1996*. Mecanismos de consenso só foram identificados nas *Resoluções 590 e 600* (com características de co-regulação, parcerias entre regulados e regulador para regular), não havendo qualquer registro para ferramentas de arquitetura/*code*.

Em relação às abordagens regulatórias de monitoramento e *enforcement* adotadas em cada regime de EILD estudado, fica clara a preferência pela detenção/punição, atividade exercida pelo regulador, como forma de controle principal. Nos casos das *Resoluções 590 e 600*, há uma variação desse padrão, com o monitoramento das regras de acesso sendo dividido com a iniciativa privada, mantido o *enforcement*, exclusivamente, com o ente estatal. Apesar de existirem mecanismos de consenso nessas duas resoluções citadas, não há nelas registros de abordagens de cooperação/persuasão – até porque esse tipo de abordagem se baseia em mediações, conversas e negociações, e menos em regras formais. Tampouco se identificaram outros tipos de abordagens nos diversos regimes de EILD, como poderia ser o caso das baseadas em regras definidoras de metas e resultados para o *compliance* (*Performance-based standards*) ou as indicativas de controles a serem adotados pelos sistemas de *compliance* das operadoras dominantes (*Management-based standards*).

Elencadas essas escolhas no tempo, tem-se a seguinte tabela:

Tabela 8 – Evolução Jurídico-Institucional de Estratégias de *Compliance* EILD

Ferramentas Regulatórias				
	Norma 30	**Resolução 402**	**Resolução 590**	**Resolução 600**
Comando e Controle	X	X	X	X
Incentivos (negativos)	X		X	X
Consenso			X	X
Publicação de Informação		X	X	X
Arquitetura/Code				

Abordagens Regulatórias					
		Norma 30	**Resolução 402**	**Resolução 590**	**Resolução 600**
Detenção/Punição	*Enforcement* Público	X	X	X	X
	Enforcement Privado				
	Monitoramento Público	X	X	X	X
	Monitoramento Privado			X	X
Cooperação/ Persuasão					

Fonte: Elaboração própria.

De imediato é possível notar o uso de ferramentas alternativas, ainda que pontualmente, nos diferentes regimes de EILD estudados, o que pode indicar a escolha de estratégias mistas pelo regulador. No caso das *Resoluções 590 e 600*, parece existir uma tendência mais clara de diversificação do uso de ferramentas – para além da racionalidade única de comando e controle – e de variação nas abordagens de detenção/punição, o que soa ser uma tentativa sofisticada de combinação entre essas variáveis para estabelecimento de uma estratégia regulatória de *compliance* mais efetiva para esses regimes de acesso a redes de operadores dominantes.

De forma abstrata, a tabela também denota um processo regulatório de tentativa e erro, no qual são combinadas ferramentas e abordagens disponíveis – e, por consequência, definidos os padrões de comportamento desejáveis, seu monitoramento e *enforcement* – em vista a minimizar condutas anticompetitivas nos mercados de telecomunicações no Brasil. De maneira ampla, esta tabela caracteriza a própria evolução jurídico-institucional das estratégias de *compliance* dos regimes de EILD no Brasil na medida em que registra as combinações feitas.

Tomando em conta as evidências de problemas de *compliance* com as regras de acesso apresentadas para o caso brasileiro e as limitações ainda existentes na estrutura das estratégias regulatórias selecionadas, a principal lição que se pode tirar dessa evolução jurídico-institucional da EILD no Brasil é que esse é um processo inacabado, ainda sujeito a acertos de rotas e aperfeiçoamentos, e que, em tese, continuará exigindo tomadas de decisões complexas pelo regulador.

Diante desse desafio permanente – e como reflexão que dele deriva –, o aprendizado institucional relacionado ao tema tem papel central. Importa para a ANATEL identificar as fraquezas e forças das opções feitas, bem como conhecer o leque de ferramentas e abordagens que têm a sua disposição, suas vantagens e desvantagens, para desenhar melhores estratégias para o funcionamento eficiente dos regimes de acesso instituídos. Parece claro que, quanto mais completa for a sua caixa de ferramentas, e melhor souber utilizá-la, maiores serão as chances de a ANATEL ser efetiva no desenho das estratégias de *compliance* de seu regime. O caso da EILD deixa clara a opção regulatória por ferramentas de comando e controle nas quatro regulamentações estudadas, somadas a uma abordagem pouco efetiva de detenção/punição. Dadas as diferentes possibilidades de combinações de ferramentas e abordagens para a conformação de uma estratégia de *compliance* efetiva nos regimes de acesso, talvez existam outros caminhos a percorrer em busca do *compliance* com essas regras de acesso.

5.4. A ESTRATÉGIA DE *COMPLIANCE* DO *PGMC* E SUAS ESPECIFICIDADES

Passo agora à segunda análise jurídico-institucional desta pesquisa, a que envolve os regimes internacionais de acesso a redes.

Da mesma forma que no tópico anterior, também aqui serão apresentados resultados do processo analítico realizado, nesse caso para responder à terceira questão dessa investigação: *Tendo em vista a experiência internacional, quais as especificidades da estratégia de* compliance *estruturada no atual regime brasileiro de acesso a redes de telecomunicações?* Mais uma vez, portanto, faz-se necessária uma nota metodológica para esclarecimentos sobre a análise utilizada para estruturação da resposta.

Dada a necessidade geral de comparação da estratégia de *compliance* do regime atual brasileiro – representado pelo *PGMC* – com estratégias de *compliance* de regimes de acesso a redes de telecomunicações em outras jurisdições, a primeira etapa foi estruturar os bancos de dados cujas informações seriam cruzadas. As informações sobre o Brasil já estavam compiladas, uma vez que a estratégia de *compliance* do *PGMC* havia sido objeto de análise para resposta ao segundo bloco de questões do trabalho. No que se refere à experiência internacional, entretanto, a estruturação do banco de dados estava condicionada à escolha prévia dos casos internacionais que serviriam de parâmetro para comparação com a estratégia de *compliance* do *PGMC*. Considerando essa finalidade, e depois de ter realizado uma avaliação geral de alguns casos, selecionei as experiências do Reino Unido, da Suécia, da Itália e da Austrália por razões técnicas e práticas. Do ponto de vista técnico, cito o fato de essas jurisdições terem liberalizado e privatizado seus mercados de telecomunicações, admitindo a existência de um operador incumbente integrado verticalmente, terem imposto regras de acesso a redes e terem tido problemas para garantir *compliance* com elas, e terem implementado alguma forma de separação funcional – estratégia vista como drástica – como medida para desincentivar os comportamentos de não *compliance* com as regras de acesso. Queria com isso explorar casos em que o regulador das telecomunicações tivesse vivenciado situações, a meu ver, semelhantes às experimentadas pela ANATEL, admitindo, então, que a estratégia de *compliance* do *PGMC* poderia replicar soluções regulatórias já utilizadas em outras jurisdições. No que tange às razões práticas, o fato de já existir alguma literatura discutindo esses casos clássicos de separação funcional no setor das telecomunicações amplia as informações do meu banco de dados internacional e facilita a análise das especificidades da estratégia de *compliance* estruturada pela ANATEL via *PGMC*.

Feita, portanto, a escolha pelos casos internacionais a serem mapeados, o banco de dados internacional foi formado a partir da compilação das informações obtidas na leitura da literatura pesquisada[417], e já levando em conta as variáveis que seriam comparadas com o caso brasileiro.

Foram duas as variáveis analisadas no Brasil e no exterior.

A primeira delas, chamada "problemas de não *compliance*", congregava as informações sobre as razões descritas (nos bancos de dados) para os problemas de descumprimento das regras de acesso a redes de telecomunicações nas

417. Berec (2011); OCDE (2011); Cadman (2010); Nucciarelli e Sadowski (2010); Teppayayon e Bohlin (2010); Tropina, Whalley e Curwen (2010); Crandall, Eisenach e Litan (2009); Ellare e Oxera (2009); Webb (2008); SPC NETWORK (2008); Salterain (2008); e Cave (2006).

diferentes jurisdições pesquisadas. Sua análise tinha como objetivo verificar se o caso brasileiro enfrentava problemas semelhantes aos relatados nas experiências internacionais.

A outra, e principal variável de análise para resposta à terceira questão do trabalho, foi denominada de "estratégias regulatórias de *compliance*". A caracterização das estratégias de *compliance* levou em conta somente a análise das regras (regras-fim e regras-meio), e não a implementação dessas regras pelos reguladores. Essa análise tinha a finalidade de (i) identificar os principais elementos consubstanciadores das regras de acesso (regras-fim) e das regras sobre monitoramento e *enforcement* (regras-meio) em cada um dos regimes de acesso mapeados, para então (ii) delimitar as especificidades da estratégia de *compliance* do *PGMC*, comparando, criticamente, seus principais elementos com os elementos identificados nas outras jurisdições.

Nos tópicos a seguir o leitor encontrará o desenho direcionado dos bancos de dados, com destaque para as razões dos problemas de não *compliance* e para a delimitação das estratégias regulatórias de *compliance* com regras de acesso, o que, nas jurisdições internacionais pesquisadas, aconteceu a partir de alguma forma de separação vertical das atividades de atacado e varejo de operadores dominantes. No banco de dados há também destaques para os resultados práticos dessas estratégias internacionais, informações que entendo úteis para a realização da última etapa do processo analítico, a que compara as especificidades da estratégia de *compliance* do *PGMC* com a dos regimes internacionais de acesso a redes mapeados. Essa etapa final de análise será apresentada em tópico posterior.

5.4.1. Reino Unido

A separação funcional da British Telecom (BT), operador incumbente no Reino Unido, ocorreu em setembro de 2005, após a criação de um novo regulador para as telecomunicações em 2003[418] e de um processo de revisão estratégica para o desenvolvimento do setor[419], iniciado em 2004. Tal processo culminou com a substituição de obrigações regulatórias de não discriminação por obrigações de equivalência de condições de contratação dos acessos locais da rede da BT, e com a apresentação pela própria empresa de um modelo de separação operacional de suas atividades de atacado e varejo, o qual foi negociado e aprovado pelo Ofcom.

Baseando-se nas próprias conclusões do Ofcom, ao fim do processo de revisão estratégica, Cadman (2010, p. 368-369) argumenta que as razões para essas mudanças regulatórias estão relacionadas à incapacidade do regulador em garantir o cumprimento das regras de não discriminação, especialmente as prá-

418. O antigo regulador, Oftel, foi substituído pelo Ofcom, como se vê em Crandall, Eisenach e Litan (2009, p. 15).

419. *Ofcom's Strategic Review of Telecommunications.*

ticas de *non-price discriminations*, e no fato de, entre 2004 e 2005, a BT possuir posição dominante em 14 mercados atacadistas e 16 varejistas analisados. Em Cave (2006, p. 99) há menção da existência – prévia às mudanças regulatórias – de muitas reclamações de operadores entrantes em relação ao *compliance* com tais regras, mas também do insucesso do regulador para comprovação das práticas discriminatórias apontadas contra a BT – o que, se por um lado sugere a inexistência dessas práticas, por outro sugere a existência de assimetrias informacionais comprometedoras da atividade reguladora de monitoramento desses comportamentos anticompetitivos.

Ainda com relação às razões das mudanças regulatórias no Reino Unido, Cadman (2010, p. 368-369) cita o posicionamento de operadores entrantes de que as regras de não discriminação – permissivas de comportamentos discriminatórios objetivamente justificados –, juntamente com a obrigação de separação contábil, eram medidas insuficientes para impedir que a BT favorecesse suas operações de varejo. Adiciona o autor (in SPC NETWORK, 2009, p. 17-18) que apesar de o Ofcom considerar não ter havido a comprovação material das práticas discriminatórias pela BT, o regulador concluiu, com base em evidências de que os processos de negociação existentes dos produtos de atacado permitiam o favorecimento das operações de varejo da incumbente[420], que os contratantes desses insumos de rede da BT experimentaram 20 anos de serviços atacadistas malprestados[421].

Crandall, Eisenach e Litan (2009, p. 15-17) parecem focar em razão mais ampla para justificar as mudanças regulatórias impostas pelo Ofcom: a baixa penetração dos serviços de banda larga no Reino Unido. Indicando a insuficiência do embasamento técnico apresentado pelo regulador – que tão somente comparou a penetração do serviço no Reino Unido com alguns poucos países –, os autores sugerem que a decisão pela separação funcional foi imposta em um momento em que a penetração da banda larga na região estava à frente da maioria dos países componentes da EU-15, e crescia, utilizando-se das ofertas de atacado da BT, em níveis acima aos desses países. Os autores parecem não considerar – ou pelo menos nada manifestam sobre os problemas de não cumprimento das regras de acesso – a instituição das obrigações de equivalência, somadas à separação funcional, como uma estratégia regulatória de *compliance* usada pelo Ofcom.

Diferentemente dessa percepção, Cave (2006, p. 99) deixa expresso que o uso de termos equivalentes nas contratações dos gargalos de rede por clientes externos e internos ao operador integrado verticalmente tem por finalidade

---

420. O Ofcom entendeu que essas práticas menores de favorecimentos das operações de varejo da BT, de forma acumulada representavam uma desvantagem competitiva para os operadores dependentes das contratações atacadistas. Isso foi chamado pelo regulador de *cumulative materiality*.

421. Na íntegra: "Those who rely on BT to provide such access have experienced twenty years of: (i) slow product development; (ii) inferior quality wholesale products; (iii) poor transactional processes; and (iv) a general lack of transparency" (SPC NETWORK, 2009, p. 18).

facilitar a verificação e justificação da existência de práticas discriminatórias pelo regulador, bem como, indica o autor, que a existência de um órgão externo para reclamação e supervisão do cumprimento de tais regras e a estruturação de sistemas de incentivos localizados aos gestores das atividades de varejo e de atacado visa desincentivar os comportamentos de não *compliance*. Em SPC NETWORK (2009, p. 20) justifica-se a necessidade de separação funcional como medida comportamental para garantir a eficácia das obrigações de equivalência e tratar a falta de transparência envolvendo essas negociações de gargalos de rede no atacado[422].

Não obstante as razões amplas ou específicas justificadoras das alterações no regramento da regulação de acesso vigente no Reino Unido, o fato é que BT e Ofcom negociaram[423] uma série de compromissos que garantissem o tratamento isonômico de todos os operadores nas contratações de atacado envolvendo redes de acesso. Acordaram, portanto, que referente a um produto específico de acesso, a BT teria que prestá-lo para todos os solicitantes (incluindo a BT Varejo) nos mesmos prazos, termos e condições (incluindo preço e qualidade do serviço) através dos mesmos sistemas e processos, provendo a todos esses solicitantes as mesmas informações sobre esses produtos, sistemas e processos. Em particular, isso significava que a BT precisaria usar esses mesmos sistemas e processos da mesma forma que os outros operadores e com o mesmo grau de confiança e *performance* experimentado por eles[424].

A BT também se comprometeu a realizar uma série de alterações organizacionais que ficaram conhecidas como separação funcional, sendo três os seus principais elementos: (i) a criação de uma unidade de atacado, separada do varejo, com marca distinta – denominada *Openreach* –, responsável pela gestão das redes de acesso da BT[425]; (ii) o estabelecimento de um código de conduta para os empregados, com treinamento e suporte, de modo a alterar a *praxis* de

422. Conforme se vê em SPC NETWORK (2009, p. 14-17), a BT atendia suas operações de varejo com produtos de atacado diferentes dos que oferecia a seus concorrentes, usando sistemas diferentes, podendo discriminar seus clientes de atacado quando justificável objetivamente. Tudo isso complicava muito o controle do cumprimento das obrigações de não discriminação pelo regulador.

423. Cadman (2010, p. 370) explica que o regulador não possuía poderes legais para impor uma separação das atividades de atacado e varejo além da contábil. Não obstante o fato de existir uma possibilidade de direcionamento do assunto para o órgão antitruste do Reino Unido sob a alegação de descumprimento de certas regras de defesa da concorrência, segundo ele, ambas as partes se sentiram incentivadas a negociar um acordo sobre a questão. Em Lodge e Wegrich (2012, p. 165) fala-se em ameaça da separação estrutural para a viabilização desse acordo.

424. No original: "'Equivalence of Inputs' or 'EOI' means that BT provides, in respect of a particular product or service, the same product or service to all Communications Providers (including BT) on the same timescales, terms and conditions (including price and service levels) by means of the same systems and processes, and includes the provision to all Communications Providers (including BT) of the same Commercial Information about such products, services, systems and processes. In particular, it includes the use by BT of such systems and processes in the same way as other Communications Providers and with the same degree of reliability and performance as experienced by other Communications Providers" (CADMAN, 2010, p. 369).

425. Existia uma divisão de atacado fora da Openreach (BT Wholesale) que comercializava outros produtos atacadistas que não aqueles exclusivamente atinentes à rede de acesso.

funcionamento das divisões de atacado e varejo; e (iii) a estruturação de uma diretoria independente[426] para supervisão do cumprimento dos compromissos assumidos pela BT, via controle de indicadores[427] e sujeita a auditorias[428].

Cave (2006, p. 100) lembra que esses novos ajustes deveriam ser acompanhados por separação contábil e alguma forma de controle de preços, e que o descumprimento dos compromissos assumidos abriria caminho para a imposição de multas e para processos judiciais iniciados por privados (CAVE, 2006, p. 97).

Os resultados gerais dessas mudanças regulatórias, como as razões, variam. Considerando a dificuldade prática em medir objetivamente a eliminação ou redução das práticas discriminatórias da BT, Cadman (2010, p. 373) aponta a variação do comportamento dos investimentos dos operadores entrantes e os resultados nos mercados varejistas como alternativas para avaliação das medidas regulatórias empreendidas[429]. Nesse sentido ele destaca que a penetração da banda larga no Reino Unido, desde o plano estratégico do Ofcom em 2004 até março de 2009 cresceu de 4,5 milhões de acessos para 17,5 milhões. Rotula como mais importante o fato de o número de redes locais acessadas via ULL por terceiros ter saltado de 100 mil para 6 milhões no mesmo período (33% dos acesso de banda larga da região), o que sugere um grande investimento em *backhaul* e equipamentos eletrônicos (DSLAMs) pelos operadores alternativos. Lembra que a contratação do ULL permite que os operadores alternativos diferenciem seus produtos dos da BT, o que contribuiu para incrementar a velocidade média de conexão no período de 1 Mbps para 6 Mbps.

A avaliação de Crandall, Eisenach e Litan (2009, p. 21-22 e 24-27) é mais pessimista, e só analisa variáveis macro, afetadas, segundo eles, pela alteração regulatória. Resumidamente, os autores avaliam a variação do crescimento da penetração da banda larga no Reino Unido, em períodos anteriores e posteriores à mudança regulatória – mais precisamente, nos períodos entre setembro de 2002 a setembro de 2005, e de setembro de 2005 a setembro de 2008. Também avaliam o impacto dessas medidas no ímpeto de investimentos da BT em redes de fibra no acesso ao usuário. No que se refere ao primeiro critério, argumen-

426. Como visto em Cadman (2010, p. 369), essa diretoria foi chamada de *Equality of Access Board* (EAB) e, apesar de interna à BT, tinha sua independência assegurada pelo fato de três dos cinco diretores serem externos à empresa –, mas indicados por ela e informados ao Ofcom, como se vê em Ellare e Oxera (2009, p. 111 e 115). Em sentido inverso, Crandall, Eisenach e Litan (2009, p. 19) sustentam que essa diretoria era externa à BT.

427. ELLARE e OXERA, 2009, p. 117-118. Em Ellare e Oxera (2009, p. 100-101) vê-se também que existia um ente privado conhecido como OTA (Office of the Telecommunications Adjudicator) – existente antes mesmo da separação funcional da BT e que se manteve após esse processo – que compilava informações sobre problemas na contratação de acesso, tentava facilitar essa contratação e monitorava alguns KPI.

428. ELLARE e OXERA, 2009, p. 115.

429. Mas sem deixar de registrar que, por exemplo, existem outras variáveis que afetam a penetração da banda larga nos países, o que dificulta a criação de uma causalidade única entre a adoção da separação funcional e dos termos de equivalência, e a melhora dos resultados de penetração. Registram também, com relação à evolução dos acessos locais desagregados, que outras ações regulatórias – como a redução dos preços da ULL (CADMAN, 2010, p. 372) – também contribuíram para isso.

tam que depois das alterações regulatórias a taxa de crescimento da penetração de banda larga no Reino Unido caiu de 76% para 21%, piorando sua posição relativa com os países da EU-15, que cresciam 54% e passaram a crescer 23%. Ou seja, enquanto o crescimento no Reino Unido diminuiu 72,4%, essa redução foi menor nos países da EU-15, de 57,4%. Já concernente aos investimentos em fibra pela BT, apresentam dados indicativos de que a política de incremento da competição no setor criou obstáculos para investimentos em fibras no acesso, deixando o Reino Unido em posição abaixo à de muitos países europeus.

Isso posto, no quadro a seguir estão sintetizadas as informações delimitadoras das variáveis "problemas de não *compliance*" e "estratégias regulatórias de *compliance*" para o caso do Reino Unido.

Tabela 9 – Resumo Reino Unido

REINO UNIDO		
Problemas de Não *Compliance*		impotência regulatória para identificar e comprovar práticas discriminatórias em favor das atividades de varejo do operador integrado, especialmente as não baseadas em preço
		insuficiência da separação contábil para assegurar aplicação prática das regras de não discriminação
		dominância do operador integrado em mercados atacadistas e varejistas
		reclamações de operadores solicitantes
Estratégias Regulatórias de *Compliance*	**Regras-fim**	equivalência de insumos (EOI)
	Regras-meio	separação das divisões de varejo, atacado e acesso (Openreach)
		código de conduta/*chinese wall*
		incentivos financeiros
		diretoria independente de supervisão, sujeita a auditorias
		controle de KPI
		sistemas separados entre atacado e varejo
		sistema de atacado utilizado pelas divisões de varejo da incumbente e pelas outras solicitantes de rede
		separação contábil

Fonte: Elaboração própria.

5.4.2. Suécia

A separação funcional da TeliaSonera na Suécia em 2008 se assemelha ao caso britânico pelo caráter voluntário da apresentação de uma proposta de separação pelo operador incumbente, mas difere dele, como mencionado por

Teppayayon e Bohlin (2010, p. 376 e 378), por envolver alteração legislativa que deu poderes ao agente regulador – Post and Telecom Agency (PTS) – para impor esse tipo de medida regulatória. O caso sueco é tido como uma separação funcional quase voluntária[430], uma vez que antes mesmo da vigência da nova regra a TeliaSonera apresentou e conseguiu aprovar sua proposta de separação funcional.

Chama a atenção, no caso sueco, o fato de as discussões sobre a necessidade de uma separação funcional e sua indicação pela PTS acontecerem em um momento positivo do setor. A penetração da banda larga era crescente[431], e a Suécia estava sempre nas primeiras posições em *rankings* que envolviam países europeus[432]. No primeiro trimestre de 2007 o percentual de redes de acesso contratadas via ULL era de 34%, bem superior à média de 23% na Europa, com preços também inferiores aos pares europeus. Os preços de varejo, por sua vez, também caíram antes de 2007 e se equivaliam aos valores dos outros países nórdicos. Havia também competição no mercado de banda larga fixa a partir de infraestruturas alternativas de cabo e fibra[433]. A TeliaSonera vinha perdendo participação nesse mercado, apesar de ainda possuir 40% dele em 2007[434].

Não obstante, como visto em Ellare e Oxera (2009, p. 180), a recorrência de disputas na contratação dos insumos de atacado poderia criar uma situação insustentável para os operadores alternativos competirem, o que se traduziria em danos para o mercado no longo prazo. Para a PTS, a principal razão, portanto, para a indicação da separação funcional eram as repetidas disputas entre a TeliaSonera e seus clientes atacadistas, o que envolvia processos longos, a desconfiança profunda entre essas partes e diversas formas de discriminação[435].

De forma mais específica, segundo Teppayayon e Bohlin (2010, p. 378) a PTS identificou problemas de duas naturezas naquele momento que precisariam ser corrigidos. O primeiro se referia ao fato de a regulação não avaliar as vantagens informacionais da TeliaSonera em relação ao regulador e aos seus clientes atacadistas. O segundo dizia respeito às dificuldades para a imposição e aplicação prática das regras de não discriminação, havendo a percepção de que,

---

430. EM OECD. *Reports on experiences with structural separation.* Competition Committee. January 2012, p. 82. Disponível em: <http://www.oecd.org/daf/competition/50056685.pdf>. Acesso em: 22 jul. 2013.

431. ELLARE e OXERA, 2009, p. 160-161.

432. Idem, ibidem, p. 177-178.

433. O órgão antitruste sueco não considerava a separação funcional um remédio proporcional exatamente pela existência de competição inter-redes no país (in ELLARE e OXERA, 2009, p. 174).

434. Nesse sentido, Crandall, Eisenach e Litan (2009, p. 20) detalham que a TeliaSonera só possuía 36% de todo o mercado de banda larga da Suécia, sendo que as operadoras de cabo possuíam 21%, empresas municipais especializadas em fibra ótica outros 16%, e os operadores competitivos que prestavam seus serviços via acesso à rede da incumbente, 27%.

435. CRANDALL, EISENACH e LITAN, 2009, p. 20.

mesmo com a vigência da separação contábil e legal[436], a autoridade do regulador não era suficiente para alterar o comportamento de descumprimento das regras de acesso pela TeliaSonera.

Ainda no que se refere aos problemas, Sylvia Salterain (2008, p. 55) registra alguns comportamentos discriminatórios do incumbente em 2006: recusa de 50% de todos os pedidos de atacado envolvendo redes de acesso e recusa em prestar o serviço de *bitstream* durante dois anos e meio. Em Ellare e Oxera (2009, p. 164) percebe-se que as disputas incluíam diferentes casos de condutas anticompetitivas, como cobrar valores excessivos de ULL, discriminar competidores favorecendo – em termos de qualidade – o atendimento de sua operação de varejo, pressionar os custos dos rivais via prática de *margin squeeze* e negar acesso para *co-location* de equipamentos. Há também relatos de outras formas de discriminação não baseada em preço pela TeliaSonera, como as que se utilizavam das várias fases de recursos possíveis na estrutura judiciária sueca para limitar a efetividade das decisões da PTS acerca das disputas envolvendo a contratação de insumos no atacado[437].

Passando para a estrutura da separação funcional sueca, de acordo com Crandall, Eisenach e Litan (2009, p. 20), a proposta apresentada pela TeliaSonera[438] e aceita pelas autoridades criou a Skanova, uma empresa atacadista do grupo, mas com operação independente, responsável por fornecer as redes de acesso para os segmentos de varejo da TeliaSonera nas mesmas condições que para seus clientes de atacado, sob a supervisão de um conselho – formado por membros da indústria, acadêmicos e um funcionário da empresa[439] – que teria a tarefa de assegurar tratamento igual e independência a essa nova empresa. Teppayayon e Bohlin (2010, p. 379) esclarecem que essas obrigações de tratamento equivalente só se aplicavam aos acessos de rede em par metálico, não sendo

436. Conforme visto em Ellare e Oxera (2009, p. 169), a separação legal da TeliaSonera (que não pressupunha separações de sistemas entre atacado e varejo, *chinese walls* entre essas áreas etc.) ocorreu em 2002, a partir de novas regras sobre fusões impostas pela Comissão Europeia. Na oportunidade a Comissão exigiu que as operações móvel e fixa da empresa fossem organizadas em duas entidades legais separadas, o que em tese aumentaria a transparência sobre as negociações de rede intragrupo e facilitaria o monitoramento regulatório acerca de comportamentos discriminatórios em face de terceiros. A nova estrutura não desincentivou esses comportamentos, havendo apontamentos sobre a falta de transparência das contratações de atacado pela operação de varejo da incumbente – dada a inexistência de sistemas distintos entre as atividades de atacado e varejo – e alegações de operadores entrantes de discriminação no ordenamento e atendimento dos pedidos de atacado feitos à TeliaSonera.

437. Interpretação do seguinte parágrafo (in ELLARE e OXERA, 2009, p. 165): "Notably, the appeals process involving multiple stages of court proceedings is particularly complicated in Sweden and has been recognised as one of the key drivers of enabling alternative forms of non-discrimination. For example, it took PTS three years to implement the final decision on WBA with viable terms and conditions (2004-07)".

438. Conforme visto em Ellare e Oxera (2009, p. 166), os motivos potenciais para essa apresentação voluntária de uma separação funcional pela TeliaSonera eram incrementar suas vendas atacadistas; evitar que o regulador lhe impusesse modelos mais intrusivos de separação; e aumentar seu valor no mercado acionário, dado que à época existiam especulações sobre a venda da empresa.

439. In ELLARE e OXERA, 2009, p. 171.

extensíveis a redes de acesso em fibra, mas comentam que a gestão dessas redes de fibra também ficou a cargo da Skanova.

A partir de Ellare e Oxera (2009, p. 170), percebe-se, que a Skanova deveria ser uma unidade separada legalmente das outras, com regras de conduta para funcionários enfatizando sua independência, com gestão e esquemas de incentivos próprios, além de autonomia financeira. Ademais, nesse mesmo estudo (2009, p. 173-176 e 179-180) argumenta-se que a separação aprovada pela PTS em 2008 não deixou claro se a TeliaSonera deveria adotar *equivalence of inputs* ou *outcomes*. Tampouco houve previsão de controle de monitoramento dos processos via KPIs nem de como deveria ser feita a separação dos sistemas das operações de varejo e atacado[440].

Em relação aos resultados dessas mudanças regulatórias na Suécia, há indicativos da PTS de que houve melhorias, mas também sinalizações de que alguns ajustes deveriam ser realizados em 2009.

Em Ellare e Oxera (2009, p. 177) há menção de que a separação voluntária não agradou suficientemente aos operadores entrantes, o que parecia ser um indicativo de que as disputas relativas às redes de acesso da TeliaSonera permaneceriam. Em termos concretos, é possível dizer que não houve crescimento expressivo das contratações de ULL, e foram mantidas as posições de mercado entre os operadores[441].

Ademais, Crandall, Eisenach e Litan (2009, p. 23) argumentam que não houve impacto nos níveis de crescimento da penetração da banda larga no país com a ameaça ou imposição da separação funcional. Quanto aos investimentos em redes de acesso em fibra, sugerem que as alterações regulatórias bloquearam-nos, não havendo qualquer investimento pela TeliaSonera nesse segmento de rede na Suécia, mas havendo-o, sim, na Finlândia, onde também a empresa atuava como incumbente. De forma diferente, em Ellare e Oxera (2009, p. 178) argumenta-se que em março de 2008, dois meses após a criação da Skanova, a TeliaSonera anunciou investimentos nas redes de acesso para conectar com fibra até 2 milhões de domicílios do país, e que não houve qualquer menção de que ajustes na separação voluntária até então estabelecida impactariam seus planos de investimentos.

A seguir as principais informações encontradas para caracterizar as variáveis "problemas de não *compliance*" e "estratégias regulatórias de *compliance*" para a experiência sueca.

---

440. Apesar de ser um item predefinido pela *PTS*, em ELLARE e OXERA (2009, p. 176) vê-se que ele não foi implementado, mantendo-se, à época da aprovação da separação funcional da TeliaSonera, um mesmo sistema para as negociações e operação das divisões de atacado e varejo.

441. ELLARE e OXERA, 2009, p. 177-178.

Tabela 10 – Resumo Suécia

<table>
<tr><th colspan="3">SUÉCIA</th></tr>
<tr><td colspan="2" rowspan="4">Problemas de Não Compliance</td><td>recorrência de disputas na contratação dos insumos de atacado, com uso de morosidade judiciária como estratégia para desacreditar o regulador</td></tr>
<tr><td>regulação não endereça as vantagens informacionais do operador integrado em relação ao regulador e aos seus clientes atacadistas</td></tr>
<tr><td>insuficiência da separação contábil e legal para assegurar aplicação prática das regras de não discriminação</td></tr>
<tr><td>evidências de discriminações baseadas em preço e não baseadas em preço pelo operador integrado</td></tr>
<tr><td rowspan="8">Estratégias Regulatórias de Compliance</td><td>Regras-fim</td><td>equivalência (indefinição sobre EOI ou EOO)</td></tr>
<tr><td rowspan="7">Regras-meio</td><td>Separação legal unidade de acesso (Skanova)</td></tr>
<tr><td>código de conduta/chinese wall</td></tr>
<tr><td>incentivos financeiros</td></tr>
<tr><td>diretoria independente de supervisão</td></tr>
<tr><td>controle de KPI (pouco transparente)</td></tr>
<tr><td>sistemas (indefinição sobre formas de separação)</td></tr>
<tr><td>separação contábil</td></tr>
</table>

Fonte: Elaboração própria.

5.4.3. Itália

O caso italiano é atípico, dado que a separação funcional da Telecom Italia tem dois momentos. Conforme visto em Webb (2008, p. 11), o primeiro é em 2002, quando o regulador do setor – Agcom – publicou uma decisão introduzindo o conceito e obrigando a separação administrativa das atividades de atacado e varejo da Telecom Italia. O segundo data de 2007, momento em que o regulador e o Ministério das Comunicações publicam um documento sinalizando a necessidade de um modelo de separação funcional mais rígido, juntamente com um projeto de alteração da lei que organiza o setor, de modo a outorgar poderes para que a Agcom pudesse impor tal medida em operadores com PMS – excepcionalmente, somente nos casos em que todas as outras medidas tivessem falhado, como estruturado no ordenamento europeu das telecomunicações vigente à época.

Sobre as razões da mudança regulatória na Itália, Crandall, Eisenach e Litan (2009, p. 18) indicam que em 2002 a Agcom identificou a Telecom Italia como operador com PMS no mercado de telefonia fixa e a obrigou a garantir aos competidores acesso a seus serviços de rede, o que se daria respeitando regras de não discriminação[442]. Em Ellare e Oxera (2009, p. 191-192), pode-se notar a existência de condenações da Telecom Italia por condutas anticompetitivas em processos administrativos no órgão antitruste e também na Agcom antes de 2002. Há, inclusive, menção, de argumentação favorável à separação estrutural da incumbente, em caso julgado em 2001 pelo órgão antitruste italiano[443].

Como razão para justificar o segundo modelo de separação funcional, em OCDE (2011, p. 77) percebe-se a existência de muitos apontamentos sobre a persistência de baixos níveis de competição nos segmentos de acesso e banda larga, mesmo com as medidas adotadas pelo regulador. Em Ellare e Oxera (2009, p. 196) essa mesma impressão sobre a concentração dos mercados de acesso fixo (telefonia e internet) é expressa, juntamente com a informação de que o decréscimo do *market-share* da Telecom Italia nesses mercados acontecia em níveis menores do que o de outros países da Comunidade Europeia.

Também em Ellare e Oxera (2009, p. 196) é possível notar que, apesar da separação administrativa imposta, comportamentos discriminatórios ainda foram verificados, havendo indicações de aumento das disputas e reclamações relativas a eles no período posterior a 2002 e desconsideração da autoridade reguladora por parte da incumbente (ELLARE e OXERA, 2009, p. 191). Nucciarelli e Sadowski (2010, p. 390) destacam a existência de processos administrativos em andamento na Agcom cujo objeto era o não cumprimento das obrigações instituídas em 2002, e que em geral discutiam a negligência da *Telecom Italia* para preparar e implementar as medidas organizacionais exigidas para separar a gestão das atividades de rede das atividades de varejo, condutas de sabotagem contra concorrentes[444] e ativação de serviços de varejo sem a solicitação dos clientes. Há relatos de insuficiência de monitoramento do cumprimento das obrigações impostas pelo regulador, inclusive por ele próprio (ELLARE e OXERA, 2009, p. 196-197).

Além dessas razões, aparentemente associadas a problemas na implementação das obrigações impostas no primeiro modelo de separação funcional, Nucciarelli e Sadowski (2010, p. 390) destacam que a separação funcional proposta pela Telecom Italia em 2008 precisa ser pensada como uma estratégia da incumbente para suspender os processos administrativos de não *compliance* ainda em curso – evitando assim punições – e acalmar o regulador sobre a possibilidade de impor modalidades mais duras de separação (CRANDALL, EISENACH e LITAN, 2009, p. 19).

No que se refere aos modelos italianos de separação funcional, a primeira versão derivou não apenas de regras detalhadas sobre a separação contábil,

---

442. ELLARE e OXERA (2011, p. 183) e WEBB (2008, p. 11). Não obstante, Crandall, Eisenach e Litan (2009, p. 18) parecem sugerir que estas regras seriam de equivalência, mas pessoalmente acredito que eles apenas não usaram o termo corretamente.

443. *Case A285 Infostrada/Telecom Italia-Tecnologia ADSL.*

444. Tal conduta se referia à impossibilidade de o cliente pré-selecionar o código de um operador alternativo para a realização de chamadas de longa distância (NUCCIARELLI e SADOWSKI, 2010, p. 390).

mas de regras muito gerais sobre a separação administrativa – ou operacional (OCDE, 2011, p. 76). Conforme Webb (2008, p. 11), nesse primeiro momento a Telecom Italia, então, separou sua unidade comercial de varejo da de atacado, a qual ficou responsável por atender os operadores competitivos. Cada uma delas com funcionários, gestores, orçamentos e planos de negócios próprios (SALTERAIN, 2008, p. 53)[445]. Outras duas divisões foram estabelecidas, uma conhecida como Telecom Italia Field Service – com a função de assegurar o tratamento não discriminatório na contratação de redes – e outra como Telecom Italia Technology – que daria subsídios àquela a partir da gestão dessas contratações por meio de sistemas da informação que funcionariam seguindo a lógica *first in first out*[446] (SALTERAIN, 2008, p. 53).

Webb (2008, p. 11) cita ainda que para garantir a separação efetiva dessas unidades de negócios foram tomadas outras medidas como a realização de auditoria independente anual, a separação de sistemas com senhas próprias e um código de conduta para funcionários. O mesmo autor comenta que essa estrutura, idealizada em 2002, não contemplava uma divisão específica para a gestão dos gargalos de rede de acesso, sendo a divisão de atacado a responsável por comercializar ativos replicáveis e não replicáveis de rede.

De acordo com OCDE (2011, p. 77-78), o segundo modelo, proposto pela Telecom Italia e aprovado pelo regulador em dezembro de 2008, criava uma unidade de negócios separada – conhecida como Open Access[447] –, responsável por prestar os mesmos tipos de serviços de acesso, com a mesma qualidade, para as divisões de varejo e de atacado do grupo[448]. Esse novo arranjo operacional foi complementado por compromissos comportamentais, como: o estabelecimento de novos processos de atendimento para gerenciar as relações com clientes internos e externos[449]; o estabelecimento de sistemas de incentivos localizados na divisão de acesso e de códigos de conduta para funcionários dessa área; o monitoramento da *performance* dos serviços de acesso de forma

445. Vale ressalvar, como visto em Nucciarelli e Sadowski (2010, p. 387), que, apesar dessas regras indicarem de forma geral a necessidade desses isolamentos entre as áreas, a Agcom não definiu como isso deveria ser feito pela Telecom Italia, deixando a cargo dela essa definição.

446. Ou seja, os pedidos respeitariam a ordem de chegada para serem atendidos. Os primeiros a chegar seriam – preferencialmente – os primeiros a sair.

447. Não obstante, Nucciarelli e Sadowski (2010, p. 385) comentam que a criação dessa divisão de acesso não fez parte do termo de compromisso assinado pela Telecom Italia.

448. Houve, portanto, uma substituição das obrigações de não discriminação por obrigações de equivalência de resultados (*Equivalence of Outcomes*), o que significava que os produtos regulados de atacado que a incumbente ofertava aos operadores alternativos deveriam ser comparáveis aos que oferecia a suas divisões varejistas em termos de funcionalidade e preço, mas tal resultado poderia ser alcançado com o uso de diferentes sistemas e processos (OCDE, 2011, p. 78).

449. Nucciarelli e Sadowski (2010, p. 389-390) criticam o fato de se estabelecer um sistema único de negociações e atendimento para os operadores alternativos, o qual não seria utilizado pelas operações de varejo da Telecom Italia. Dessa forma, não se corrigiria a assimetria de informação existente e se comprometeria a análise dos índices utilizados para verificar o cumprimento das regras de acesso.

desagregada, de maneira a facilitar a visibilidade e a transparência; a criação de um ente independente[450] para monitorar, reportar e aconselhar no cumprimento dos compromissos assumidos pela Telecom Italia, bem como de um organismo para mediação e resolução das disputas envolvendo a contratação de redes de acesso entre as partes[451]; a publicação de regras referentes à comercialização das redes de acesso e, em função delas, a adequação da separação contábil.

Como mencionado anteriormente, a separação administrativa imposta em 2002 não foi capaz de eliminar os incentivos para as práticas discriminatórias da Telecom Italia e tampouco conseguiu minimizar os níveis de concentração nos mercados fixos varejistas, dependentes da contratação de redes de acesso. Crandall, Eisenach e Litan (2009, p. 22-23) ressaltam que as alterações promovidas não foram capazes de acelerar as taxas de crescimento na penetração da banda larga, permanecendo a Itália, em 2008, abaixo dos níveis percebidos nos principais países-membros da OCDE. Argumentam (2009, p. 27-28), como visto na Suécia, que as alterações regulatórias bloquearam os investimentos em fibra nas redes de acesso.

Em função do curto período, os resultados da criação da Open Access e das novas medidas comportamentais assumidas pela Telecom Italia em 2008 não estão detalhados nos estudos selecionados nessa pesquisa. Existem sim, sinalizações de falhas nesse novo arranjo operacional assumido pela incumbente, especialmente no que tange à falta de especificações sobre a forma de monitoramento de muitos dos compromissos assumidos[452], o que, em tese, se traduziria na manutenção de comportamentos discriminatórios.

Não obstante, existem dados até 2010, apresentados pela própria Telecom Italia[453], indicando resultados positivos no que se refere à evolução dos números de acessos fixos realizados por operadores alternativos desde 2003 e utilizando diferentes produtos de atacado[454] ofertados pela incumbente. A figura a seguir (TELECOM ITALIA, 2011, p. 40) demonstra essa evolução:

---

450. Chamado *Organo de Vigilanza*. Formado por cinco membros, três deles indicados pela Agcom e dois pela Telecom Italia. Todos os membros selecionados precisariam ser independentes das duas entidades, não podendo ter trabalhado nelas anteriormente (ELLARE e OXERA, 2009, p. 206). Nucciarelli e Sadowski (2010 p. 389-390) comentam que esse órgão seria alimentado por informações advindas de um departamento de supervisão interno à Telecom Italia. Pontuam também que antes do estabelecimento desse *Organo de Vigilanza* a Agcom não havia definido com precisão as regras que tratariam de sua independência financeira e funcional.

451. Esse organismo foi pensado a partir de experiência do Reino Unido, onde em 2004 foi criado o UK Office of the Telecommunications Adjudicator (OTA). No caso italiano, havia a participacão de um membro da Agcom (ELLARE e OXERA, 2009, p. 206).

452. NUCCIARELLI e SADOWSKI, 2010, p. 388-390; e SPC NETWORK, 2008, p. 44-46.

453. Em TELECOM ITALIA. *Promoting competition in fixed telephony and broadband markets: the Italian Experience*. Meeting with Anatel. Brasília, 29th March 2011.

454. *ULL – unbundling local loop; VULL – virtual unbundling local loop; Naked Bitstream; WLR – Wholesale Line Rental; SA – Shared Access*; e *Bitstream*.

Figura 11 – Evolução e Tipos de Acesso de Atacado da Telecom Italia

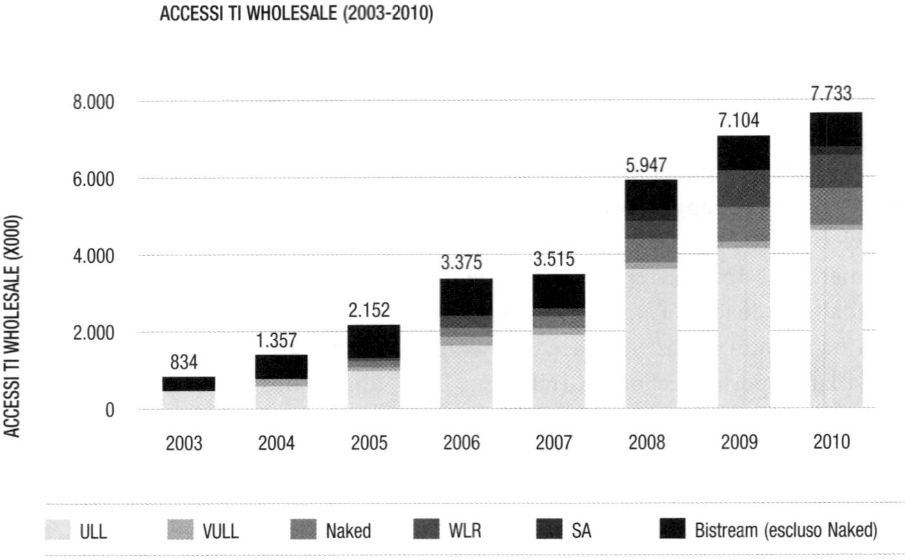

Fonte: TELECOM ITALIA, 2011, p. 40.

Há outros dados (TELECOM ITALIA, 2011, p. 44) apontando para o aumento das participações de mercado dos operadores alternativos que prestam seus serviços a partir da contratação de ULL, na maioria das vezes da Telecom Italia: de 12% em 2003 para 40% em 2010, no mercado de telefonia fixa; e de 34% para 57%, no mesmo período, para o mercado de banda larga fixa. E também dados (TELECOM ITALIA, 2011, p. 46) que demonstram uma queda acentuada dos preços gerais dos serviços de telecomunicações na Itália a partir de 2003, como se pode constatar na figura a seguir:

Figura 12 – Tendência dos Preços de Varejo de Telecomunicações na Europa

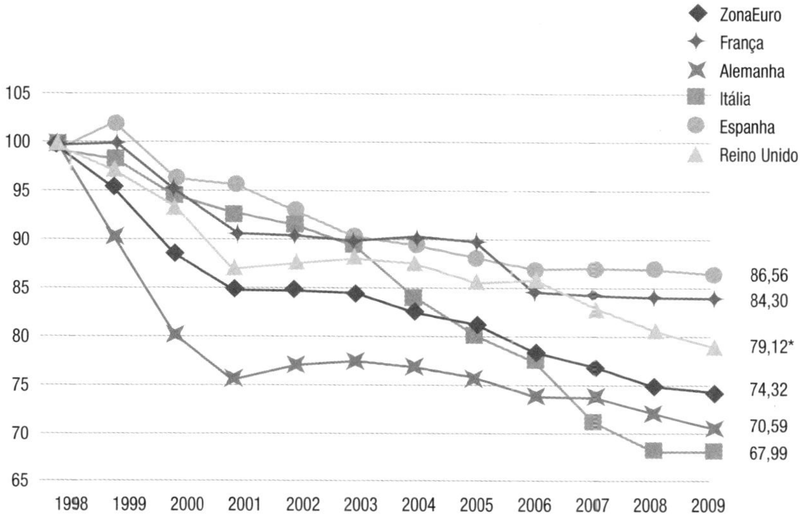

* Reino Unido: dado estimado para 2009.

Fonte: TELECOM ITALIA, 2011, p. 46.

Na sequência seguem as tabelas com as informações resumidas para o caso italiano, em seus dois momentos.

Tabela 11 – Resumo Itália I

ITÁLIA (2002)		
Problemas de Não *Compliance*		condenações por condutas discriminatórias no órgão regulador e no órgão antitruste
		dominância do operador integrado em mercados atacadistas e varejistas
Estratégias Regulatórias de *Compliance*	**Regras-fim**	não discriminação
	Regras-meio	criação da divisão de atacado
		código de conduta/*chinese wall* (discricionariedade incumbente)
		auditoria independente
		sistemas separados entre atacado e varejo com senhas próprias
		sistema de atacado utilizado somente pelas outras solicitantes de rede (não pelas divisões de varejo da incumbente)
		separação contábil (aperfeiçoada)

Fonte: Elaboração própria.

Tabela 12 – Resumo Itália II

ITÁLIA (2008)		
Problemas de Não *Compliance*		persistência da dominância operador integrado em mercados atacadistas e varejistas
		aumento das disputas e reclamações relativas a comportamentos discriminatórios do operador integrado
		desconsideração da autoridade regulatória
		insuficiência de monitoramento no cumprimento das obrigações impostas pelo regulador
Estratégias Regulatórias de *Compliance*	**Regras-fim**	equivalência de resultados (EOO)
	Regras-meio	separação das divisões de varejo, atacado e acesso (*Open Access*)
		código de conduta/*chinese wall*
		incentivos financeiros
		sistemas separados entre atacado e varejo com senhas próprias
		sistema de atacado utilizado somente pelas outras solicitantes de rede (não pelas divisões de varejo da incumbente)
		entidade supervisora e de resolução de conflitos (*Organo di Vigilanza*)
		separação contábil (adequada)
		controle de KPI

Fonte: Elaboração própria.

5.4.4. Austrália

Na Austrália, a separação operacional da Telstra foi aprovada pelo Ministério das Comunicações do país em junho de 2006, após ter sido incluída em um projeto de emenda à lei das telecomunicações em 2005, que condicionava o licenciamento regulatório das atividades da Telstra a essa nova estrutura operacional[455].

O objetivo da separação operacional era assegurar equivalência e mais transparência na oferta de alguns serviços regulados de atacado[456], bem como garantir que a Telstra não favoreceria seus negócios de varejo com a cobrança injustificada de preços menores ou com qualidade superior à prestada a seus concorrentes varejistas[457]. Crandall, Eisenach e Litan (2009, p. 177-178) argumentam que a separação funcional na Austrália visava facilitar a contratação de ULL.

Entre as razões para essa decisão estão a percepção do regulador da existência de baixos níveis de competição nos mercados de telefonia e banda larga

455. ELLARE e OXERA, 2009, p. 224.

456. Chamados de *Designated Services*, dado que a regra geral era de não necessidade de regulação de acesso, sendo esta devida apenas em alguns casos, para alguns produtos específicos.

457. ELLARE e OXERA, 2009, p. 210.

fixa[458], seja do ponto de vista estrutural – 87% de todos os acessos de telefonia fixa eram prestados a partir de sua rede, sendo 70% prestados diretamente por ela e 17% contratados por terceiros[459]; e a Telstra era detentora de uma operação de cabo coaxial, a partir da qual concentrava metade dos clientes de banda larga que se utilizavam dessa infraestrutura –, seja do ponto de vista comportamental – em 2005 havia muitas reclamações de operadores alternativos contra a incumbente sobre práticas discriminatórias não baseadas em preço[460].

Atrelada a essa razão, temos a impotência regulatória para desincentivar os comportamentos discriminatórios da operadora integrada verticalmente. Uma comissão do Senado australiano envolvida na avaliação do regime regulatório vigente concluiu que a fraqueza do modelo estava relacionada: à habilidade da Telstra em mascarar os preços relativos aos seus serviços de atacado e varejo; à capacidade limitada da ACCC[461], regulador do setor, em provar a ocorrência das condutas anticompetitivas, em identificar e responder às discriminações não baseadas em preço; e à ineficácia da imposição de multas financeiras pelo regulador como medida capaz de deter os comportamentos de não *compliance*[462].

Ainda no que se refere à fraqueza regulatória, percebe-se a partir de Ellare e Oxera (2009, p. 210-211) que o modelo pressupunha a possibilidade de livre negociação entre as partes dos termos da contratação da rede de acesso, sendo possível a utilização de processo de arbitragem[463] pela ACCC nos casos em que o acordo não acontecesse; mas a aplicação prática desse regime demonstrou que o ciclo envolvendo negociação e arbitragem levava a muitas disputas, a longos processos e a inúmeras mudanças legislativas. Não era um mecanismo eficiente, portanto. A separação contábil era outro mecanismo com efeitos limitados, não sendo capaz de garantir transparência e assegurar o cumprimento de obrigações

---

458. Idem, ibidem, p. 210. Em OCDE (2011, p. 68-69) destacam-se os custos aos consumidores, aos negócios e à economia que a integração vertical e horizontal da Telstra produzia no setor.

459. Idem, ibidem, p. 217-219.

460. Idem, ibidem, p. 222. Entre elas reclamações sustentando que as falhas na prestação de seus serviços de rede não eram corrigidas, que o tratamento despendido para essas solicitações era descompromissado e que não havia informação aos terceiros sobre disponibilidade dos acessos ADSL.

461. Australian Competition and Consumer Commission.

462. ELLARE e OXERA, 2009, p. 222. No original: "The weaknesses of the current regulatory regime lie in the ability of Telstra to mask where the delineation between its wholesale and retail prices occur; the ACCC's limited capacity to prove anti-competitive conduct; the ACCC's limited ability to identify and respond to a myriad of non-price discriminations; and ultimately the fact that the ACCC's power to impose only financial penalties is not an adequate deterrent to anti-competitive behavior". No que tange à ineficiência das multas financeiras, vale registrar, como visto em SPC NETWORK (2008, p. 42), que os valores envolvidos eram altos (4,9 milhões de euros para cada contravenção anticompetitiva identificada, somados a valores diários de 490 mil euros, até o vigésimo primeiro dia da publicação da condenação, e de 1,47 milhão de euros diários a partir do vigésimo primeiro dia, caso a contravenção continuasse provocando efeitos no mercado)

463. Nesses casos, quando havia necessidade de arbitramento de preço pela ACCC, ela levava em consideração os princípios então publicados para a definição dos preços dos serviços regulados – aqueles que envolviam a contratação dos gargalos de rede (ELLARE e OXERA, 2009, p. 212).

de não discriminação baseada em preço pela Telstra, mesmo tendo passado por ajustes ao longo de sua existência (ELLARE e OXERA, 2009, p. 214-215).

Outra razão para a separação operacional, esta mais de fundo, foi a sinalização da Telstra de não intenção de investimentos em fibra nas redes de acesso aos usuários finais[464]. Na verdade, existia a sensação de que as incertezas acerca da regulação não estavam incentivando novos investimentos nem pela Telstra nem pelos operadores entrantes (ELLARE e OXERA, 2009, p. 222-223).

A separação operacional apresentada pela incumbente e aprovada em 2006 criava três unidades autônomas de negócios – varejo, atacado e acesso –, com apartação de pessoas e ativos, conforme se vê em Webb (2008, p. 12). No entanto, ela era tida como bastante suave, já que deixava margem para que funcionários das áreas de atacado e de acesso exercessem alguma outra função em outras áreas; permitia que houvesse transferências entre pessoas dessas divisões de negócios; não restringia o acesso de funcionários da divisão de negócios corporativos a todas as três divisões separadas[465]. Crandall, Eisenach e Litan (2009, p. 18) ressaltam um outro ponto sensível: apesar de se ter criado uma divisão de atacado focada no atendimento de operadores alternativos, o resto da estrutura da Telstra se manteve integrada verticalmente, não havendo, inclusive, necessidade de atendimento da divisão de varejo a partir do mesmo sistema destinado aos entrantes[466].

A Telstra precisou desenvolver programas de treinamento para educar seus funcionários acerca da separação operacional da empresa, bem como estratégias para controle dos níveis de qualidade dos serviços atacadistas entre os clientes externos e internos, para garantia da disponibilização das mesmas informações a eles, para restrição do uso de informações confidenciais desses clientes externos e para assegurar tratamento responsável às solicitações desses clientes.

Crandall, Eisenach e Litan (2009, p. 18) afirmam que as obrigações de acesso impostas pautavam-se por princípios de equivalência de resultados – como já visto no caso italiano. Os produtos regulados de atacado deveriam, portanto, ser comercializados para a divisão de varejo da Telstra e para operadores entrantes em condições equivalentes de preço e qualidade, mas sem que esse resultado fosse alcançado com o uso dos mesmos processos.

Para assegurar o monitoramento do *compliance* com essas obrigações assumidas, além da separação contábil a Telstra se comprometeu a criar indicadores relativos à qualidade dos serviços regulados prestados, de modo a permitir à ACCC e ao mercado visualizar e melhor controlar condutas discriminatórias

---

464. ELLARE e OXERA, 2009, p. 208.

465. Idem, ibidem, p. 228.

466. ELLARE e OXERA, 2009, p. 227.

que não envolvessem preço. Ademais, o plano aprovado criava a figura de um diretor de equivalência (que respondia para o *board* da Telstra), de um comitê desse *board* (responsável por supervisionar as atividades exercidas por esse diretor de equivalência) e obrigava a elaboração de reportes anuais, com validação por auditoria externa, destacando a evolução da implementação da separação operacional e atestando o cumprimento das obrigações de acesso[467].

Quanto aos resultados gerais, Crandall, Eisenach e Litan (2009, p. 23) apontam para a redução dos níveis de crescimento da penetração da banda larga na Austrália após a alteração regulatória, para a manutenção dessa penetração em patamares baixos comparados com outros membros da OCDE, e para a restrição aos investimentos em fibra nas redes de acesso.

Em Ellare e Oxera (2009, p. 234), percebe-se, entretanto, que a penetração da banda larga no país vinha crescendo e já havia superado a média dos países da OCDE em meados de 2005, antes da implementação da separação operacional da Telstra, motivo pelo qual os autores do estudo preferem não apontar essa mudança regulatória como causadora do aumento da penetração da banda larga que se deu na Austrália nos anos seguintes.

Ainda no que diz respeito a resultados macro da separação operacional, estudo da *Allen Consulting Group* – contratado pelas operadoras entrantes – não encontrou mudanças significativas na situação competitiva dos mercados varejistas do setor. Para o ano de 2006 – ressalvando que a separação operacional aconteceu em dezembro de 2006 – há relatório da ACCC apontando para a manutenção da alta participação da *Telstra* no mercado de telefonia fixa, mesmo com a duplicação do número de ULL contratados, bem como para o aumento da insatisfação dos consumidores residenciais com a prestação dos serviços de internet (ELLARE e OXERA, 2009, p. 232-233).

No que se refere aos desincentivos aos comportamentos discriminatórios, o próprio conselheiro presidente da *ACCC* entendeu que a separação operacional não foi um mecanismo efetivo para se promover equivalência no tratamento da *Telstra* e de seus competidores. Segundo ele, a separação promovida foi estruturada de forma complexa, tendo sido conferida muita discricionariedade para a incumbente, havendo muita dificuldade para se corrigir ações quando da identificação de problemas[468].

A persistência das reclamações de entrantes sobre condutas discriminatórias era o indicativo de que a mudança regulatória não havia funcionado. Em *SPC Network* (2009, p. 43), há menção sobre o crescimento entre 2006 e 2007 das disputas relacionadas à contratação de rede de acesso e à necessidade de arbitragem pela *ACCC*. No mesmo sentido, estudo realizado pelo *Competition Economists Group* (CEG) avaliou a efetividade da separação operacional e concluiu que, apesar de

467. Idem, ibidem, p. 226.

468. ELLARE e OXERA, 2009, p. 231.

sua implementação, a *Telstra* ainda era capaz de aumentar os custos de seus rivais – principalmente com a adoção de estratégias de procrastinação[469] – e de degradar a qualidade dos serviços prestados a eles.

Somando-se a estrutura concentrada do setor à inefetividade para desincentivo das estratégias de não *compliance* da *Telstra* e à necessidade de incentivo a investimentos em redes de fibra ótica, em dezembro de 2007 o governo australiano se comprometeu publicamente a construir uma rede nacional de banda larga (NBN)[470]. Visando envolver a inciativa privada nesse projeto de construção e operação dessa rede o governo publicou edital para seleção do parceiro disponibilizando 4,7 bilhões de dólares australianos para a finalidade e exigindo a separação funcional ou estrutural das redes em divisões de atacado e varejo[471]. Como nenhum dos seis proponentes apresentaram projetos que valessem a pena o investimento público, em abril de 2009 o governo anunciou um plano para criação de uma empresa, a partir de parceria público-privada, para investir em uma rede de nova geração para conectar 90% da população australiana – os outros 10% seriam atendidos por tecnologias sem fio, tais como satélite.

Conforme visto em ACCC[472] (2013, p. 3-5), no fim de 2010 o governo australiano publicou uma lei geral com diretrizes para reformar a indústria de telecomunicações no país, o que aconteceria a partir da separação estrutural[473] da Telstra e da migração progressiva de seus serviços de varejo envolvendo redes fixas de acesso em cobre para a rede de fibra nacional de banda larga (NBN) – que aos poucos estava sendo construída –, a ser gerenciada por uma empresa separada da Telstra (NBN Co.)[474] e destinada à prestação exclusiva de serviços de atacado. Esse plano envolvendo a separação estrutural e a migração progressiva dos consumidores para a NBN foi apresentado pela Telstra e

469. Conforme visto em Ellare e Oxera (2009, p. 235-236), essa conclusão sobre a estratégia de procrastinação foi baseada no mapeamento de vários casos em que competidores e a ACCC acusaram a Telstra de discriminação anticompetitiva. Em maio de 2008 foram reportados 47 casos envolvendo disputas relacionadas à contratação de rede de acesso da incumbente. Dos oito que foram iniciados por investigação do regulador, em nenhum a ACCC conseguiu provas suficientes para consubstanciar a conduta discriminatória em discussão.

470. ELLARE e OXERA, 2009, p. 236. Seriam construídas redes de acesso em fibra até os nós de rede mais próximos às casas dos consumidores, em nível nacional.

471. SPC NETWORK, 2009, p. 40.

472. ACCC. *Telstra's structural separation undertaking. Annual Compliance Report 2011-12. Report to the Minister for Broadband, Communications and Digital Economy*. Australia, 2013. Disponível em: <http://www.accc.gov.au/system/files/Telstra's%20structural%20separation%20undertaking%20annual%20compliance%20report%202011-12.pdf>. Acesso em: 14 out. 2014.

473. Vale destacar que, haja vista a necessidade de um período de transição para a separação estrutural da Telstra, num primeiro momento as obrigações assumidas pela empresa tinham caráter comportamental (e não estrutural), o que conforme a classificação de Cave (2006), parecia ser uma espécie de separação funcional.

474. A NBN Co. é uma empresa totalmente pública, como se vê em NBN CO. *Statement of Corporate Intent. 2012-2015*, p. 4. Disponível em: <http://www.nbnco.com.au/content/dam/nbnco/documents/statement-of-corporate-intent-2012-15.pdf>. Acesso em: 14 out. 2014.

aprovado[475] pela ACCC em 27 de fevereiro de 2012, valendo a partir de março daquele mesmo ano.

Segundo a ACCC (2013, p. 5), a separação estrutural da Telstra foi idealizada para dar transparência e garantir a equivalência no tratamento de todos os operadores do setor, pressupondo algumas regras específicas, tais como: (i) manutenção das divisões de rede, de atacado e de varejo; (ii) processo de checagem de que de fato existe equivalência entre os serviços de varejo e os serviços regulados de atacado; (iii) governança para tratamento confidencial das informações obtidas dos clientes atacadistas; (iv) estabelecimento e manutenção de sistemas para solicitações, ordenamento dessas solicitações, cobrança, de modo a cumprir com exigências de excelência na prestação dos serviços atacadistas solicitados; (v) compromisso da Telstra quanto à não discriminação no acesso a suas centrais e outras infraestruturas relacionadas; (vi) sistemas com interface para acompanhamento pelos próprios clientes atacadistas; (vii) atualizações de informações equivalentes para os clientes atacadistas sobre manutenção, interrupções e melhoria de suas redes; (viii) mensuração de *performance* sobre a equivalência no que se refere à prestação do serviço, correção de falhas, acesso ao sistema; (ix) resposta aos desafios de não cumprimento de equivalência iniciados pelos clientes atacadistas; (x) publicação dos preços dos serviços atacadistas regulados de acordo com metodologia estabelecida; (xi) estabelecimento de um processo sumário para resolução de disputas com os clientes atacadistas quando envolverem reclamações sobre não equivalência; (xii) a criação de um ente independente para resolução das disputas sobre equivalência e migração para as redes de nova geração; e (xiii) diferentes tipos de reportes para atestar o *compliance* ou não *compliance* com essas obrigações de equivalência e transparência.

No que se refere a resultados dessa nova estrutura regulatória, em ACCC (2013, p. 1-2 e 6) pode-se notar que em suas obrigações de reporte a Telstra já atestou alguns episódios de descumprimento dos compromissos que firmou com o regulador relativos ao tratamento equivalente dos clientes atacadistas, especialmente no que se refere ao acesso a informações confidenciais por funcionários ligados à divisão varejista da empresa. Diante desses descumprimentos o regulador sinalizou que está agindo no sentido de encerrar essas condutas e amenizar seus impactos, mas também está investigando essas falhas ocorridas – de modo a verificar se elas tiveram o condão de explorar vantagem competitiva em face de rivais – antes de tomar qualquer medida punitiva, corretiva. Por fim, a ACCC menciona que a identificação desses descumprimentos e o trabalho realizado pela Telstra até o momento demonstram que o regulador agora está em condições muito melhores para responder a esses problemas relativos à equivalência de tratamento, e que a incumbente está levando a sério os compromissos firmados, como evidenciado pelos reportes publicados e pelas ações

475. Notícia publicada pela *ABC* australiana dá conta de que essa aprovação incluía uma compensação do governo de 11 bilhões de dólares à Telstra por descontinuar sua rede de cobre e permitir o uso de algumas de suas infraestruturas na construção da NBN. Disponível em: <http://www.abc.net.au/news/2012-02-28/accc-approves-telstra-separation-plan/3856848>. Acesso em: 4 ago. 2014.

tomadas para rever e alterar seus sistemas, processos e procedimentos com vistas a cumprir com as obrigações de equivalência assumidas.

A seguir estão sintetizadas as informações caracterizadoras das variáveis "problemas de não *compliance*" e "estratégias regulatórias de *compliance*" no caso australiano.

Tabela 13 – Resumo Austrália I

AUSTRÁLIA (2006)		
Problemas de Não *Compliance*		dominância do operador integrado em mercados atacadistas e varejistas
		reclamações de operadores solicitantes, especialmente de práticas não baseadas em preço
		insuficiência da separação contábil e dos processos de arbitragem no regulador para assegurar aplicação prática das regras de não discriminação, que pressupunham a livre negociação dos termos do acesso entre as partes
		impotência regulatória para identificar e comprovar práticas discriminatórias em favor das atividades de varejo do operador integrado, especialmente as não baseadas em preço
		ineficácia da imposição de multas financeiras pelo regulador como medida capaz de deter os comportamentos discriminatórios
Estratégias Regulatórias de *Compliance*	**Regras-fim**	equivalência de resultados (EOO)
	Regras-meio	separação das divisões de varejo, atacado e acesso (*Key Network Services Business*)
		código de conduta/*chinese wall* (suave)
		incentivos financeiros (não transparentes)
		diretor de equivalência e comitê de supervisão, sujeito a auditorias
		sistemas (sem exigência do uso do mesmo sistema para as divisões de varejo da incumbente e para as outras solicitantes)
		separação contábil
		controle de KPI

Fonte: Elaboração própria.

Tabela 14 – Resumo Austrália II

AUSTRÁLIA (2012)		
Problemas de Não *Compliance*		persistência da dominância operador integrado em mercados atacadistas e varejistas
		aumento das disputas e reclamações relativas a comportamentos discriminatórios do operador integrado, especialmente os não baseados em preço
		insuficiência da separação funcional anterior, influenciada pelo operador integrado
Estratégias Regulatórias de *Compliance*	**Regras-fim**	equivalência de insumos (EOI)
	Regras-meio	separação funcional/estrutural – *Key Network Services Business* (NBN Co.)
		governança para informação confidencial
		sistemas separados
		entidade para resolução de conflitos
		controle de KPI

Fonte: Elaboração própria.

5.4.5. Análise comparativa das estratégias regulatórias de *compliance*

Pinçadas do banco de dados as informações constitutivas das variáveis "problemas de não *compliance*" e "estratégias regulatórias de *compliance*" no cenário internacional, agora é preciso cruzá-las com essas mesmas variáveis identificadas no caso brasileiro para conseguir identificar e criticar as especificidades do *PGMC* em relação à experiência estrangeira estudada.

De modo a facilitar esse cruzamento, a seguir se encontram resumidas as informações[476] delimitadoras dessas duas variáveis no Brasil.

Tabela 15 - Resumo Brasil

BRASIL		
Problemas de Não *Compliance*		insuficiência de monitoramento no cumprimento das obrigações impostas pelo regulador
		insuficiência da separação contábil e das resoluções de conflitos para assegurar aplicação prática das regras de não discriminação
		persistência da dominância do operador integrado em mercados atacadistas e varejistas
		impotência regulatória para identificar e comprovar práticas discriminatórias
		evidências e condenações de condutas discriminatórias no órgão regulador
		recorrência de disputas na contratação dos insumos de atacado, com provável uso de estratégia de judicialização para desacreditar o regulador
Estratégias Regulatórias de *Compliance*	**Regras-fim**	não discriminação
	Regras-meio	criação da divisão de atacado
		sistema de atacado utilizado pelas divisões de varejo da incumbente e pelas outras solicitantes de rede
		controle de KPI (não transparente)
		Entidade Supervisora (ABR Telecom), sujeita a auditorias
		separação contábil

Fonte: Elaboração própria.

Isso posto, com vistas a avaliar se as razões dos problemas de *compliance* com regras de acesso no Brasil se assemelham às mapeadas no exterior, a tabela a seguir cruzou as variáveis "problemas de não *compliance*" identificadas aqui e nas quatro jurisdições internacionais escolhidas.

476. A delimitação da variável "problemas de não *compliance*" para o caso brasileiro levou em conta as informações que justificaram o *Novo Regulamento de EILD* e o *PGMC*, dado o fato de eles serem vistos como complementares. Elas estão concentradas no tópico 5.1 deste trabalho, mas informações apresentadas na introdução também foram levadas em consideração.

Tabela 16 – Mapeamento dos "Problemas de Não *Compliance*"

<table>
<tr><th colspan="7">PROBLEMAS DE NÃO COMPLIANCE</th></tr>
<tr><th>Reino Unido</th><th>Suécia</th><th>Itália (2002)</th><th>Itália (2008)</th><th>Austrália (2006)</th><th>Austrália (2012)</th><th>Brasil</th></tr>
<tr><td>impotência regulatória para identificar e comprovar práticas discriminatórias em favor das atividades de varejo do operador integrado, especialmente as não baseadas em preço</td><td>recorrência de disputas na contratação dos insumos de atacado, com uso de morosidade judiciária como estratégia para desacreditar o regulador</td><td>condenações por condutas discriminatórias no órgão regulador e no órgão antitruste</td><td>persistência da dominância do operador integrado em mercados atacadistas e varejistas</td><td>dominância do operador integrado em mercados atacadistas e varejistas</td><td>persistência da dominância do operador integrado em mercados atacadistas e varejistas</td><td>insuficiência de monitoramento no cumprimento das obrigações impostas pelo regulador</td></tr>
<tr><td>insuficiência da separação contábil para assegurar aplicação prática das regras de não discriminação</td><td>regulação não endereça as vantagens informacionais do operador integrado em relação ao regulador e aos seus clientes atacadistas</td><td rowspan="5">dominância operador integrado em mercados atacadistas e varejistas</td><td>aumento das disputas e reclamações relativas a comportamentos discriminatórios do operador integrado</td><td>reclamações de operadores solicitantes, especialmente de práticas não baseadas em preço</td><td>aumento das disputas e reclamações relativas a comportamentos discriminatórios do operador integrado, especialmente os não baseados em preço</td><td>insuficiência da separação contábil e das resoluções de conflitos para assegurar aplicação prática das regras de não discriminação</td></tr>
<tr><td>dominância operador integrado em mercados atacadistas e varejistas</td><td>insuficiência da separação contábil e legal para assegurar a aplicação prática das regras de não discriminação</td><td>desconsideração da autoridade regulatória</td><td>insuficiência da separação contábil e dos processos de arbitragem no regulador para assegurar aplicação prática das regras de não discriminação, que pressupunham a livre negociação dos termos do acesso entre as partes</td><td rowspan="4">insuficiência da separação funcional anterior, influenciada pelo operador integrado</td><td>persistência da dominância do operador integrado em mercados atacadistas e varejistas</td></tr>
<tr><td rowspan="3">reclamações de operadores solicitantes</td><td rowspan="3">evidências de discriminações baseadas em preço e não baseadas em preço pelo operador integrado</td><td rowspan="3">insuficiência de monitoramento do cumprimento das obrigações impostas pelo regulador</td><td>impotência regulatória para identificar e comprovar práticas discriminatórias em favor das atividades de varejo do operador integrado, especialmente as não baseadas em preço</td><td>impotência regulatória para identificar e comprovar práticas discriminatórias</td></tr>
<tr><td rowspan="2">ineficácia da imposição de multas financeiras pelo regulador como medida capaz de deter os comportamentos discriminatórios</td><td>recorrência de disputas na contratação dos insumos de atacado, com provável uso de estratégia de judicialização para desacreditar o regulador</td></tr>
<tr><td>evidências e condenações de condutas discriminatórias no órgão regulador</td></tr>
</table>

Fonte: Elaboração própria.

A partir desse cruzamento, de imediato é possível perceber que as informações identificadas para o caso brasileiro envolvendo a contratação de EILD também são citadas como razões dos problemas de não *compliance* na experiência internacional pesquisada. Isso reforça a escolha pelo estudo de caso sobre a EILD no Brasil, na medida em que deixa nítido que essa modalidade de contratação regulada de redes de operadores dominantes, como outras, está sujeita a uma série de limitações para sua aplicação prática. E, analisando mais detidamente os dados da tabela, vê-se que essas limitações estão, em geral, associadas (i) aos incentivos a discriminar, que derivam da existência de um operador integrado verticalmente e do poder que essa estrutura de mercado lhe confere para o exercício abusivo dessa sua condição e (ii) à incapacidade regulatória de desincentivar essas práticas abusivas, especialmente relacionadas à limitação de suas funções de monitoramento e, por conseguinte, de *enforcement* das regras de acesso instituídas.

Como os regimes regulatórios de acesso já pressupõem estruturas de mercado integradas verticalmente e, portanto, incentivos a discriminar por parte de operadores dominantes, não me parece exagerado inferir que as causas para o não cumprimento de regras de acesso por esses operadores derivam, em grande parte, da incapacidade do regulador em desenhar regimes que, de fato, consigam desincentivar as práticas discriminatórias de concorrentes. Essa inferência, por sua vez, coloca ainda mais importância na tarefa regulatória de estruturação de uma estratégia voltada ao *compliance* com as regras de acesso pelos operadores dominantes.

Assegurada a semelhança entre os problemas de não *compliance* relativos às regras de acesso no Brasil e no exterior, agora é hora, então, de comparar as estratégias regulatórias utilizadas lá e cá, e a partir disso, identificar as especificidades da estratégia de *compliance* do *PGMC*. A tabela a seguir condensa as informações sobre as regras-fim e as regras-meio de cada regime pesquisado, já tentando organizá-las em função das características comuns observadas ou não na análise do banco de dados.

Tabela 17 – Mapeamento das Regras-fim e das Regras-meio

Países		Reino Unido	Suécia	Itália (2002)	Itália (2008)	Austrália (2006)	Austrália (2012)	Brasil
Regras-Fim								
Regras de acesso		equivalência de insumos (EOI)	equivalência (indefinição sobre EOI ou EOO)	não discriminação	equivalência de resultados (EOO)	equivalência de resultados (EOO)	equivalência de insumos (EOI)	não discriminação
Regras-Meio								
Monitoramento	**Organizacionais**	separação das divisões de varejo, atacado e acesso (*Openreach*)	Separação legal unidade de acesso (*Skanova*)	Criação divisão de atacado	separação das divisões de varejo, atacado e acesso (*Open Access*)	separação das divisões de varejo, atacado e acesso (*Key Network Services Business*)	Separação funcional/ estrutural – *Key Network Services Business* (NBN Co.)	criação da divisão de atacado
		código de conduta/*chinese wall*	código de conduta/ *chinese wall*	código de conduta/ *chinese wall* (discricionariedade incumbente)	código de conduta/*chinese wall*	código de conduta/ *chinese wall* (suave)	governança para informação confidencial	sem previsão de código de conduta
		incentivos financeiros	incentivos financeiros	incentivos financeiros (discricionariedade da incumbente)	incentivos financeiros	incentivos financeiros (não transparentes)	não identificado	sem previsão de incentivos financeiros
	Sistemas	sistemas separados de atacado e varejo	sistemas (indefinição sobre formas de separação)	sistemas separados de atacado e varejo com senhas próprias	sistemas separados de atacado e varejo com senhas próprias	sistemas (sem exigência de uso do mesmo sistema para as divisões de varejo da incumbente e para as outras solicitantes)	sistemas separados	sistemas separados de atacado e varejo
		sistema de atacado utilizado pelas divisões de varejo da incumbente e pelas outras solicitantes de rede		sistema de atacado utilizado somente pelas outras solicitantes da rede (não pelas divisões de varejo da incumbente)	sistema de atacado utilizado somente pelas outras solicitantes da rede (não pelas divisões de varejo da incumbente)			sistema de atacado utilizado pelas divisões de varejo da incumbente e pelas outras solicitantes de rede

Monitoramento	**Supervisão**	diretoria independente de supervisão, sujeita a auditorias	diretoria independente de supervisão	auditoria independente	entidade supervisora (*Organo di Vigilanza*)	diretor de equivalência e comitê de supervisão, sujeito a auditorias	não identificado	Entidade Supervisora (ABR Telecom), sujeita a auditorias
		controle de KPI	controle de KPI (pouco transparente)	controle de KPI	controle de KPI	controle de KPI	controle de KPI	controle de KPI (pouco transparente)
		separação contábil	separação contábil	separação contábil (aperfeiçoada)	separação contábil (adequada)	separação contábil	não identificado	separacão contábil
Enforcement		sanções	sanções	sanções	sanções	sanções	sanções	sanções
		Resolução de Conflitos (OfCom e OTA)	Resolução de Conflitos (PTS)	Resolução de Conflitos (Agcom)	Resolução de Conflitos (Agcom e *Organo di Vigilanza*)	Resolução de Conflitos (ACCC)	Resolução de Conflitos (ACCC e Ente Independente)	Resolução de Conflitos (ANATEL)

Fonte: Elaboração própria.

Comparando friamente as informações da tabela, pode-se notar que tal qual os regimes de acesso pesquisados no exterior, a estratégia de *compliance* do *PGMC* possui, bem ou mal, seus elementos estruturantes, quais sejam regras-fim de acesso a redes, regras-meio de monitoramento e regras-meio de *enforcement*. Resumidamente, isso significa que o regime regulatório de acesso a redes imposto via *PGMC* é específico por: (i) obrigar os operadores identificados como dominantes a respeitarem regras de não discriminação no tratamento dos solicitantes de EILD (e outros produtos de atacado); (ii) obrigar os operadores com PMS à criação de departamento ou unidade de atacado, à constituição de entidade supervisora externa, ao uso separado de sistema de negociações e de formação de base de dados de atacado para viabilizar o monitoramento dos comportamentos desses operadores dominantes; e (iii) tentar assegurar o cumprimento das regras de acesso a partir da resolução de conflitos entre dominantes e solicitantes de rede e pela consequente imposição de sanções aos casos de não *compliance*.

O mapeamento dessas características já bastaria, acredito, para delinear as especificidades da estratégia regulatória de *compliance* do *PGMC*. No entanto, a terceira questão deste trabalho vai além desse mapeamento geral – já realizado para resposta ao segundo bloco de questões – quando pressupõe uma análise das especificidades da estratégia de *compliance* do *PGMC* em relação aos regimes internacionais de acesso pesquisados.

Nesse sentido, iniciando minha resposta de um ponto de vista mais macro, o *PGMC* equivale aos outros regimes de acesso estudados ao se utilizar de uma racionalidade de comando e controle e de uma abordagem preponderante de detenção e punição de comportamentos discriminatórios, com uso decisivo de mecanismos de monitoramento e *enforcement* para tanto. Esse parece ser o padrão de ferramentas e abordagens regulatórias utilizado nos regimes de acesso, e o *PGMC* não inova nesse ínterim.

Ainda de forma ampla, apesar dos problemas de não *compliance* identificados no caso brasileiro se equipararem aos apontados no cenário internacional, diferentemente dos regimes de acesso pesquisados a estratégia de *compliance* do *PGMC* não tem como fundamento principal alguma forma de separação funcional das atividades de atacado e varejo do operador dominante. O *PGMC* parece ser um desses casos citados por Webb (2008, p. 17-22) de manutenção de regras de não discriminação, mas com endurecimento dos mecanismos de monitoramento – não aplicável às funções de *enforcement* também citadas pelo autor – em que são utilizados elementos característicos de estratégias de *compliance* fundadas na separação funcional.

Passando então para uma abordagem mais micro desses principais elementos constitutivos da estratégia de *compliance* do *PGMC*, no que se refere às regras de acesso, o novo regime regulatório brasileiro se diferencia das outras experiências estudadas quando mantém as diretrizes de não discriminação, mesmo em um cenário de não *compliance* com as obrigações de acesso. Apenas no caso italiano, em 2002, o regulador também optou pela persistência de regras de não discriminação em vez das de equivalência, em situação de pressão para uma melhor *performance* das atividades regulatórias de monitoramento e *enforcement*. Em todas as outras jurisdições, em condições recorrentes de não *compliance* houve opção por substituir as regras de não discriminação por regras de equivalência – seja de insumos ou resultados –, ainda que houvesse algum controle efetivo sobre as práticas de discriminação baseada em preço. Esse padrão internacional – constitutivo de uma possível lição acerca da dificuldade de monitorar as regras-fim contra discriminação não baseada em preço – não foi observado pelo *PGMC*.

Mas o caso brasileiro é ainda mais específico nessa não adoção de regras de equivalência quando se leva em consideração que em 2005 a ANATEL já havia feito a escolha por regras de equivalência – em substituição às de não discriminação – para os preços das EILD reguladas, e que, a despeito de não conseguir monitorar os comportamentos dos operadores dominantes via separação contábil, em 2012, com o *Novo Regulamento de EILD* e o *PGMC*, a opção foi retornar com as regras de não discriminação baseadas em preço, mais difíceis ainda de serem monitoradas. Ou seja, diferentemente do caso italiano de 2002, na verdade não houve manutenção das regras de não discriminação com o novo regime de acesso (*Novo Regulamento de EILD* e *PGMC*), mas sim um retorno a regras de não discriminação – pelo menos no que se refere aos preços da EILD –, em um cenário de tentativa regulatória de melhora do *compliance* com as regras de acesso a redes, o que, pelo menos *a priori*, parece representar uma inconsistência da estratégia de *compliance* do *PGMC*.

Em relação às regras-meio para o monitoramento das obrigações de acesso, o *PGMC* se diferencia dos casos internacionais estudados ao combinar elementos comumente utilizados em regimes pautados pela separação funcional das atividades de atacado e varejo do operador integrado, sem se apoiar fortemente em mecanismos organizacionais. Apesar de obrigar os operadores integrados a criarem uma divisão separada para o atacado (envolvendo redes de acesso e de transporte), o *PGMC* não avança, por exemplo, na necessidade de uso de estrutura e marca separadas, na publicação de códigos de conduta e de regras de *chinese wall* para funcionários das áreas, de esquemas de incentivos financeiros específicos para essa divisão atacadista. No plano internacional estudado, ao revés, é possível perceber que esses itens foram usados com frequência – ou ao menos indicados como necessários pelo regulador – nos rearranjos organizacionais que derivaram da estratégia de *compliance* pautada pela separação funcional dos operadores incumbentes. Essa provável lição internacional concernente à necessidade de uso de medidas organizacionais de separação das atividades de atacado e varejo de operadores dominantes integrados verticalmente também não foi absorvida pelo *PGMC*.

O *PGMC* também destoa da maioria das jurisdições estudadas, salvo o Reino Unido, por exigir que o sistema de negociações de atacado seja utilizado tanto pelos terceiros solicitantes de rede como pelas operações de varejo das incumbentes. Mas existem outras diferenças do *PGMC* concernentes a sistemas, inclusive em relação ao Reino Unido. Nenhum dos países estudados exigiu das incumbentes equivalência de sistemas quando optava por regras de acesso não discriminatórias. Nos diferentes desenhos de separação funcional que se utilizaram de regras de equivalência, só o Reino Unido obrigou o uso dos mesmos sistemas (EOI) para melhor monitoramento das condutas discriminatórias não baseadas em preço – já que, no caso, as discriminações baseadas em preço eram bem controladas via separação contábil. O *PGMC*, por sua vez, exige a equivalência de sistemas, optando por regras de acesso não discriminatórias, mas o faz, talvez, para melhorar o controle das condutas discriminatórias baseadas em preço (mal controladas via separação contábil), e especialmente para minimizar o grau de assimetria de informação existente entre a ANATEL e os operadores dominantes em relação a contratações reguladas de rede[477].

Ainda no que se refere a sistemas, interessante notar no caso brasileiro que mesmo se tratando de dois sistemas separados, não parecem existir restrições de acesso às informações atacadistas pelas operações de varejo, o que poderia ter sido feito a partir da imposição de códigos de condutas, regras de *chinese wall* ou uso de senhas próprias a cada departamento. Outra peculiaridade brasileira – esta derivada da própria organização do setor em concessões regionais, com a existência, portanto, de diferentes operadoras incumbentes em diferentes partes do território nacional – é que o sistema de negociações e a base de dados de atacado foram desenvolvidos para acumular as informações das relações de atacado reguladas (e não só de EILD) dos diferentes grupos PMS com terceiros. Isso implicou que esses sistemas foram contratados pela entidade supervisora constituída pelos operadores PMS e não PMS, e custeados proporcionalmente entre os grupos com PMS. Essas características tampouco foram percebidas na análise dos casos internacionais.

Quanto à supervisão do cumprimento das obrigações de acesso, o *PGMC*, como os regimes estrangeiros estudados, criou alguma forma de controle específico (interno ou externo à incumbente), auxiliar ao monitoramento realizado pelo regulador. No caso brasileiro isso se deu a partir da escolha da ABR Telecom como entidade supervisora de atacado, órgão externo, com governança neutra, incumbido de certificar o cumprimento ou não das regras não discriminatórias de acesso impostas, o que passou a ser feito via controle de indicadores específicos (KPI). Até aí nenhuma diferenciação expressiva quanto aos casos estrangeiros, tendo o *PGMC* absorvido essa lição internacional.

477. Importante destacar aqui que os processos de unificação dos CNPJs das diferentes operações dos grupos com PMS que possuem concessionária têm toda condição de piorar essa assimetria informacional, salvo se outras medidas de monitoramento em direção a uma separação funcional mais bem estruturada forem tomadas pelo regulador. Registra-se que há um indicativo da ANATEL de avançar nesse sentido, como se vê em: <http://www.teletime.com.br/23/05/2013/anatel-aprova-consolidacao-da-telefonica-mas-exige-diretoria-de-atacado-produtiva/tt/341977/news.aspx>. Acesso em: 14 out. 2014. E também em: <http://convergenciadigital.uol.com.br/cgi/cgilua.exe/sys/start.htm?infoid=37384#.VDyTGEuR lo>. Acesso em: 14 out. 2014.

A especificidade do *PGMC* parece estar na limitação dos KPI criados pela ABR Telecom para o monitoramento das condutas discriminatórias baseadas em preço e não baseadas em preço, caso similar ao sueco, quando não ficou claro quais variáveis seriam controladas pela diretoria independente da Telstra. A ausência ou insuficiência de determinado KPI para controle de um comportamento discriminatório específico pode, na prática, significar um não monitoramento, a manutenção do incentivo a discriminar por parte do operador dominante. Além de não produzir KPI para controle de condutas não baseadas em preço via qualidade, não está claro se na realidade brasileira os KPI controlados permitem, de fato, à ANATEL e à ABR Telecom avaliarem se as diferentes operadoras dominantes não estão tratando seus próprios negócios de varejo de forma preferencial em relação a seus competidores na contratação de produtos atacadistas regulados. O único relatório de controle de KPI da ABR Telecom[478] a que tive acesso, de forma confidencial: (i) não controla os comportamentos das diferentes PMS de forma desagregada; (ii) não controla a variável preço para EILD (talvez pela existência dos dois regimes de contratação); (iii) controla a variável atendimento para EILD, mas não de forma comparativa entre o tempo de atendimento das operações de varejo da PMS e de seus concorrentes, nem comparando o nível das rejeições de pedidos de EILD para um e para outro; (iv) controla a variável EILD especial, para medir a proporção de pedidos que são atendidos com necessidade de investimento maior por parte do demandante, mas não de forma comparativa entre demandas especiais atendidas para operações de varejo de PMS e de seus concorrentes.

Ainda no plano da supervisão do cumprimento das obrigações de acesso, o *PGMC* manteve a separação contábil como forma de, pelo menos em tese, realizar a supervisão das condutas discriminatórias baseadas em preço, o que se alinha à realidade das jurisdições internacionais estudadas. Não exigiu, entretanto, a adequação ou aperfeiçoamento das informações contábeis separadas por atividades de atacado e varejo, o que, por exemplo, aconteceu nos casos italianos de 2002 e 2008 quando o regulador percebeu a insuficiência desse mecanismo para monitorar as discriminações baseadas em preço e preferiu não exigir da Telecom Italia o uso de um mesmo sistema de negociações de atacado para suas operações varejistas e para a de suas concorrentes (o que, em tese, asseguraria o registro de todas as negociações de produtos regulados ofertados pela PMS, inclusive com detalhamentos sobre preços, facilitando, assim, um comparativo entre os valores cobrados de suas divisões de varejo e dos terceiros solicitantes de rede). Apesar de não avançar na separação contábil, ao menos no caso brasileiro a obrigação regulatória de uso de um mesmo sistema de atacado pelas divisões de varejo da PMS e por seus concorrentes parece representar uma alternativa para o controle de condutas discriminatórias baseadas em preço nas contratações de EILD e outros produtos regulados – desde que, é claro, todas essas contratações

478. ABR TELECOM. *Relatório Executivo PGMC*. Brasília DF, 7 de agosto de 2014.

realmente se realizem a partir desse sistema único de negociações, e que se criem KPI específicos sobre preço.

No que tange às regras-meio voltadas ao *enforcement* das obrigações de acesso, em geral o *PGMC* seguiu a cartilha também utilizada nos países estrangeiros analisados de criar instâncias (administrativas e/ou privadas) para solução de conflitos envolvendo a contratação dos produtos regulados de PMS e aplicar sanções nos casos de comprovado descumprimento das regras de acesso. Um item específico do *PGMC* em relação aos casos internacionais pesquisados talvez seja o uso de mecanismo de inversão do ônus da prova para PMS nos processos administrativos de composição de conflitos pelo regulador, figura não mapeada nas experiências internacionais do Reino Unido, Suécia, Itália e Austrália, mas mencionada por Webb (2008, p. 20) quando sinaliza a possibilidade de escolha regulatória por um regime de acesso com elementos mais robustos para o monitoramento e *enforcement* das regras. Não obstante, apesar do mecanismo de inversão do ônus da prova, o *PGMC* foi genérico no que se refere às punições por descumprimentos das regras de acesso, o que, no limite, pode pôr em risco a estratégia de *compliance* pensada para desincetivar as condutas anticompetitivas nas contratações de atacado. Casos como o australiano, em 2006, em que multas financeiras foram insuficientes para desincentivar os comportamentos de não *compliance* denotam o alto incentivo a discriminar por parte do operador incumbente, não parecendo ser adequado fazer previsões superficiais com relação às sanções a que estes operadores estarão sujeitos em um regime regulatório de acesso a redes. Esta é uma lição internacional que tampouco foi absorvida pelo *PGMC*.

5.5. NOVOS CAMINHOS PARA A REGULAÇÃO DE ACESSO A REDES DE TELECOMUNICAÇÕES NO BRASIL

Eu poderia terminar o presente capítulo sem esse último tópico, haja vista que as duas perguntas sobre o caso brasileiro envolvendo regimes regulatórios de EILD já foram respondidas.

Entretanto, dificilmente meu leitor me perdoaria se eu finalizasse a pesquisa apontando friamente problemas atuais no regime do *PGMC* e não apresentando ideias e novos caminhos para melhorar a *performance* desse regime regulatório. É o que passo a fazer a partir de agora, portanto, de maneira muito livre e sem pretensões de apresentar soluções infalíveis.

Dado o fato de o estudo de caso dizer respeito à EILD, primeiramente é preciso esclarecer que esses novos caminhos são pensados para a regulação de acesso a redes fixas (e não móveis) e para negociações do tipo *one way*[479], onde o ofertante não depende da rede do demandante.

479. Quando os operadores entrantes precisam comprar um insumo essencial do incumbente, mas o inverso não acontece, sendo clara, segundo o Armstrong (2002), a necessidade de intervenção regulatória – dada a probabilidade de exercício

Como ficou claro ao longo do estudo, o não *compliance* com regras de acesso a redes tem como razão geral os problemas de incentivos inerentes à relação entre regulador e regulado – conhecida na literatura como relação *Agente-Principal* –, e como razão específica as dúvidas sobre o saldo líquido (para o desenvolvimento do setor) entre os custos e benefícios da regulação de acesso às redes de telecomunicações, ressoando entre os críticos desses regimes os comportamentos oportunistas de operadores entrantes (*cream skimming*) que desincentivam operadores dominantes a investirem em redes.

Em tese, essas razões do problema também se aplicam ao caso brasileiro. Isso sugere que melhores resultados dos regimes regulatórios de acesso a redes por aqui dependem, em alguma medida da minimização dos incentivos a discriminar, mas também da maximização dos incentivos a investir (especialmente de operadores dominantes). E esse é o balanceamento crítico que precisa ser feito pela ANATEL na busca pelos diferentes objetivos que a regulação persegue.

Focando menos nesse balanceamento e mais na estratégia de melhoria contínua das regras-fim e das regras-meio do regime estabelecido pelo *PGMC*, eu sustentaria a necessidade de se estruturarem regras para monitoramento das discriminações via qualidade, de se seguir adiante com o detalhamento e avanço das separações funcionais já iniciadas nas PMS também para facilitar a tarefa de monitorar, de criar sanções específicas a serem aplicadas em virtude da possibilidade de um melhor monitoramento dos tipos de comportamentos discriminatórios pela ANATEL.

Talvez esses fossem alguns dos ingredientes de uma receita tradicional para tratar o atual problema de *compliance* com regras de acesso a redes de telecomunicações no Brasil, mas essa receita parece seguir uma mesma estratégia regulatória calcada fundamentalmente em comando e controle, com detenção e punição de condutas oportunistas, e que nos dias de hoje talvez exija um rebalanceamento, não só para incentivar investimentos de operadores dominantes, mas especialmente para direcioná-los para comportamentos de *compliance* com essas regras.

Depois de algumas tentativas de incrementar o regime regulatório de acesso a redes de telecomunicações via EILD e de torná-lo mais efetivo para que objetivos de competição fossem alcançados, parece-me haver uma oportunidade para repensar a estratégia de *compliance* do *PGMC* e facilitar seu cumprimento por operadores dominantes, sem com isso deixar de lado os objetivos de competição inerentes ao modelo regulatório do setor.

Até hoje a regulação de acesso a redes fixas de telecomunicações do tipo *one way* se deu pela via da contratação de EILD – mesmo com todos os problemas que marcaram esse processo de negociação –, e nem por isso a compe-

abusivo de poder por parte do incumbente com fins de fechar mercados de varejo, via imposição de barreiras artificiais ao desenvolvimento dos negócios de competidores.

tição deixou de se desenvolver em alguma medida nos diferentes mercados fixos de telecomunicações, residenciais ou corporativos, especialmente porque muitos entrantes entenderam essas restrições para contratar como oportunidades para construir redes próprias e atacar os clientes de operadores dominantes.

Tendo em vista essa prevalência das estratégias dos entrantes por construção de rede própria – seja ou não em função das dificuldades históricas de se contratarem redes dos dominantes –, parece adequado que a ANATEL redefina parte de suas regras-fim do regime do PGMC e realize os esforços necessários para tornar efetiva a contratação regulada de infraestrutura passiva, especialmente daquelas que dão suporte ou confinam os cabos fixos das operadoras competitivas (e não as que pressupõem os cabos das dominantes, como *unbundling* e fibra apagada). Acredito que esse redirecionamento das regras-fim para as infraestruturas passivas minimizaria as impressões sobre *cream-skimming* e as dúvidas sobre os efeitos negativos da regulação de acesso nos investimentos em rede por parte das operadoras dominantes. Tal rebalanceamento poderia contribuir para um melhor funcionamento do regime regulatório.

Esse enfoque em regras-fim relativas à infraestrutura passiva deveria eliminar parte das obrigações existentes para contratação de rede ativa, como poderia ser o caso do *bitstream*, nunca contratado – independentemente das razões históricas para esse fato. Deveriam permanecer obrigações de acesso à infraestrutura ativa somente nos casos de comprovada impossibilidade técnica e econômica de replicação da rede do dominante (nos casos em que a rede objeto de contratação possuísse característica inequívoca de monopólio natural).

Isso significa que até as regras-fim sobre EILD poderiam ser repensadas, desde que realizada uma análise mais consistente sobre as condições de desenvolvimento de competição efetiva nos mercados varejistas corporativos. Restrinjo a discussão aos mercados corporativos me fiando dos dados da ANATEL, apresentados anteriormente, de que mais de 70% da contratação de EILD visa atender a esse tipo de cliente. Adiciono que nessa análise a ser realizada é imprescindível esmiuçar as características dessa demanda corporativa, seja a de grandes corporações ou entes públicos, seja a de pequenas e médias empresas, como forma de avaliar a possibilidade de atendimento desses diferentes clientes corporativos com ou sem a possibilidade de contratação da rede da operadora dominante. Tal segmentação da demanda parece fazer sentido porque, em tese, as grandes corporações exigem conexões com altos padrões de qualidade e que interconectem vários estabelecimentos (demanda por conexão multipontos), característica que, a depender do número de pontos a ser conectado, só permite ao operador dominante ofertar o serviço (dado que só ele possui rede com capilaridade capaz de interconectar esses pontos).

No que tange às regras-meio de monitoramento, penso que a criação do SNOA (Sistema de Negociação de Ofertas de Atacado) é uma forma inteligente de minimizar a assimetria de informação existente entre regulador e regulado, tendo a mesma impressão sobre a Entidade Supervisora de Ofertas de Atacado (a ABR Telecom). Não obstante, acredito que a definição de KPI que permitam um controle efetivo sobre a existência ou não de condutas-alvo no âmbito da ABR Telecom e com o acompanhamento da ANATEL, e a total transparência dos dados e relatórios para o mercado, podem estimular comportamentos de *compliance* com as (novas) regras-fim, focadas em infraestrutura passiva, com obrigação de oferta de rede ativa por dominantes apenas para casos característicos de monopólio natural.

Em relação às regras-meio de *enforcement*, admitindo um (possível) abrandamento de ânimo entre operadores competitivos e dominantes a partir de análises mais precisas sobre condições de desenvolvimento de concorrência efetiva nos mercados, de uma regulação de acesso focada em infraestrutura passiva, e da própria existência da ABR Telecom exercendo funções de monitoramento, acredito que talvez haja espaço para que esta entidade incorpore também funções de *enforcement*. Nesse instante talvez faça sentido que a ABR Telecom tenha uma câmara de arbitragem com capacidade de resolver lides que porventura surjam entre operadores competitivos e dominantes a respeito das regras-fim definidas pela ANATEL, nos moldes da que foi usada no Reino Unido e na Itália. Quando necessárias, tais decisões poderiam dar celeridade a essas disputas e também poderiam contribuir para desestimular comportamentos discriminatórios.

Enfim, em essência essa estratégia de *compliance* de regras de acesso apostaria na flexibilização de obrigações para a infraestrutura ativa e foco na infraestrutura passiva de suporte como forma de estimular investimentos em rede própria por parte de operadores dominantes e competitivos, mas principalmente para incentivar comportamentos de *compliance* com regras de acesso menos controversas, de cumprimento mais factível pelos dominantes. Suavizada a tensão existente entre as partes envolvidas, acertos no monitoramento e no *enforcement* a partir da ABR Telecom, numa lógica de co-regulacão (onde a ANATEL acompanha o funcionamento dessas funções regulatórias exercidas pelos privados), poderiam minimizar riscos de comportamentos oportunistas que permaneçam tanto na negociação de infraestrutura passiva quanto nos casos marginais de oferta regulada de rede ativa (por conta das características irrefutáveis de monopólio natural).

Apontado, então, esse novo contorno geral para o regime regulatório de acesso a redes fixas de telecomunicações na ANATEL – mais uma vez me valendo do conceito de estratégia de *compliance* desenvolvido nessa pesquisa –, para terminar eu gostaria de registrar que todo esse esforço analítico relacionado ao estudo do caso da EILD tem o propósito de indicar a necessidade de uma melhora da qualidade da regulação que se opera hoje no Brasil.

Ao tentar chamar a atenção para a existência de diferentes formas de o regulador direcionar comportamentos de regulados para objetivos públicos, ao almejar demonstrar a complexidade geral e específica da regulação das telecomunicações no Brasil, bem como pontuar limitações e falhas no âmbito de regimes de acesso a redes, ao pretender criar um conceito, uma categoria analítica que facilite escolhas por regras regulatórias mais assertivas em vista aos objetivos públicos a que persegue, este trabalho ambiciona contribuir de forma geral para a evolução da regulação, e por decorrência, do direito econômico no Brasil. Uma melhor regulação depende de um processo regulamentar crítico, analítico, de um desenho estratégico de regras-fim e de regras-meio capazes de assegurar, de fato, o alcance dos objetivos perseguidos pelos mais diversos regimes regulatórios no País.

CONCLUSÕES

As estratégias regulatórias estão no centro do presente trabalho de pesquisa. As três partes do estudo, cada uma à sua maneira, procuraram se apoiar na ideia geral de que no exercício de suas funções o regulador precisa lidar com escolhas complexas, o que exige dele competência na estruturação de estratégias para alcance dos objetivos públicos que persegue. Retomando o caminho percorrido pelo trabalho, apresentarei, então, o que entendo serem as contribuições específicas de cada uma dessas partes.

O primeiro terço da pesquisa foi desenvolvido buscando denotar a complexidade das escolhas regulatórias e a importância das estratégias do regulador em busca de objetivos públicos, mas especialmente desenhar um conceito de estratégia regulatória – restrito à escolha das regras.

O capítulo inicial, então, apresentou aspectos gerais afeitos ao fenômeno da regulação, destacando a pluralidade de definições, objetivos e motivações encontrada na literatura, por vezes explicada pelas variações ideológicas existentes. Em vista a construir uma ponte entre a regulação em tese e a regulação na prática, o capítulo estudou os agentes reguladores e as formas regulatórias (criador e criatura da regulação), buscando chamar a atenção do leitor para a importância da escolha das regras nesse processo de materialização da regulação no mundo real – haja vista serem elas as responsáveis por conduzir os regulados para os objetivos regulatórios –, mas também indicando dificuldades relacionadas a essas escolhas.

O segundo capítulo adicionou complexidade à tarefa de escolha das regras regulatórias ao apresentar um extenso leque de ferramentas, abordagens e formas de combinação entre elas, tendo destacado as vantagens e desvantagens associadas a cada um desses itens integrantes da caixa de ferramentas do regulador – todos eles úteis para o alinhamento dos comportamentos dos regulados aos objetivos regulatórios. Aproveitando-se dessa descrição o capítulo definiu estratégia regulatória como as escolhas combinadas de ferramentas e abordagens feitas pelo regulador no exercício de suas funções de definição de padrões de comportamento, monitoramento e *enforcement* desses padrões[480], levando em conta as estratégias dos outros participantes e outras variáveis externas envolvidas no complexo jogo[481] regulatório.

Dito isso, acredito que a primeira parte do trabalho tem como mérito principal tentar organizar de forma sistematizada vários conceitos regulatórios ainda pouco explorados aqui no Brasil. Do ponto de vista prático, creio que essa compilação de racionalidades, abordagens, estratégias, bem como de seus pontos positivos e negativos, facilita o conhecimento da caixa de ferramentas disponível ao regulador e cria alternativas para a tomada de decisões regulatórias no País. Esse mapeamento das formas variadas que a regulação pode assumir me parece importante para que os estudiosos da regulação no Brasil busquem soluções regulatórias à altura dos problemas que vivenciam.

Sem deixar de explorar a complexidade de escolhas regulatórias atinentes a variáveis específicas ao setor das telecomunicações, a segunda parte do trabalho guiou-se pela necessidade de estruturação do conceito de estratégias regulatórias de *compliance* com regras de acesso a redes, dada sua importância funcional para a realização das análises jurídico-institucionais dos casos concretos.

O Capítulo 3 tratou de circunscrever a temática relativa às escolhas e estratégias regulatórias ao âmbito das telecomunicações, tendo explorado especificidades do setor e da regulação que nele costumam operar como forma de chamar a atenção para complexidades atinentes às decisões do regulador. Foram explorados confrontos entre objetivos regulatórios de universalização de serviços básicos e de fomento à competição, mas também diferentes possibilidades de escolha entre variáveis importantes para o desenho de regimes pró-competição, como integração ou separação vertical, regulação *ex ante* e/ou *ex post*.

Restringindo a discussão sobre as escolhas regulatórias ao desenho de regimes de acesso a redes de telecomunicações, o Capítulo 4 materializou o conceito de estratégia regulatória de *compliance*, necessário para a realização das análises jurídico-institucionais sobre os regimes de EILD e regimes internacionais de acesso estudados. Nesse processo de estruturação do conceito, primeiro explicou-se que as estratégias de *compliance* são parte integrante da estratégia geral de funcionamento de qualquer regime regulatório, inclusive os de acesso a redes de telecomunicações, e que envolvem, (i) de forma direta, as funções de monitoramento e *enforcement* de comportamentos pelo regulador, e (ii) de forma indireta, a própria definição das regras de acesso a redes. A partir de Cadman (2010), pontuou-se que, na estruturação de um regime regulatório de acesso a redes, as funções de monitoramento e *enforcement* (atreladas à ideia de abordagens regulatórias) são delineadas por regras-meio, e as condições direcionadoras do comportamento desejado para o acesso (associadas à ideia

---

480. BLACK, 2002.

481. Veljanovski (in BALDWIN, CAVE e LODGE, 2010).

de ferramentas e racionalidades regulatórias), por regras-fim. Finalmente, essas regras foram caracterizadas para o caso específico dos regimes de acesso, quando diferentes mecanismos de transparência (como as ofertas públicas de referência, as separações entre atacado e varejo dos operadores integrados, com combinações variadas entre elementos organizacionais, de sistema da informação e de supervisão) consubstanciaram regras-meio de monitoramento; medidas para assegurar o comportamento desejado (tipos de sanções, resoluções de conflitos administrativas ou privadas) se atrelaram às regras-meio de *enforcement*; e distintas condições para o acesso não discriminado (obrigações de não discriminação ou de equivalência, de insumos ou de resultados, para tratar condutas pautadas em discriminações baseadas em preço ou não baseadas em preço) conformaram as regras-fim. O conceito de estratégia de *compliance* dos regimes de acesso a redes de telecomunicações pressupôs, portanto, a escolha combinada dessas regras-meio e regras-fim para alcance dos objetivos do regime.

A despeito de valorizar a complexidade atinente às escolhas regulatórias no âmbito das telecomunicações, a principal contribuição do segundo terço deste trabalho não pôde ser outra senão a construção de um conceito de estratégias regulatórias de *compliance* em regimes de acesso a redes de telecomunicações. Vale destacar que isso só foi possível porque o estudo de caso exigiu a criação de uma categoria analítica que permitisse comparar as estratégias regulatórias de *compliance* dos diferentes regimes de acesso a redes estudados.

Formulada a ideia geral de estratégia de *compliance* em regimes de acesso a redes de telecomunicações, a terceira parte do trabalho utilizou tal conceito na realização das análises jurídico-institucionais dos regimes de EILD no Brasil e dos outros regimes de acesso no exterior, como forma de organizar e facilitar as respostas às outras questões propostas na pesquisa. Ademais disso, por meio da aplicação do mesmo conceito, indiquei novos caminhos para a regulação de acesso a redes fixas de telecomunicações no País.

Num primeiro momento, a partir da classificação das regras das diferentes normativas de EILD em regras-fim e regras-meio de monitoramento e *enforcement*, o Capítulo 5 apontou as estratégias de *compliance* dos regimes de EILD analisados, tendo identificado diferentes limitações tanto no que se refere a regras-meio de monitoramento e *enforcement*, como nas regras-fim. Os resultados dessas estratégias e de suas limitações – que por serem longos não estão expressos aqui – foram narrados e sintetizados em tabelas.

Isso feito, o capítulo, então, apresentou um balanço da evolução jurídico-institucional dessas estratégias de *compliance* dos regimes de EILD. Concluiu-se que todos os regimes de EILD já vigentes no Brasil se fiaram, preponderantemente, na racionalidade de comando e controle (principal ferramenta regulatória) e em abordagens de detenção/punição, havendo, entretanto, nos casos das *Resoluções 590* e *600* uma variação dessa abordagem com a divisão pelo regulador da atividade de monitoramento com a iniciativa privada. Não obstante, constatou-se a presença de outras racionalidades (ferramentas), especialmente nas últimas resoluções, o que denotou o uso de estratégias mistas um pouco mais sofisticadas, com uso de arranjos de co-regulação entre o regulador e os regulados. Ainda que de forma abstrata, com esse balanço foi possível perceber também a existência de um processo regulatório inacabado, de tentativa e erro na combinação das ferramentas e abordagens regulatórias, em que o aprendizado institucional parece crítico para a efetividade do desenho das estratégias de *compliance*, e do alcance do objetivo de desincentivo de práticas anticompetitivas nos mercados de telecomunicações no Brasil.

Mais uma vez identificando as regras-meio e as regras-fim dos regimes de acesso, o capítulo respondeu à terceira questão da pesquisa compilando em uma tabela os resultados comparativos entre a estratégia de *compliance* do *PGMC* e as estratégias de *compliance* mapeadas nos regimes internacionais estudados, analisando depois criticamente suas especificidades. Constatou-se, entre outros, que o *PGMC*: (i) segue o padrão internacional de uso preponderante de ferramentas de comando e controle e abordagens de detenção/punição; (ii) parece ser um dos casos citados por Webb (2008, p. 17-22) de manutenção de regras de não discriminação, mas com endurecimento dos mecanismos de monitoramento – mas não de *enforcement*; (iii) não faz uso de regras-fim de equivalência para facilitar monitoramento de condutas anticompetitivas não baseadas em preço, como feito no exterior; (iv) diferentemente do padrão internacional não se utiliza de medidas organizacionais de separação das atividades de atacado e varejo de operadores dominantes integrados verticalmente; (v) q se alinha à prática internacional no uso de entidades independentes privadas para o monitoramento dos comportamentos dos regulados; e (vi) faz previsões superficiais com relação às sanções para comportamentos de não *compliance*, diferentemente da experiência internacional.

Após realizar as análises jurídico-institucionais previstas para resposta às perguntas que guiaram a pesquisa, o capítulo apresentou novos contornos regulatórios para melhorar a *performance* do regime de acesso a redes fixas de telecomunicações – também se valendo do conceito criado. Essencialmente, a nova estratégia de *compliance* pensada apostaria numa flexibilização de obrigações para a infraestrutura ativa e foco na infraestrutura passiva de suporte. Isso para estimular investimentos em rede própria por parte de operadores dominantes e competitivos, mas principalmente como meio de incentivar comportamentos de *compliance* com regras de acesso menos controversas, de cumprimento mais factível pelos dominantes. Suavizada a tensão existente entre as partes envolvidas, acertos no monitoramento e extensão de funções de *enforcement* para a ABR Telecom, numa lógica de co-regulacão (em que a ANATEL acompanha o funcionamento dessas funções regulatórias exercidas pelos privados), poderiam minimizar riscos de comportamentos oportunistas que permanecessem tanto na negociação de infraestrutura passiva quanto nos casos marginais de oferta regulada de rede ativa (existente nos casos de redes com características irrefutáveis de monopólio natural).

Ao fim do capítulo registrou-se que todo esforço analítico aplicado ao caso da EILD teve o propósito de indicar a necessidade de uma melhora da qualidade da regulação que se opera hoje no Brasil e de contribuir, de forma geral, para a evolução do desenho de regras regulatórias e, por decorrência, do direito econômico no País.

Uma importante contribuição dessa terceira parte foi validar a utilidade do conceito de estratégias regulatórias de *compliance* com regras de acesso. A análise tanto dos regimes de acesso a redes estudados no Brasil quanto dos internacionais a aplicação do conceito, via identificação das regras-fim e das regras-meio de monitoramento e *enforcement*, facilitou a visualização da estratégia de *compliance* desses regimes e permitiu compará-las criticamente. Também foi útil para repensar novos contornos regulatórios para esses regimes no País. Este parece ser, portanto, um conceito útil aos reguladores quando da necessidade de desenho ou revisão de regimes de acesso a redes de telecomunicações, tarefa não trivial, especialmente quando se considera a complexidade do tema e a tensão de interesses que envolve. Parece-me que a aplicação prática do conceito de estratégias regulatórias de *compliance* com regras de acesso a redes a casos concretos pode ser capaz de sistematizar pontos importantes relacionados ao tema e, assim, facilitar a percepção de problemas específicos e a consequente proposição de soluções mais bem estruturadas pelo regulador. Isso foi possível no presente trabalho. A identificação de limitações passadas e presentes na regulamentação da EILD contribui para o aprendizado institucional da ANATEL ao minimizar a probabilidade de repetição de erros em escolhas futuras sobre o tema. O mapeamento das estratégias regulatórias de *compliance* em regimes internacionais coloca em evidência os tipos de problemas já enfrentados nessas relações contratuais e as diferentes formas possíveis de combinar regras-fim e regras-meio para corrigi-los, o que também contribui para o aprendizado do regulador e facilita sua tomada de decisões. Uma proposta de novos caminhos regulatórios para esses regimes de acesso a redes fixas de telecomunicações no Brasil foi pensada utilizando esse conceito.

A partir, então, da comprovação sobre sua funcionalidade prática, sustento nesse trabalho que o conceito elaborado de estratégias regulatórias de *compliance* é relevante na análise dos regimes estudados, na medida em que joga luz sobre o problema de não *compliance* com regras de acesso de EILD, proporcionando um ganho analítico que facilita decisões por vir do regulador relacionadas à revisão ou ao desenho de novos regimes de acesso, podendo contribuir para um melhor funcionamento desses regimes, com repercussões positivas para objetivos de competição nas telecomunicações do Brasil.

Não obstante, acredito que a maior relevância deste trabalho está no fato de ele abrir caminho para uma reflexão crítica sobre o processo regulamentar, sobre o desenho das regras regulatórias e, por decorrência, sobre o direito econômico no Brasil. Ao tentar chamar a atenção para a existência de diferentes formas de o regulador direcionar comportamentos de regulados para objetivos públicos, ao almejar demonstrar a complexidade geral e específica da regulação das telecomunicações no Brasil, bem como pontuar limitações e falhas no âmbito de regimes de acesso a redes, ao pretender criar um conceito, uma categoria analítica que facilite escolhas por regras regulatórias mais assertivas em vista dos objetivos públicos que persegue, este trabalho ambiciona contribuir de forma geral para a evolução da regulação no Brasil.

Depois de todo o esforço analítico empreendido, sou capaz de afirmar, com alguma certeza, que uma melhor regulação depende de um processo regulamentar crítico, analítico, de um desenho estratégico de regras-fim e regras-meio capazes de assegurar, de fato, o alcance dos objetivos perseguidos pelos mais diversos regimes regulatórios no País.

BIBLIOGRAFIA

ABR TELECOM. *Relatório Executivo PGMC*. Brasília, DF, 7 de agosto de 2014.

ACCC. *Telstra's structural separation undertaking. Annual Compliance Report 2011-12. Report to the Minister for Broadband, Communications and Digital Economy*. Australia, 2013. Disponível em: <http://www.accc.gov.au/system/files/Telstra's%20structural%20separation%20undertaking%20annual%20compliance%20report%202011-12.pdf>. Acesso em: 14 out. 2014.

AKERLOF, George A. The markets for "lemons": quality uncertainty and the market mechanism. *The Quarterly Journal of Economics*, v. 84, n. 3, p. 488-500, 1970. Disponível em: < http://www.jstor.org/discover/10.2307/1879431?uid=3737664&uid=2&uid=4&sid=21100837929471>. Acesso em: 6 jun. 2012.

ALEXIADES, P.; CAVE, M. Regulation and competition law in telecommunications and other network industries. In: BALDWIN, R.; CAVE M.; LODGE, M. *The Oxford Handbook of Regulation*. New York: Oxford University Press, 2010. p. 500-522.

ALMENDROS, Bernardo Lorenzo. Modelos regulatorios: competencia en infraestructuras o competencia en servicios. In: BENEYTO PÉREZ, J. M. (dir.). *Regulación y competencia en telecomunicaciones*. Madrid: Dykinson, 2003. p. 81-99.

ANATEL. *Análise das contribuições à CP n. 50 – EILD*, 2011. Disponível em: <http://sistemas.anatel.gov.br/SACP/Contribuicoes/ListaConsultasContribuicoes.asp>. Acesso em: 15 set. 2012.

______. *Análise dos mercados relevantes tratados no Plano Geral de Metas de Competição – PGMC*, 2010. Disponível em: <http://sistemas.anatel.gov.br/sacp/Parametros/ArquivosAnexos/25072011_165700_Analise%20dos%20Mercados%20Relevantes%20PGMC.pdf>. Acesso em: 12 out. 2011.

______. *Apresentação do Regulamento de EILD*. Agosto 2004. Disponível em: <http://www.anatel.gov.br/Portal/verificaDocumentos/documento.asp?numeroPublicacao=100622&assuntoPublicacao=Palestra%20-%20Audiencia%20Publica%20-%20Regulamento%20de%20Exploracao%20Industrial%20de%20Linha%20Dedicada&caminhoRel=null&filtro=1&documentoPath=acontece_anatel/palestras/apres_audienciaspublicas_eild.pdf>. Acesso em: 15 set. 2012.

______. Ato n. 2.716 do Conselho Diretor, de 15 de maio de 2012. Disponível em: <http://www.anatel.gov.br/Portal/verificaDocumentos/documento.asp?numeroPublicacao=278266&assuntoPublicacao=null&caminhoRel=In%EDcio-Biblioteca-Apresenta%E7%E3o&filtro=-1&documentoPath=278266.pdf>. Acesso em: 24 nov. 2014.

______. Ato n. 50.065, de 28 de abril de 2005. Disponível em: <http://www.anatel.gov.br/Portal/verificaDocumentos/documento.asp?numeroPublicacao=108678&assuntoPublicacao=Ato%20n.%C2%BA%2050065/2005-Anatel&caminhoRel=Cidadao-Biblioteca-Acervo%20Documental&filtro=1&documentoPath=biblioteca/atos/2005/ato_50065_2005.pdf>. Acesso em: 18 out. 2011.

_____. *Consulta Pública EILD*. Consulta Pública n. 50, de 20 de dezembro de 2010, Proposta de revisão do Regulamento de Exploração Industrial de Linha Dedicada, aprovado pela Resolução n. 402, de 27 de abril de 2005. Disponível em: <http://sistemas.anatel.gov.br/sacp/Parametros/ArquivosAnexos/20122010_171808_1012_GTEILD_REV_REG_EILD.pdf>. Acesso em: 18 out. 2011.

_____. *Consulta Pública PGMC*. Consulta Pública n. 41, de 25 de julho de 2011, Plano Geral de Metas de Competição. Disponível em: http://sistemas.anatel.gov.br/SACP/Contribuicoes/TextoConsulta.asp?CodProcesso=C1509&Tipo=1&Opcao=andamento>. Acesso em: 18 out. 2011.

_____. *Novo Regulamento de EILD*. Resolução n. 590, de 15 de maio de 2012. Disponível em: <http://legislacao.anatel.gov.br/resolucoes/34-2012/332-resolucao-590>. Acesso em: 24 nov. 2012.

_____. *PGMC*. Resolução n. 600, de 1.º de novembro de 2012. Disponível em: <http://legislacao.anatel.gov.br/resolucoes/34-2012/425-resolucao-600>. Acesso em: 24 nov. 2012.

_____. *PGR*. Resolução n. 516 do Conselho Diretor, de 30 de outubro de 2008. Disponível em: <http://www.anatel.gov.br/Portal/verificaDocumentos/documento.asp?numeroPublicacao=233747&assuntoPublicacao=null&caminhoRel=CidadaoBibliotecaAcervo%20Documental&filtro=1&documentoPath=219932.pdf>. Acesso em: 23 nov. 2012.

_____. *Regulamento de compartilhamento de infraestrutura entre prestadoras de serviço de telecomunicações*. Resolução n. 274, de 5 de setembro de 2001. Disponível em: <http://legislacao.anatel.gov.br/resolucoes/16-2001/351-resolucao-274>. Acesso em: 2 abr. 2013.

_____. *Regulamento de EILD*. Resolução n. 402, de 27 de abril de 2005. Disponível em: <http://www.anatel.gov.br/Portal/verificaDocumentos/documento.asp?numeroPublicacao=108597&assuntoPublicacao=Regulamento%20de%20Explorao%20Industrial%20de%20Linha%20Dedicada%20&caminhoRel=null&filtro=1&documentoPath=biblioteca/resolucao/2005/anexo_res_402_20>. Acesso em: 18 out. 2011.

_____. Resolução n. 437, de 8 de junho de 2006. Disponível em: <http://www.anatel.gov.br/Portal/templateDocumentos/dsac/RESOLU%C3%87%C3%83O%20N%20437.pdf>. Acesso em: 18 out. 2011.

_____. *Voto João Rezende – EILD*, 2012. Disponível em: <http://www.anatel.gov.br/Portal/verificaDocumentos/documento.asp?numeroPublicacao=277186&assuntoPublicacao=-Voto%20n%BA%2051/2012%20-%20JR-PR&caminhoRel=In%EDcio&filtro=1&documentoPath=277186.pdf>. Acesso em: 18 jun. 2012.

ANNENBERG, Flávia Xavier. *Direito e políticas públicas: uma análise crítica de abordagens tradicionais do direito administrativo a partir de um estudo do programa Bolsa-Família*. Dissertação de Mestrado. São Paulo: Faculdade de Direito da USP, 2014. p. 13-19 e 127-148.

ARAGÃO, Alexandre Santos de. Regulação da economia: conceito e características contemporâneas. In: CARDOZO, José Eduardo et al. (org.). *Curso de direito administrativo econômico*. São Paulo: Malheiros, 2006. v. III, p. 413-467.

AREEDA, Phillip. Essential facilities: an epithet in need of limiting principles. *Antitrust Law Journal*, v. 58, p. 858, 1989.

AREZZO, Emanuela. Is there a role for market definition and dominance in an effects-based approach? In: MACKENRODT, O. D. et al. *Abuse of dominant position:* new interpretation, new enforcement mechanism? MPI Studies on Intellectual Property, Competition and Tax Law, v. 5, 2007.

ARMSTRONG, Mark. Network interconnection in telecommunications. *The Economic Journal 108*. May 1998, p. 545-564. Disponível em: <http://www.jstor.org/stable/2565782>. Acesso em: 9 out. 2014.

_____. The theory of access pricing and interconnection. In: CAVE, Martin et al. *Handbook of telecommunications economics*. Amsterdam: Elsevier, 2002. v. 1, Cap. 8.

AZEVEDO MARQUES, Floriano de. Finalidades e fundamentos da moderna regulação econômica. *Forum Administrativo. Direito Público – FA*, Belo Horizonte, ano 9, n. 100, p. 91, jun. 2009.

_____. Regulação econômica e suas modulações. *Revista de Direito Público da Economia*, ano 7, n. 28, p. 27-42, out-dez. 2009.

BALDWIN, R. Why rules don't work. *The Modem Law Review*, 53:3, maio de 1990. Disponível em: <http://www.jstor.org/discover/10.2307/1096474?uid=3737664&uid=2129&uid=2&uid=70&uid=4&sid=21104912823373>. Acesso em: 14 out. 2014.

BALDWIN, R.; CAVE, M.; LODGE, M. Introduction: regulation – the field and the developing agenda. In: BALDWIN, R., CAVE M.; LODGE, *The Oxford Handbook of Regulation*. New York: Oxford University Press, 2010. p 11-13.

_____; _____; _____. *Understanding regulation*: theory, strategy and practice. 2. ed. New York: Oxford University Press, 2012. p. 137-164.

BAUMOL, William J. Contestable markets: an uprising in the theory of industry structure. *The American Economic Review*, v. 72, n. 1, p. 1-15, March 1982. Disponível em: <http://www.sfu.ca/~wainwrig/Econ400/Baumol-contestableMkts.pdf>. Acesso em: 8 set. 2012.

BEREC. Functional Separation in practice: EU experiences. *BEREC Guidance on functional separation – Annex I.* February 2011. Disponível em: <http://www.irg.eu/streaming/BoR%20(10)%2044%20Rev1b%20BEREC%20Guidance_on_FS_Annex_final.pdf?contentId=547128&field=ATTACHED_FILE>. Acesso em: 14 out. 2014.

BERG, Sanford V. et al. *Natural monopoly regulation:* principles and practice. Cambridge: Cambridge University Press, 1988.

BENKLER, Yochai et al. *Next Generation Connectivity:* a review of broadband internet transitions and policy from around the world. Berkman Center of Internet and Society at Harvard University, October 2009, p. 1-26, 74-112. Disponível em: <http://cyber.law.harvard.edu/sites/cyber.law.harvard.edu/files/Berkman_Center_Broadband_Final_Report_15Feb2010.pdf>. Acesso em: 16 out. 2010.

BLACK, Julia. *Critical reflections on regulation*. Centre for Analysis of Risk and Regulation at the London School of Economics and Political Science, 2002. Disponível em: <http://eprints.lse.ac.uk/35985/1/Disspaper4-1.pdf>. Acesso em: 20 nov. 2013.

_____. *Decentring regulation:* understanding the role of regulation and self regulation in a "Post-Regulatory" world. 2001. Disponível em: <http://clp.oxfordjournals.org>. Acesso em: 21 nov. 2013.

BOURREAU, Marc; DOGAN, Pinar. *Service-based vs Facility-based competition in local access networks*. June 11, 2003. Disponível em: <http://www.sciencedirect.com/science/article/pii/S0167624503000726>. Acesso em: 9 out. 2014.

BOURREAU, Marc; DOGAN, Pinar; MANANT, Matthieu. A critical review of the "ladder investment" approach. *Telecommunications Policy*, 2010, 34(11), p. 683-696. Disponível em: <http://dash.harvard.edu/bitstream/handle/1/4777447/Dogan-Acriticalreview.pdf?sequence=1>. Acesso em: 8 set. 2012.

BRASIL. *Exposição de Motivos 231/MC*, de 10 de dezembro de 1996. Disponível em: <http://www.anatel.gov.br/Portal/verificaDocumentos/documento.asp?numeroPublicacao=331&assuntoPublicacao=Exposição%20de%20Motivos%20n.º%20231%20/MC,%20de%2010/12/96,%20que%20encaminha%20a%20%20Lei%20Geral%20das%20Telecomunicações.&caminhoRel=null&filtro=1&documentoPath=biblioteca/leis/exposicao_motivos_lgt.pdf>. Acesso em: 18 out. 2011.

_____. Lei n. 12.529, de 30 de novembro de 2011. Disponível em: <http://www.planalto.gov.br/ccivil_03/_Ato2011-2014/2011/Lei/L12529.htm>. Acesso em: 15 set. 2012.

_____. *LGT*. Lei n. 9.472, de 16 de julho de 1997. Disponível em: <http://www.planalto.gov.br/ccivil/leis/L9472.htm>. Acesso em: 18 out. 2010.

BREYER, Stephen et al. *Administrative law and regulatory policy:* problems, texts and cases. 4. ed. New York: Aspen Law and Business, 1999.

CADE. *Despacho Presidência n. 175*, de 13 de dezembro de 2006.

_____. *Voto Oi/BrT*. Processo n. 08012005789/2008-23. Disponível em: <http://www.cade.gov.br/temp/t1010201110428471.pdf>.

CADMAN, Richard. Means, not ends: deterring discrimination through equivalence and functional separation. *Telecommunications Policy*, v. 34, 2010, p. 366-374. Disponível em: <http://www.sciencedirect.com/science/article/pii/S0308596110000583>. Acesso em: 9 out. 2014.

CANOY, Marcel; BIJL, Paul; KEMP, Ron. Access to telecommunications networks. Disponível em: BUIGUES, Pierre; REY, Patrick. *The economics of antitrust and regulation in telecommunications: perspective for the New European Regulatory Framework*. Cheltenham, UK: Edward Elgar, 2004, Chap. 8. Disponível em: <http://books.google.com.br/books?id=cOcZJPKUEDIC&pg=PA135&lpg=PA135&dq=Access+to+telecommunications+networks+canoy&source=bl&ots=Z9iI8YzIRz&sig=IpZ_iYnjLHjEEDCfu-cYG1gLIBDk&hl=pt-BR&sa=X&ei=UFk1VITMO8zLggT8jIKYDw&ved=0CB-0Q6AEwAA#v=onepage&q=Access%20to%20telecommunications%20networks%20canoy&f=false>. Acesso em: 8 out. 2014.

CARLÓN RUIZ, M. *El servicio universal de telecomunicaciones*. 1. ed. Madrid/Navarra: Thomson-Civitas/Cizur Menor, 2007.

CARVALHO, Vinicius Marques de; CASTRO, Ricardo Medeiros de. Sistema de monitoramento de condutas como remédio a problemas estruturais verticais: estudo de caso da operação Brasil Telecom/Oi. *Revista de Direito das Comunicações*, ano 2, v. 3, p. 11-49, jan.-jun. 2011.

CASAGRANDE, Paulo L. Regulação pró-concorrencial de acesso a ativos de infraestrutura: regime jurídico e aspectos econômicos. In: SCHAPIRO, Mario G. (coord.). *Direito econômico:* direito econômico regulatório. São Paulo: Saraiva, 2010. Série GV Law. p. 113-166.

CAVE, Martin. Encouraging infrastructure competition via the ladder of investment. *Telecommunications Policy*, v. 30, 2006, p. 223-237. Disponível em: <www.sciencedirect.com>. Acesso em: 18 fev. 2013.

_____. Making the ladder of investment operational, November 2004. Disponível em: <http://www.ictregulationtoolkit.org/en/Publication.2916.html>. Acesso em: 7 set. 2012.

_____. Six degrees of separation: operational separation as a remedy in european telecommunications regulation. *Communications and Strategies, v. 64*, p. 89-103, 4th quarter 2006.

CHANG, Ha-Joon. Understanding the relationship between institutions and economic development: some key theoretical issues. *Discussion Paper N. 2006/05* – United Nations University – World Institute for Development Economics Research – UNU-WIDER.

CISCO. *The Zettabyte Era:* trends and analysis. White Paper. June, 2014, p. 1-5. Disponível em: <http://www.cisco.com/c/en/us/solutions/collateral/service-provider/visual-networking-index-vni/VNI_Hyperconnectivity_WP.pdf>. Acesso em: 6 out. 2014.

COASE, Ronald H. The nature of the firm. *Economica*, New Series, v. 4, n. 16, p. 386-405, Nov. 1937.

COEN, David; DOYLE, Chris. Designing economic regulatory institutions for European network industries. *Draft 3.0,* October 1999. Disponível em: <http://www.london.edu/facultyandresearch/research/docs/paper33.pdf>. Acesso em: 8 set. 2012.

COGLIANESE, Cary; MENDELSON, Evan. Meta-regulation and self-regulation. In: BALDWIN, R.; CAVE M.; LODGE, M. *The Oxford Handbook of Regulation*. New York: Oxford University Press, 2010. p. 146-151.

COMMISSION OF THE EUROPEAN COMMUNITIES. Defining what is legitimate competition in the context of companies duties to supply competitors and to grant access to essential facilities. OCDE/GD(96)113, *Competition Policy Roundtables*. Disponível em: <http://www1.oecd.org/daf/clp/Roundtables/ess11.htm>. Acesso em: 10 jun. 2011.

COUTINHO, Diogo R. *O direito nas políticas públicas*. In: MARQUES, E.; DE FARIA, C. A P. (ed.) *Política pública como campo disciplinar*. São Paulo: Ed. Unesp, no prelo. Disponível em: <http://www.cebrap.org.br/v2/files/upload/biblioteca_virtual/item_766/14_05_12_16O_direito_nas_politicas_publicas_FINAL.pdf>.

______. *Regulação e redistribuição:* a experiência brasileira de universalização das telecomunicações. Tese de Doutorado. São Paulo: Faculdade de Direito da Universidade de São Paulo, 2003.

COUTINHO, D. R.; SCHAPIRO, Mario G.; TRUBEK, David. Towards a new law and development: new state activism in Brazil and the challenge for legal institutions. *Legal Studies Research Paper Series*, Paper N. 1207. World Bank Legal Review (forthcoming), 2012, p. 24-25. Disponível em: <http://papers.ssrn.com/sol3/papers.cfm?abstract_id=2144939>. Acesso em: 27 nov. 2012.

COUTO, Jonas Antunes. Telecomunicaciones: regulación de las redes de nueva generación en España. *Apuntes Legislativos 34*. Instituto de Investigaciones Legislativas. Congreso del Estado de Guanajuato, 2009. Disponível em: <http://www congresogto.gob.mx/uploads/contenido_estudio/archivo/39/34.pdf>. Acesso em: 6 out. 2014.

COUTO, Jonas Antunes; ZIERBATH, José Antônio de Moura. A doutrina das *essential facilities*: uma análise da jurisprudência brasileira. *Revista de Direito das Comunicações*, ano 2, v. 4, jul.-dez. 2011.

CRANDALL, R.; EISENACH, J.; LITAN, R. Vertical separation of telecommunications networks: evidence from five countries. *Working Draft September 2009*. Disponível em: <http://ssrn.com/abstract=1471960>. Acesso em: 3 dez. 2013.

CRANDALL, Robert W. et al. The long-run effects of cooper unbundling and the implications for fiber. March, 2012, p. 2-10. Disponível em: <http://papers.ssrn.com/sol3/papers.cfm?abstract_id=2018929>. Acesso em: 9 set. 2012.

CULLEN INTERNATIONAL. Build, buy or share. *3rd Latin America – EU Symposium on ICT Regulation*. Brasília, November 2012, p. 21-22.

DAINTITH, Terence. Regulation. In: DAVID, R. *International encyclopeadia of comparative law*, Tubingen, Mohr Siebeck, v. XVII, Chap. 10. p. 3-4.

DE LA CUÉTARA MARTÍNEZ, Juan Miguel. La tercera generación de normas regulatorias en telecomunicaciones. *Revista del Derecho de las Telecomunicaciones e Infraestructuras en Red – REDETI*, Madrid, ano IX, n. 25, p. 11-27, 2006.

DEMSETZ, Harold. Why regulate utilities? *Journal of Law and Economics*, v. 11, n. 1, April 1968. Disponível em: <http://www.sfu.ca/~wainwrig/Econ400/documents/demsetz68-JLE-utilities.pdf>. Acesso em: 7 out. 2014.

ECONOMIDES, Nicholas. Competition policy in network industries: an introduction. Net Institute. Working Paper 04-23, Revised June 2004, p. 3-20. Disponível em: <http://www.jftc.go.jp/cprc/english/cpdp-16-e.pdf>. Acesso em: 8 set. 2012.

______. Public policy in network industries. In: BUCCIROSSI, P. (org.). *Handbook of Antitrust Economics*, Cambridge: MIT Press, 2008. p. 469-519.

ELLARE e OXERA. *Vertical functional separation in the electronic communications sector*: what are its implications for the Portuguese market? Prepared for ICP-ANACOM. July 2009. Disponível em: <http://www.anacom.pt/streaming/final_report_oxera_jul2009.pdf?contentId=968163&field=ATTACHED_FILE>. Acesso em: 23 jul. 2014.

EUROPEAN PARLIAMENT. *How to build a ubiquitous EU digital society*. Brussels, Nov. 2013, p. 49-80, 120-134. Disponível em: <http://www.europarl.europa.eu/RegData/etudes/etudes/join/2013/518736/IPOL-ITRE_ET(2013)518736_EN.pdf>. Acesso em: 9 out. 2014.

FAGUNDES, Jorge. *Fundamentos econômicos das políticas de defesa da concorrência:* eficiência econômica e distribuição de renda em análises antitruste. São Paulo: Singular, 2003.

FARACO, Alexandre Ditzel. Disciplina jurídica da concorrência e o acesso às redes de telecomunicações. *REDAE – Revista Eletrônica de Direito Administrativo Econômico*, Salvador, n. 3, ago.-set.-out. 2005. Disponível em: <http://www.direitodoestado.com/revista/REDAE-3-AGOSTO-2005-ALEXANDRE%20DITZEL.pdf>. Acesso em: 15 set. 2012.

______. *Regulação e direito concorrencial – uma análise jurídica da disciplina da concorrência no setor das telecomunicações*. Tese de Doutorado. São Paulo: Faculdade de Direito da Universidade de São Paulo, 2001.

FEINTUCK, M. Regulatory rationales beyond the economic: in search of the public interest. In: BALDWIN, R.; CAVE M.; e LODGE, M. *The Oxford Handbook of regulation*. New York: Oxford University Press, 2010. p. 40-63.

FERNÁNDEZ-VEGA, Beatriz Sanz et al. El abuso de posición de dominio en el sector de las telecomunicaciones: especialidades, tipos y conductas. *Regulación y competencia en telecomunicaciones*. Madrid: Dykinson, 2003. p. 413-434.

FLICK, Uwe. *An introduction to qualitative research*. 3rd ed. Sage Publications. Chap. 13. Disponível em: http://www.tim.ethz.ch/education/courses/courses_fs_2011/course_docsem_fs_2011/Literature/19_Flick_Ch13>. Acesso em: 15 set. 2012.

GILAD, Sharon. It runs in the family: meta-regulation and its siblings. *Regulation and Governance*, v. 4, issue 4, 2010, p. 485-506. Disponível em: <http://onlinelibrary.wiley.com/doi/10.1111/j.1748-5991.2010.01090.x/pdf>. Acesso em: 9 jan. 2014.

GILARDI, Fabrizio. Institutional change in regulatory policies: regulation through independent agencies and three new institucionalisms. In: JORDANA, Jacint; LEVI-FAUR, David (ed.). *The politics of regulation*. Cheltenhm: Edward Elgar, 2004.

GRAJEK, Michal; ROLLER, Lars-Hendrik. Regulation and investment in network industries: evidence from European telecoms. *SFB 649 discussion paper N. 2009, 039*. Disponível em: <http://www.econstor.eu/handle/10419/39322>. Acesso em: 18 fev. 2013.

HODGSON, Geoffrey M. What are institutions? *Journal of Economic Issues*, v. XL, n. 1, March 2006. Disponível em: <http://www.geoffrey-hodgson.info/user/image/whatareinstitutions.pdf>. Acesso em: 15 set. 2012.

HOVENKAMP, Herbert. *Federal antitrust policy:* the law of competition and its practice. St. Paul (MN): West Publishing, 1994.

JACKSON, Howell et al. Games and information. *Analytical methods for lawyers*. Harvard Law School. Spring 2001, p. 1-10.

JONES, Timothy H. The law-elaboration function of regulatory agencies. *Working Paper n. 4*, University of Manchester, Jan. 1991.

KATZ, Michael; SHAPIRO, Carl., Systems competition and network effects. *Journal of Economic Perspectives*, v. 8, n. 2, 1994, p. 93-115.

KEARNEY, J. D.; MERRILL, T. W. The great transformation of regulated industries law. *Columbia Law Review*, v. 98, n. 6, p. 1323-1409, Oct. 1998. Disponível em: <http://www.jstor.org/stable/1123301>. Acesso em: 12 set. 2011.

KENNEDY, David. *Law and development economics*: toward a new alliance. Co-edited with J. Stiglitz. Draft, August, 2008. Disponível em: <http://law.wisc.edu/gls/lands_texts.html>. Acesso em: 20 nov. 2012.

KUHN, Thomas S. *A estrutura das revoluções científicas*. 10. ed. São Paulo: Perspectiva, 2011. p. 9-56.

LEENES, Ronald. Framing techno-regulation: an exploration of state and non-state regulation by technology. *Tilburg Law School Legal Studies Research Paper Series N. 10/2012*. Disponível em: <http://ssrn.com/abstract=2182439>. Acesso em: 13 jun. 2013.

LODGE, M.; STIRTON, L. Accountability in the regulatory state. In: BALDWIN, R.; CAVE M.; LODGE, M. *The Oxford Handbook of Regulation*. New York: Oxford University Press, 2010. p. 349-370.

LODGE, M.; WEGRICH, K. *Managing regulation: regulatory analysis, politics and policy*. Basingstoke: Palgrave Macmillan, 2012.

MACEDO, B.; VIEGAS, C. Falhas de mercado: causas, efeitos e controles. In: SCHAPIRO, Mário Gomes (coord.). *Direito econômico:* direito econômico regulatório. São Paulo: Saraiva, 2010. Série GV Law, p. 81-109.

MAGIDE, Mariano Herrero. *Límites constitucionales de las administraciones independientes*. 1. ed. Madrid: Inap, 2000.

MINISTÉRIO DAS COMUNICAÇÕES. *Norma 30*. Portaria n. 2.506/96, de 23 de dezembro de 1996. Disponível em: <http://www.lex.com.br/doc_1100603_PORTARIA_N_2506_DE_20_DE_DEZEMBRO_DE_1996.aspx>. Acesso em: 3 nov. 2014.

______. *Relatório de Atividades 1995/1996*. Brasília, p. 1-40. Disponível em: <http://telecomunicacoes.ifhc.org.br/acervo/index.php?module=xml&event=download&id=240>. Acesso em: 14 out. 2014

MONTERO PASCUAL, J. J. *Derecho de las telecomunicaciones*. Valencia: Tirant lo Blanch, 2007.

MORAN, Michael. *The British regulatory state*. Oxford University Press, 2003. p. 13.

MORGAN, Bronwen; YEUNG, Karen. *An introduction to law and regulation:* text and materials. New York: Cambridge University Press, 2007.

NBN CO. *Statement of Corporate Intent. 2012-2015*. Disponível em: <http://www.nbnco.com.au/content/dam/nbnco/documents/statement-of-corporate-intent-2012-15.pdf>. Acesso em: 14 out. 2014.

NEWBERY, David M. *Privatization, restructuring, and regulation of network utilities*. London: The MIT Press, 2001. p. 1-6; 171-199. Disponível em: <http://books.google.com.br/books?hl=pt-BR&lr=&id=2bAJl4UbzNAC&oi=fnd&pg=PR9&dq=NEWBERY,+-David+M.+(2001).+Privatization,+Restructuring,+and+Regulation+of+Network+U-tilities.&ots=6Owt8UHZbT&sig=mwRwZVqsBAbnqNVzexWuLvcKB7U#v=onepage&q=NEWBERY%2C%20David%20M.%20(2001).%20Privatization%2C%20Restructuring%2C%20and%20Regulation%20of%20Network%20Utilities.&f=false>. Acesso em: 8 set. 2012.

NORTH, Douglass. An introduction to institutions and institutional change. In: *Institutions, institutional change, and economic performance*. Cambridge: Cambridge University Press, 1990. p. 3-10.

NUCCIARELLI, A.; SADOWSKI, B. M. The Italian way to functional separation: an assessment of background and criticalities. *Telecommunications Policy*, v. 34, p. 384-391, 2010.

OCDE. Competition on the merits. *Policy Roundtables*. 2005. Disponível em: <www.oecd.org/competition/abuse/35911017.pdf>. Acesso em: 17 maio 2012.

ODED, Sharon. *Corporate compliance:* new approaches to regulatory enforcement. Cheltenham, UK/Northhampton, MA: Edward Elgar., 2013, Col. New Horizons in Law and Economics, p. 1-104.

OGUS, Anthony I. *Regulation: legal form and economic theory*. Portland-Oregon: Hart Publishing, 2004.

PIRES, João J. O. *Sistemas e redes de telecomunicações*. Instituto Superior Técnico, Portugal, 2006, p. 1-30. Disponível em: <http://cadeiras.iscte-iul.pt/STG/Acetatos/SRT_2006.pdf>. Acesso em: 3 out. 2014.

POSSAS, Mario Luiz. *Regulação de acesso, integração vertical e práticas anticompetitivas: o caso das telecomunicações no Brasil*. 2002. Disponível em: <http://www.insper.org.br/hotsite/researchworkshop/2006/arquivos/Mario_Possas.pdf>. Acesso em: 12 jun. 2012.

ROCHA JUNIOR, Mozart Tenório. *Functional separation:* comparing the British experience with Brazilian perspectives. Glasgow: University of Strathclyde, May 2011. p. 57-85.

RODRIK, Dani. *One economics, many recipes:* globalization, institutions, and economic growth. New Jersey: Princeton University Press. Cap. 5 e 6.

RODRIK, Dani et al. Institutions rule: the primacy of institutions over geography and integration in economic development. *Journal of Economic Growth*, v. 9 (2, Jun), p. 131-165, 2004. Disponível em: <http://www.nber.org/papers/w9305>. Acesso em: 7 set. 2012.

ROGERSON, David. Open acces regulation in the digital economy. *GSR 2011 Discussion Paper.* International Telecommunication Union, 2011. Disponível em: <http://www.itu.int/ITU-D/treg/Events/Seminars/GSR/GSR11/documents/02-Open%20Access-E.pdf>. Acesso em: 8 out. 2014.

SABEL, Charles F. *Bootstrapping development: rethinking the role of public intervention in promoting growth.* Columbia University Law School, Nov. 2005.

SALOMÃO FILHO, Calixto. *A legal theory of economic power:* implications for social and economic development. Cheltenham, UK: Edward Elgar, 2011. p. 83-92.

_____. *A naturalidade da regulação assimétrica.* Parecer contratado pela Associação Brasileira das Prestadoras de Serviços de Telecomunicações Competitivas – TelComp. São Paulo, 2011.

_____. *Direito concorrencial: as condutas.* São Paulo: Malheiros, 2003.

_____. *Direito concorrencial: as estruturas.* 2. ed. São Paulo: Malheiros, 2002.

SALTERAIN, Sylvia Alonso. La separación funcional como remedio a las deficiencias competitivas del mercado de las comunicaciones electrónicas: situación y reflexiones. *Revista del Derecho de las Telecomunicaciones e Infraestructuras en Red – REDETI*, Madrid, ano XI, n. 32, p. 51-55, 2008.

SANTOS, Boaventura de Sousa. *Um discurso sobre as ciências.* 3. ed. Porto: Afrontamento, 2002.

SCHMIDT-ASSMANN, Eberhard. *La teoría general del derecho administrativo como sistema: objeto y fundamentos de la construcción sistemática.* Madrid: Instituto Nacional de Administración Pública/Marcial Pons, 2003.

SCHUMPETER, J. A. *Capitalismo, socialismo e democracia.* Rio de Janeiro: Ed. Fundo de Cultura, 1961.

SHY, Oz. *The economics of network industries.* Cambridge University Press, 2001, p. 1-3. Disponível em: <http://ozshy.50webs.com/gradnet11.pdf>. Acesso em: 8 set. 2012.

SPC NETWORK. *Equivalence of input and functional separation:* a framework for analysis. 26th February 2009.

SPULBER, Daniel F.; YOO, Christopher S. Access to networks: economic and constitutional connections. *Public Law and Legal Theory Papers*, Northwestern University of Law, Paper 30, 2002, p. 1-9. Disponível em: <http://papers.ssrn.com/sol3/papers.cfm?abstract_id=333460>. Acesso em: 8 out. 2014.

_____; _____. Mandating Access to telecom and internet: the hidden side of Trinko. *Columbia Law Review*, v. 107, n. 8, p. 1822-1907, Dec. 2007.

STIGLER, George. The economics of information. *69 Journal of Political Economy.* University of Chicago Press, v. 3, p. 213-225, 1961. Disponível em: <http://home.uchicago.edu/~vlima/courses/econ200/spring01/stigler.pdf>. Acesso em: 28 jun. 2012.

_____. The theory of economic regulation. *The Bell Journal of Economics and Management Science*, v. 2, n. 1, p. 3-21, Spring 1971. Disponível em: <http://www.jstor.org/stable/3003160>. Acesso em: 12 jun. 2012.

SUNDFELD, Carlos Ari. *Direito administrativo para céticos.* São Paulo: Malheiros, 2012. p. 19-49 e 85-92.

TÁCITO, Caio. *O equilíbrio financeiro na concessão de serviço público*, p. 15-18. Disponível em: <www.bibliotecadigital.fgv.br/ojs/index.php/rda/article/download/.../20348>. Acesso em: 2 out. 2014.

TELCOMP. *Pesquisa TelComp: pedidos atendidos e não atendidos*, maio 2011. Disponível em: <http://www.telcomp.org.br/site/index.php/telcomp-destaca/eild-resultado-pesquisa-pedidos-nao-contratados-2>. Acesso em: 29 jun. 2012.

TELECOM ITALIA. *Promoting competition in fixed telephony and broadband markets: the Italian experience*. Meeting with Anatel. Brasília, 29th March 2011

TEPPAYAYON, Orada; BOHLIN, Erik. Functional separation in Swedish broadband market: Next step of improving competition. *Telecommunications Policy*, v. 34, p. 375-383, 2010.

TRAIN, Kenneth E. *Optimal regulation: the economic theory of natural monopoly*. Second Printing. Cambridge: MIT Press, 1992.

TROPINA, T.; WHALLEY, J.; CURWEN, P. Functional separation within the European Union: debates and challenges. *Telematics and Informatics*, v. 27, p. 231-240, 2010. Disponível em: <www.elsevier.com/locate/tele>. Acesso em: 2 dez. 2013.

TRUBEK, David M. Developmental states and the legal order: towards a new political economy of development and law. University of Wiscosin-Madison, Oct. 2010, p. 18-19. Disponível em: <https://media.law.wisc.edu/m/tyyyz/developmental_states_legal_order_2010_trubek.pdf>. Acesso em: 11 dez. 2013.

VELJANOVSKI, Cento. Economic aproaches to regulation. In: BALDWIN, R.; CAVE M.; e LODGE, M. *The Oxford handbook of regulation*. New York: Oxford University Press, 2010. p. 17-38.

_____. Margin squeeze: an overview of EU and national case law." *e-Competitions*: *Competition Laws Bulletin,* n. 46442, 2012. Disponível em: <http://papers.ssrn.com/sol3/papers.cfm?abstract_id=2079117>. Acesso em: 9 jun. 2014.

_____. Strategic use of regulation. In: BALDWIN, R.; CAVE M.; LODGE, M. *The Oxford handbook of regulation*. New York: Oxford University Press, 2010. p. 87-103.

YEUNG, Karen. Can we employ design-based regulation while avoiding brave new world? *Law, Innovation and Technology*, Hart Publishing, v. 3, n. 1, p. 1-29, July 2011.

_____. *Securing compliance: a principled approach*. Oxford/Portland, Oregon: Hart Publishing, 2004. p. 3-29, 155-210, 255-262.

_____. The regulatory state. In: BALDWIN, R.; CAVE, M.; LODGE, M. (ed.). *The Oxford handbook of regulation*. Oxford: Oxford University Press, 2010. p. 64-86.

_____. Towards an understanding of regulation by design. In: BROWNSWORD, Roger; YEUNG, Karen (ed.). *Regulating technologies*. Oxford: Hart Publishing, 2009. p. 79-108.

YEUNG, Karen; DIXON-WOODS, M. Design-based regulation and patient safety: a regulatory studies perspective. *71 Social Science and Medicine*, 2010, p. 540-555.

WEBB, Malcolm. *Breaking up is hard to do:* the emergence of functional separation as a regulatory remedy. International Telecommunication Union, February 2008. Disponível em: <https://www.itu.int/ITUD/treg/Events/Seminars/GSR/GSR08/discussion_papers/Malcolm_Webb_session3.pdf>. Acesso em: 8 out. 2014.

WEBLEY, Lisa. Qualitative approaches to empirical legal research. *Oxford handbook of empirical legal research*. Chap. 38. p. 9. Disponível em: <http://www.academia.edu/394211/Chapter_38_Qualitative_Approaches_to_Empirical_Legal_Research>. Acesso em: 21 mar. 2013.

Esta obra foi composta nas fontes Marvel, corpo 11 e Adobe Caslon Pro, corpo 10,5, diagramada por Brandão Design e impressa pela Rettec Artes Gráficas para a Editora Singular em dezembro de 2015.